"瞻前顾后"看世界书系

总策划／陈秋途　主编／于洪君　执行主编／胡昊

东亚主权观念：
生成方式与秩序意涵

SOVEREIGNTY CONCEPT IN EAST ASIA:
FORMATION AND IMPLICATION

林永亮　著

社会科学文献出版社
SOCIAL SCIENCES ACADEMIC PRESS (CHINA)

总序一　冷眼看世界，疑义相与析

于洪君[*]

世界是丰富多彩的，也是变化莫测的。不同的人眼中，有不同的世界。一个人在不同时期对于同一件事情的思考，常常也大有不同。当人们习惯于用一种视角进行观察、用一种逻辑进行思考时，常常会陷入认识误区，导致迷茫不清甚至是大惑不解的思想困境。而这时，换一个视角和思路，也许就会豁然开朗，茅塞顿开。对于一些曾经震惊世界的重大事件，也许还有新的认识和解读。透过某些"非同寻常"或"突如其来"的意外变故，甚至会发现背后隐藏着的特殊规律。因此，观察和研究国际问题，新的视角和思路显得尤为重要。这套丛书就是新视角的集合。丛书向读者讲述了大国博弈的政治生态，揭示了全球经济的波动曲线，描绘了全球化时代两个主义、两种制度的相互关系以及东西方之间、南北方之间力量对比的深刻变化。总而言之，作者在比较和分析中得出判断，揭示启示，形成具有可操作性的建议；在回顾和展望中承前启后，继往开来，洞观世界风云变幻。

丛书分为《剧变中的国际关系与政党情势》《莫洛托夫与第二次世界大战前后的苏联外交评述》《东亚主权观念：生成方式与秩序意涵》《二战后德国社会民主党的改革》《后"9·11"时代美国和土耳其关系研究》。通过这些比较性研究，作者们对冷战时期形成的"五大力量中心"即美国、西欧、日本、俄罗斯和中国进行了多角

---

[*] 于洪君，前中国驻乌兹别克斯坦大使、中联部原副部长，现为第十二届全国政协外事委员会成员、中国人民争取和平与裁军协会副会长。

1

度、全方位的观察和分析，在政治、经济、外交、安全等多个方面为中国走向历史舞台提供方案。

本丛书作者在进行分类研究的过程中，着力挖掘中国提升治理能力的路径和方法。他们通过介绍重大国际关系发展的成败得失，给读者提供了观察当今国际关系和国际秩序的方法，通过对国际格局变化的把握和分析，使读者更加理性地看待中国在走向世界舞台中心的过程中将长期面临的种种挑战与机遇。

在《剧变中的国际关系与政党情势》中，作者以历史回眸、世情纵论、政党观察、思潮点评和外交探析为单元，系统地回顾了苏联解体以来世界政治、经济、思潮及国际格局的变化，分析了包括西亚北非在内的一些地区局势持续动荡的主要原因，特别是世界社会主义思潮发展的历史和动向，最后落脚到中国外交，认为中国在多极化进程中异军突起备受关注，但是国家现代化面临许多外部风险和挑战，开创外交新局面是中国和平发展的必然要求，中国独立自主的和平外交大有可为。

《莫洛托夫与第二次世界大战前后的苏联外交评述》一书，着重评述了第二次世界大战前后的苏联外交，这一外交政策的执行者是同一个人，即苏联外交人民委员莫洛托夫。他在 1939～1949 年，1953～1956 年两度出任苏联外长，对当时的国际事务产生了重大影响。本书试图依据近年来解密的各国外交档案，厘清一些历史事实，揭示波诡云谲的外交内幕，并溯源到当今国际乱局。

《东亚主权观念：生成方式与秩序意涵》，是一项理念层面的研究。作者通过纵向的历史梳理和横向的东西对比，考察中西方对"主权"概念的不同理解，分析其对东亚秩序的意涵，并提出重塑东亚价值叙述、推动国际关系进步、推动世界文明包容平衡发展的相关建议。

《二战后德国社会民主党的改革》一书，从德国社会民主党的重要纲领更替、组织嬗变、执政比较、社会经济政策转型、与社会运动之间的关系调整、全球化对政党的影响共六个方面入手，论述德国社会民主党自二战结束以后所经历的挑战以及相应的政策调整和自身发展过程。作者从每个问题自身的内在发展逻辑入手，遵循从抽象到到具体、从单一到复杂的顺序，论述了德国社会民主党在改革过程中所展现的政党现代化历程。

《后"9·11"时代美国和土耳其关系研究》一书，重点分析了"9·11"后美国和土耳其两国关系的演变历程。书中指出，"9·11"后美土冷战时期铸就的以北约为依托的同盟关系依旧存在，但同盟基础已显露松动迹象。美国对土耳其的影响力日渐式微，土耳其也难以再现冷战时期对美国的言听计从。两国在反恐问题、伊朗核问题、库尔德问题等许多事务上存在分歧隔阂，尤其是土耳其国内的政治态势，亦非美国所乐见。在此背景下，美土两国作为60余年的盟友，双边关系走势值得认真研究和关注。

本丛书多角度宽领域地展现了国际格局的变幻、新兴国家的崛起，特别是政党政治的发展进程和新时期国际政治生态，为读者认知当今世界和国际关系提供了新的视角。作者们试图通过对政党、政党政治所进行的足够细致与规范的研究，认识和把握政党政治的历史发展脉络；通过对中西政党政治不同特点所进行的比较研究和历史考察，探寻中国特色的政党外交的真谛；通过介绍其他国家各有特点的政党政治发展与改革路径，使读者更好地认识和理解中国共产党的现代化过程，更加深入地理解中国共产党在自身发展的同时，如何与其他国家不同类型的政党开展交流、对话与合作。

另外，这套丛书还是一种特别的思考记录。在信息爆炸的今天，人们往往更喜欢倾听亲历者的讲述，丛书的作者多是有着实际外交实践经验的研究者。他们以回顾影响世界的重大国际事件、追寻世界重要政党的发展历程、研讨新的国际关系理念为切入点，通过研究个别问题为国际关系的发展做出历史标记，同时也记录了自己从事政党对外工作的体会与思考。这本书中的每个主题，都是一段时期内作者对于某一问题的集中关注，它为读者展示的是外交一线工作者的思考路径和图谱，它使人们有可能以多元的、新颖的视角来审视当今世界的政治、经济、安全形势及其发展变化。

为了化解全球治理中的难题，突破当今世界的发展困境，国际社会期待着"中国方案""中国智慧"和"中国力量"，而要做到这一点，需要勤于思考、勇于担当、敢于实践的人们来共同策划、共同思考和行动。在这方面，本套丛书也许可以给您一些帮助和启迪……

2015 年 11 月 15 日

雅典

总序二 把握国际大势，厘清中国与世界的关系

陈秋途*

当今世界正在发生深刻复杂的变化，无论从全球、区域、国家等各层次来看，还是从政治、经济、文化、科技、安全等各领域来看，国际关系中的新要素都在不断涌现，世界秩序也因之增添了新内涵，展现出新特点。与世界总体发展趋势相伴随的，是中国与世界关系的变化。随着综合国力的上升，中国与大国、发展中国家、周边国家的关系出现一些新特点，在国际和地区事务中的作用日益突出，在全球治理中的地位和角色也日益重要。十八大以来，新一届中央领导集体从战略高度和全局角度出发，分别提出构建以合作共赢为核心的新型国际关系，共同、综合、合作、可持续的安全观，亲、诚、惠、容的周边外交理念，真、实、亲、诚的对非工作方针，以及命运共同体、"一带一路"等一系列重要倡议，展现出中国继续走和平发展道路的坚定决心以及中国特色大国外交的博大胸襟。

伟大的时代赋予我们大有可为的舞台，顺势而为地投身于历史潮流，既能服务于国家的发展进步，也能服务于世界的繁荣稳定。作为这一进程的参与者、探索者、实践者和推动者，我们深感使命光荣、责无旁贷！

中华能源基金委员会由中华能源有限公司全资设立，是一家非政

---

* 陈秋途，中华能源基金委员会行政总裁。

府、非营利的国际智库，主要从事气候变化、可持续发展、环境经济等方面的研究，积极开展能源、文化等领域的公共外交，在联合国设立了"UN-CEFC能源可持续发展资助大奖"项目，拥有联合国特别咨商地位。中华能源基金委员会与当代世界研究中心建立了良好的合作关系，两家机构共同举办的"2013当代世界多边对话会：未来十年全球发展趋势与中国"，在增进外国专家学者对中国了解、把脉世界发展趋势、推动中国与世界良性互动方面发挥了积极作用，取得了良好效果。

我们认为，准确把握世界发展趋势，深入认识中国与世界关系的变化，需要历史的纵向观察，需要现实的横向比较，需要理论的多维思辨，需要案例的精剖细解。只有从多个维度观察、研究和思考世界大势，才能超越现象层面，深入理解国际关系的运行机理和内在本质。为此，我们联合推出这一系列丛书，力求帮助读者增进对国际关系历史、现实和未来的理解和感悟。

《剧变中的国际关系与政党情势》系统地回顾了冷战后世界政治、经济及国际格局的变化，剖析了当前世界热点问题的肇因以及社会思潮的发展动向，分析了新时期中国外交的机遇和挑战，并展望了中国独立自主和平外交的前景。《莫洛托夫与第二次世界大战前后的苏联外交评述》以两度（1939~1949年，1953~1956年）担任苏联外长的莫洛托夫为切入点，依据近年来解密的外交档案，厘清了苏联外交的一些重要历史事实和外交内幕，并反思了其对当今国际格局的塑造作用。《东亚主权观念：生成方式与秩序意涵》追溯了东亚地区主权观念的古代渊源、近代衍生和现代特征，剖析了"主权"概念在东亚政治语境中的独特含义及其对当前东亚地区秩序的影响。《二战后德国社会民主党的改革》分析了二战结束以来德国社会民主党的发展成就和主要挑战，强调其要通过不断改革，在政党发展理论、政党组织建设、执政政策方略以及意识形态特色中寻找新的平衡。《后"9·11"时代美国和土耳其关系研究》分析了"9·11"恐怖袭击以来美国和土耳其关系的演变历程，认为尽管美土在一些地区问题上存在分歧，但两国冷战时期建立的同盟关系并未发生根本性变化。

　　丛书中有的是作者多年从事外事工作过程中的一些思考，有的是作者的博士论文，我们并不追求各册之间严格的内在逻辑，但求让读者在不同视角、不同领域的叙述中感受国际关系的惊涛骇浪或暗流涌动。相信这套丛书对您认识当今世界与中国会有所裨益。

2015 年 11 月 15 日

上海

目 录

导　论

第一节　问题的提出：为什么研究东亚主权观念

关于世界历史，存在不同模式的"元叙述"（meta-narrative），其中影响较大的一种是螺旋前进式。如果以这一模式来理解人类发展历程，那么世界史可被视为一个人类不断整合的进程。① 在这个进程中，人类通过战争征服、经济往来、政治博弈、文化交流、科技发展等形式不断地冲破原有活动空间，向更宽广的范围和更丰富的领域扩展。这一进程在地理上体现为不断冲破大自然的各种阻碍，活动范围由较为狭小的地域空间逐渐向外扩展；在社会群体上则体现为不断解构和重构原有认同，自我归属感由单一的部落层次向下回落至家庭，

---

① 关于人类历史的"元叙述"（meta-narrative）大致存在四种模式：单向前进说、单向衰落说、兴衰循环说以及螺旋式前进说，目前来看，影响最大的应属第四种模式。正如大历史学家阿诺德·汤因比所言，"人类历史的周期趋势类似于车轮的自然旋转，车轮周而复始的循环转动总是会发展成一种新的周期更长的运动。对比之下，我们可以看出这种新的运动乃是不断地朝着某个方向前进，车子最终抵达目的地，车轮的连续循环运动也随之终止。"参见〔英〕阿诺德·汤因比著，郭小凌等译：《历史研究（下卷）》，上海：上海世纪出版集团，2010 年版，第 864 页。关于国际关系研究中历史理解的重要性，可参见时殷弘《关于国际关系的历史理解》，载《世界经济与政治》2005 年第 10 期，第 20～25 页。本书秉持汤因比所发掘的"螺旋前进说"这一世界历史观，并自觉地遵循这一逻辑展开论述。

向上扩展至国家、地区甚至世界，从而形成多重认同相互叠加的复杂情形。在这一进程的不同阶段，世界秩序体现为不同的形态，这种不同既体现在物质性的政治架构和权力结构上，也体现在社会性的观念、规范和认同上。物质性结构和社会性结构的相互塑造，决定了世界历史各个阶段的总体秩序特征。

一　地区政治研究的必要性与现有理论工具的局限性

冷战后，国际关系学界就世界秩序的走向展开了积极的讨论，给出了各式各样的预期。乐观者如"地球村模式""世界政府模式"，谨慎者如"单极霸权模式""单极主导下的多极合作模式""两极均势模式"以及"多极均势模式"等，甚至还有学者大胆地作出了"文明的冲突"①"历史的终结"②等极具冲击力的论断。诚然，对处于这一进程中的人们来说，预测它的终极状态是极为困难的，以上种种预测，在给人们一些启示的同时，都存在难以回避的不足。不过，彻底否定预测的意义同样不可取。尽管我们难以预测世界历史发展的终极状态，但却可以从现世的利益博弈、话语碰撞和理论争论中找到其发展趋向。从这个角度理解，当前国际竞争与合作的实践以及思想界和学术界关于民族主义、地区主义、全球主义的争论，恰可视为世界秩序缓慢转型的一种外在表现。这场争论基本可以告诉我们，当前人类整合的进程正处于超越国家，朝"后威斯特伐利亚时代"方向发展的阶段。在这一历史阶段内，对国家认同的坚守和超越是人类观念的一个重要内在张力。毫无疑问，在全球化深入发展的历史背景下，对国家认同的超越是沿着"地区"和"功能领域"两个方向展开的。正因如此，地区主义者面临着全球主义者的严峻挑战，彼得·卡赞斯坦（Peter J. Katzenstein）在将当今世界抽象概括为"地区构

---

① 参见〔美〕塞缪尔·亨廷顿著，周琪等译：《文明的冲突与世界秩序的重建》，北京：新华出版社，2010年版。

② 参见〔美〕弗朗西斯·福山著，黄胜强等译：《历史的终结及最后之人》，北京：中国社会科学出版社，2003年版。

成的世界"的同时也不得不强调地区的"多孔化"特征。① 但是，正如齐格蒙特·鲍曼（Zygmunt Bauman）所言，虽然跨国精英们的活动是超国家的，但"这并不意味着（他们）会成为一个新的全球性文化综合体"。② 因为，一方面，他们的模式不能被广泛传播、普遍分享，因而不具有普遍意义；另一方面，"他们栖息在一个与不同民族文化之间更为尖锐的分歧相隔绝的社会—文化密室当中"，③ 换言之，他们的行为模式不具备任何一种文化模式的特征，因此无法作为沟通不同文明的有力渠道。从这个意义上说，尽管全球化浪潮方兴未艾，但在当前和今后一段时期内，世界政治的地区化趋势仍将保持强劲的势头，促进地区合作、构建地区认同也将会继续成为焦点话题。2008 年金融危机之后，巴里·布赞（Barry Buzan）甚至认为，随着世界权力结构更趋均衡化，"以具备政治和文化舒适度为基础而推进地区化"或许是适应将来一段时期发展趋势的合理选择。④

　　与以上论述相适应，地区政治理应成为国际关系研究的重要议题。事实也确实如此，自 20 世纪五六十年代以来，地区政治研究一直是国际关系学科的重要组成部分，对地区合作实践的研究以及基于地区经验的理论总结伴随着国际关系学科的发展而不断进步。与国际关系理论和欧洲地区政治发展同步，作为解释地区政治的理论工具，地区主义理论也获得了较大发展。从作为规范性理论的联邦主义到以"外溢"为核心概念的新功能主义，从自由政府间主义到强调"地区性"与"地区间性"的新地区主义，从理性主义的一统天下到冷战后社会建构主义的渗透和重塑，地区主义理论所取得的知识成果极为

① 参见〔美〕彼得·卡赞斯坦著，秦亚青等译：《地区构成的世界：美国帝权中的亚洲和欧洲》，北京：北京大学出版社，2007 年版，第 23～38 页。

② 〔英〕齐格蒙特·鲍曼著，欧阳景根译：《共同体》，南京：江苏人民出版社，2003 年版，第 65 页。

③ 〔英〕齐格蒙特·鲍曼著，欧阳景根译：《共同体》，南京：江苏人民出版社，2003 年版，第 65～66 页。

④ 〔英〕巴里·布赞：《权力、文化、反霸权与国际社会：走向更为地区化的世界秩序？》，载《世界经济与政治》2010 年第 11 期，第 30 页。

丰富。这些成果为学者们研究地区合作发展与地区秩序变迁提供了具有较强洞察力和可操作性的理论工具，为地区实证研究的深入开展奠定了坚实的基础。但是，正如布赞所说，学者们在力图创设普适性理论的时候"必须避免根据一个特殊的时段或一个特殊的地理空间来排他性地进行任何一门学科研究的倾向"。① 而上述理论成果恰恰是主要基于对欧洲政治实践的分析而提出的。这就决定了过往的地区主义理论都或轻或重地忽视了地区政治实践所处的时空条件，过滤掉了地区合作发展和地区秩序变迁的历史和地理背景。换言之，既有的地区主义理论是以欧洲特定时空背景下的政治、经济、文化、社会条件为默认前提条件的，由于这些假定是其他地区不完全具备的，过往的地区主义理论在用于解释欧洲以外地区时就容易出现"普罗克汝斯忒斯"现象，② 增进了人们对地区政治一般性和整体性的理解，却抹杀了各个地区的复杂性和多样性。③ 正是因为意识到这一缺陷，国内学者在20世纪90年代就提出了关于东亚需要什么样的地区主义的问题。④ 因此，在借鉴既有地区主义理论真知灼见的同时，有意识地反思东亚地区当前所处的时空条件，辨识东亚地区权力结构，挖掘东亚不同于欧洲的社会性因素，对于研究东亚地区政治是极为必要甚至唯一可行的路径。换言之，以比较的视角研究东亚地区政治需要有意识地沿两个方向展开：一是分析东亚地区权力结构以及主要由其决定的地区政治博弈模式与欧洲有何异同，这一博弈模式对于东亚地区秩序

① 〔英〕巴里·布赞、理查德·利特尔著，刘德斌等译：《世界历史中的国际体系》，北京：高等教育出版社，2004年版，第44页。
② 普罗克汝斯忒斯（Procrustes），古希腊神话中的巨人，每次有客人到他家，他都以最好的饭菜招待他们，然后让他们睡在一张特别的床上。如果客人的身高比床长，他就砍掉客人的四肢，如果更短，他就拉伸客人的身体，从而使身体和床"更为匹配"。
③ 参见王学玉《地区政治与国际关系研究》，载《世界经济与政治》2010年第4期，第36~53页。
④ 参见朱锋《东亚需要什么样的区域主义——兼析区域主义的基本理论》，载《太平洋学报》1997年第3期，第31~42页。

的走向有何影响；二是思考东亚地区的社会性特征与欧洲有何异同，这些社会性特征的形成原因该如何理解，对于东亚秩序的未来走向又有何种寓意。

二　东亚"地区性"特征与社会性因素研究的必要性

自近代以来，东亚地区原有的"华夷秩序"因西方势力的到来而遭受重创，1894～1895年的中日甲午战争宣告原有的朝贡册封关系彻底瓦解。之后的东亚秩序经历了日本地区霸权构想的实践和崩溃、美国主导下的地区秩序重建以及中国崛起等重大事件。可以说，自东西方开始大规模接触以来，东亚秩序一直处于变动之中，这一进程至今仍未结束。当前的东亚是世界上最具活力的地区之一，拥有最快的经济发展速度和不断提升的国际影响力，同时又拥有极为复杂的内部权力结构和观念结构。对于研究者来说，东亚因拥有这些特点而具有极大的吸引力。但是，也同样是因为这些特点，东亚研究又具有很大的挑战性。具体而言，首先，东亚地区的权力结构难以界定，有美国学者曾提出8种可能的权力结构模式，这些模式却没有一个适用于东亚地区；① 其次，东亚地区层面的制度要素并不典型，东亚地区注重舒适度与协商一致的软制度主义（或曰软地区主义），这使得从自由制度主义视角去认识东亚秩序的理论路径也不够有效；最后，与欧洲相比，东亚地区的社会性因素比较稀薄，东亚地区的规范性因素对地区秩序的影响不太明显，不易于研究。正是由于最后这一点，东亚秩序研究者更倾向于理性主义视角，关注东亚秩序中的物质性因素，关注东亚秩序建构过程中的权力博弈和利益计算。但是，东亚与欧洲在社会性因素上只是"稀薄"与"黏稠"的区别，既然学者们承认欧洲社会性因素在地区秩序中发挥了重要作用，并业已开展了丰富的学术研究，那么就没有理由否认东亚地区社会性因素的存在，因

---

① 转引自秦亚青、魏玲《结构、进程与权力的社会化》，载《世界经济与政治》2007年第3期，第9页。

为这种否定在本体论上是行不通的。用约翰·鲁杰（John Ruggie）的话说，"构成性规则（constitutive rules）是一切社会生活的制度基础，没有构成性规则，一切有组织的人类活动，包括国际政治，都无法展开"。① 因此，忽视了社会性因素，是难以完整地理解和阐释东亚秩序的。甚至可以说，社会性因素正是东亚地区国际关系赖以开展的时空背景，为东亚地区各种国际行为体提供了"共有知识"（shared knowledge）和"适当性逻辑"（Logic of Appropriateness）。因而，对于理解东亚的"地区性"（Regionality）具有根本性的意义。从学理意义而言，正如秦亚青教授所提出的，社会结构和社会制度受时空背景的限制更为明显，历史、地理背景划定了社会活动的境遇（context），行为者在这一境遇中进行互动，理解并衍生着具有明显地缘特征的文化，② 因此不同地区会以不同的路径建构和重构各自的社会结构，这也进一步证明了研究东亚地区社会性因素的学术价值。

由此看来，对于研究者来说，挖掘东亚秩序中的社会性因素，考察观念/规范与地区秩序之间的辩证关系，是填补研究不足的必要尝试。这一努力在理论上可以改变既有研究成果基于欧洲经验的局限性和重理性主义轻建构主义的偏颇，有利于形成对东亚秩序更为完整和深入的理解，从而开辟地区政治研究的新思路；在实践上可以丰富地区秩序建构的方式方法，改变单纯依靠权益博弈的现状，探索观念/规范先行的新路径。

---

① 〔美〕约翰·鲁杰：《什么因素将世界维系在一起？新功利主义与社会建构主义的挑战》，载〔美〕彼得·卡赞斯坦、罗伯特·基欧汉、斯蒂芬·克拉斯纳编，秦亚青等译：《世界政治理论的探索与争鸣》，上海：上海世纪出版集团，2006 年版，第 275 页。另外，构成性规则（constitutive rules）是建构主义的一个重要概念，正是诸多的构成性规则组成了建构主义概念中的社会性因素。关于构成性规则与限制性规则（regulative rules）之间的区别最早是由政治哲学家约翰·罗尔斯（John Rawls）提出的，参见 John Rawls, Two Concepts of Rules, *The philosophical Review*, Vol. 64, No. 1, Jan. 1955, pp. 3 – 32。

② 参见秦亚青、〔美〕亚历山大·温特《建构主义的发展空间》，载《世界经济与政治》2005 年第 1 期，第 8 ~ 12 页。

三　为什么选择"主权观念/规范"

此处需要说明的是，在本书中，观念指个体持有的世界观、价值理念和因果信念，而规范指某一特定范围内所有行为者共享的观念和共同遵守的行为准则。观念更侧重个体性和非制度性，规范更侧重整体性和一定程度的制度性。不过，二者的划分只是理论意义上的，在现实中很难明确找到二者的分界线。① 因此，笔者在行文中会根据需要灵活选择。

社会性因素是一个集合名词，某一地区所有社会性因素的总和也可称为文化或文明。因此，研究东亚地区的社会性因素就面临是研究总体性的文化/文明还是研究具体的某一特定观念/规范的问题。由于观念性因素研究在国际关系研究中总体来讲还属于一个新兴领域，学者们更倾向于从总体性的文化/文明出发来阐述其与国际秩序的关系，对于东亚地区研究来说，就更是如此。因此，既有的关于东亚社会性因素与地区秩序的研究基本倾向于从文化的层次进行探索。总体来看，这些研究有三种倾向：一是将东亚传统文化视为静态不变的，从而忽视了文化的动态发展性（尽管是非常缓慢的）；二是对文化的定义太过宽泛，从而影响了研究的深度；三是企图在文化与政治行为之间直接建立逻辑关系，忽视了地区秩序的"政治性"特征，从而严重影响了论证的逻辑严谨性和说服力。

实际上，文化是繁杂的，一本书或一项研究是难以完成文化与地区政治这一大命题的。要深刻地揭示文化对地区秩序的影响，避免陷入泛泛而谈，就必须打开文化这个"黑箱"，走进文化的内部，寻找文化的具体支撑要素。一个可行的方案是，寻找一个既能够连接文化与政治又能体现文化动态特征，还具有较强显要性的具体概念作为着力点，通过对这一概念的研究和阐释，以小见大地理解和诠释地区文

---

① 参见〔美〕玛莎·费丽莫著，袁正清译：《国际社会中的国家利益》，杭州：浙江人民出版社，2001 年版，第 30 页。

化与秩序之间的关系。

　　主权观念/规范就是这样一个概念，这是因为：第一，主权是一个政治学/法学概念，观念/规范是一个社会学概念，主权观念/规范是一个典型的政治社会学概念，因此可以作为着力点很好地桥接文化与地区秩序；第二，主权是一种由西方传入东亚的概念，通过对主权观念/规范的研究，可以揭示文明相遇过程中价值竞争的核心特征，从根本上理解文明相遇的本质机理，也可以更深刻具体地理解东亚文化在经历西方冲击后的变与不变；第三，当前东亚地区政治最具显要性的特征应属各国对主权观念/规范的坚守了，因此研究主权观念/规范对于东亚地区来说具有根本重要性；第四，东亚地区主权观念/规范表面上看似乎与西方极为相似，但若深入其价值逻辑层面，就会发现与西方的重大差异。这些差异也正是东亚地区的"地区性"所在。由此看来，主权观念/规范是一个在东亚地区具有根本重要性的、能够连接文化与地区秩序的、能够体现东亚文化变与不变的概念，对于理解东亚文化对地区秩序的影响，诠释东亚地区的地区性具有窥豹一斑的效用。概言之，从主权观念/规范这一看似普世性观念/规范的背后挖掘其在东亚地区的独有特征，发现其与西方不同的内涵，正是理解东亚地区的"地区性"，探索其秩序意涵的可行路径。

第二节　既有研究的成就与不足

　　正如前文所言，既有的东亚地区政治研究大部分遵循理性主义的研究路径，尽管有关东亚地区社会性因素的论述也散见于诸多的研究文献之中，但除了个别学者外，这些文献很难说达到了系统化和理论化的高度。另外，国际政治中的观念/规范研究是随着建构主义的兴起而逐渐成为国际关系理论界的研究热点的，近几年出现了许多较高水平的研究成果，但是由于这一研究议题仍然"年轻"，导致观念/规范的理论建设仍然存在不完善的地方。基于这一现状，本书在梳理既有的研究成果时沿两个方向展开：一是系统梳理近期的观念/规范研究，分析其薄弱环节，并力图探索弥补路径，以为本书作世界观和方法论的准备；二是简要梳理关于东亚社会性因素与地区秩序关系的研究成果，并尽力挖掘新的经验研究领域。

一　国际关系学科中观念/规范的研究现状

由于受 20 世纪 60 年代科学行为主义浪潮的影响，美国学界的观念/规范研究是随着"国际政治理论的社会学转向"① 而逐步成为研究热点的，因此有学者将这一转向视为"规范和认同的回归"。② 但在美国之外，有关观念/规范的研究一直没有完全中断。根据玛莎·芬尼莫尔（Martha Finnemore）的梳理，研究观念/规范的至少有三大学术流派：建构主义（Constructivism）、英国学派（English School）和社会学制度主义（Sociological Institutionalism）。③不过，《国际社会中的国家利益》成书于 20 世纪 90 年代中期，该书的主要任务是强调国家利益的内生性（Endogeneity），因此芬尼莫尔更多地强调了这三大流派之间的共性，对其差异着墨不多。观念/规范研究进展到今天，如果仍然只强调各流派之间的共性，必然不利于研究的继续深入。相反，通过分析它们之间的差异，我们却可以反思近几年来观念/规范研究的演变轨迹，查找缺陷，从而推动理论的创新和进步。此外，理性主义者实际也关注观念/规范。虽然受本体论和方法论立场的限制，他们对观念/规范的理解无法摆脱物质主义的束缚，也难以突破微观经济学的认识逻辑，但如果缺乏理性主义的视角，对观念/规范的理解也将是片面的。基于此，

①　参见袁正清《国际政治理论的社会学转向》，上海：上海人民出版社，2005年版。

②　参见〔美〕约瑟夫·拉彼德、〔德〕弗里德里希·克拉托赫维尔主编，金烨译：《文化和认同：国际关系回归理论》，杭州：浙江人民出版社，2003年版。

③　参见〔美〕玛莎·费丽莫著，袁正清译：《国际社会中的国家利益》，杭州：浙江人民出版社，2001年版，第19～28页。

以下将分别梳理理性主义、英国学派、社会学制度主义、社会建构主义等流派关于观念/规范的研究。

（一）理性主义的观念/规范研究

作为现实主义的开创者和奠基人，爱德华·卡尔（Edward H. Carr）和汉斯·摩根索（Hans J. Morgenthau）并没有完全摒弃规范和道德因素在国际政治中的作用。在《20年危机——国际关系导论》一书中，卡尔花了大量的篇幅来论述个人道德和国家道德的问题，并深邃地指出"无视权力因素是乌托邦意识。但是如果无视世界秩序中的道德因素，则是一种不现实的现实主义思想"。① 摩根索在《国家间政治——权力斗争与和平》一书的最后一部分笔锋一转，强调从恢复传统外交入手，通过促进国际和解，摆脱民族主义困扰，培育共识，构建松散的世界共同体，最终建立世界国家。② 该部分与该书前面的论述基调明显脱节，一定程度上损害了全书逻辑的严谨性，但摩根索仍然这样做，显示了其世界观的深处实际为国际规范留有空间。随着科学行为主义浪潮的到来，美国主流国际关系理论进入了追求逻辑严密和理论精炼的时代。自然科学和经济学对国际关系学科的发展产生了极大的影响，导致观念/规范研究在国际关系理论中的地位日趋边缘化。

在肯尼思·沃尔兹（Kenneth Waltz）那里，国际权力对比是国家行为的最终决定力量，是自变量，而国际制度只是权力的附着物。③ 罗伯特·吉尔平（Robert Gilpin）的霸权稳定论对沃尔兹的结构决定论进行了严密的论证。④ 但是新现实主义难以回答的问题是，为什么

---

① 〔英〕爱德华·卡尔著，秦亚青译：《20年危机——国际关系研究导论》，北京：世界知识出版社，2005年版，第87页。

② 参见〔美〕汉斯·摩根索著，徐昕等译：《国家间政治——权力斗争与和平》，北京：北京大学出版社，2006年版，第563~593页。

③ 参见〔美〕肯尼思·沃尔兹著，信强译：《国际政治理论》，上海：上海人民出版社，2003年版。

④ 〔美〕罗伯特·吉尔平著，宋新宁等译：《世界政治中的战争与变革》，上海：上海人民出版社，2007年版。

权力结构改变后，国际制度依然能够发挥作用？针对新现实主义的这些不足，以罗伯特·基欧汉（Robert O. Keohane）为代表的新自由制度主义在肯定体系结构重要性的同时，强调制度的作用。基欧汉认为，国际制度是一个独立的变量，它一旦运转起来就会有自己的生命力：一方面，霸权国需要受它的约束；另一方面，即使霸权衰弱之后，国际制度仍然能够存续下去。国际制度由于能够降低交易成本、提高透明度而有利于国际合作。① 有部分学者突破了传统理性主义对无政府状态的界定，从而使新自由主义的世界观带有了些许社会学色彩。这其中的代表性学者主要是基欧汉以及他的学生海伦·米尔纳（Helen Milner）、韦恩·桑德霍兹（Wayne Sandholtz）、安德鲁·莫拉维斯克（Andrew Moravcsik）、朱迪斯·戈尔茨坦（Judith Goldstein）

① 〔美〕罗伯特·基欧汉著，苏长和译：《霸权之后：世界政治经济中的合作与纷争》，上海：上海人民出版社，2006 年版。在基欧汉较为成熟的自由制度主义体系形成之前，斯蒂芬·克拉斯纳（Stephen D. Krasner）主编的《国际机制》（International Regime）一书同时收入了现实主义和自由主义的观点，可视为从理性主义视角研究国际规范的开创性作品。其中自由主义的视角被克拉斯纳称为格劳修斯视角，包括 Donald J. Puchala and Raymond F. Hopkins, "International Regimes: Lessons from Inductive Analysis", in Stephen D. Krasner, ed., International Regimes, Ithaca: Cornell University Press, 1983, pp. 61 – 92; Oran R. Young, "Regime Dynamics: The Rise and Fall of International Regimes", in Stephen D. Krasner, ed., International Regimes, Ithaca: Cornell University Press, 1983, pp. 93 – 114; Arthur Stein, "Coordination and Collaboration: Regimes in an Anarchic World", in Stephen D. Krasner, ed., International Regimes, Ithaca: Cornell University Press, 1983, pp. 115 – 140; Robert O. Keohane, "The Demand for International Regimes", in Stephen D. Krasner, ed., International Regimes, Ithaca: Cornell University Press, 1983, pp. 141 – 172 以及奥兰·杨：《国际制度的有效性：棘手案例与关键因素》，载〔美〕詹姆斯 N. 罗西瑙主编，张胜军等译：《没有政府的治理》，南昌：江西人民出版社，2001 年版，第 186～224 页。

等人。[①] 这些学者在讨论观念/规范问题时依然倾向于从个体理性的视角进行理解，比如戈尔茨坦和基欧汉将观念定义为"个体持有的信念"，而这个定义实际掩盖了观念的社会整体性特征。因此，总体而言，理性主义学者难以摆脱个体主义的方法论，导致其概念中的规范只包含了规定性规则，而没有包含构成性规则，在其理论框架中，观念/规范难以获得本体地位。相应地，在作用机制上，他们聚焦于因果作用，而不会深入探讨其建构作用。

（二）英国学派的国际规范研究

英国学派（English School）[②] 是一个非常庞杂的学术群体，由于内部观点差别非常大，经常有学者质疑其是否真正存在。但是，

[①] 参见 Helen Milner, "The Assumption of Anarchy in International Theory: A Critique", in Baldwin, ed., *Neorealism and Neoliberalism*, pp. 143 – 169; Wayne Sandholtz, Membership Matters, The European Community and State Preferences, paper presented at the meeting of American Political Science Association, Washington, D.C., Semtember 1993; Andrew Moravcsik, *Liberalism and International Relations Theory*, Center for International Affairs, Working Paper 92 – 96, Harvard University, revised April 1993; Judith Goldstein and Robert O. Keohane, eds., *Ideas and Foreign Policy: Beliefs, Institutions, and Political Change*, Ithaca: Cornell University Press, 1993。中译本见〔美〕朱迪斯·戈尔茨坦、罗伯特·基欧汉编，刘东国等译：《观念与外交政策：信念、制度和政治变迁》，北京：北京大学出版社，2005 年版。

[②] 英国学派（English School）这一名词是由罗伊·琼斯（Roy Jones）首次提出的，他在一篇名为 "The English School of International Relations: A Case for Closure" 的文章中批判了当时以伦敦经济学院为主阵地的一个学者群体的研究取向，并将之命名为"英国学派"。他的这篇文章引发了关于是否存在英国学派的讨论。详见 Roy Jones, "The English School of International Relations: A Case for Closure", *Review of International Studies*, Vol. 7, No. 1, 1981, pp. 1 – 13; Sheila Grader, "The English School of International Relations: Evidence and Evaluation", *Review of International Studies*, Vol. 14, 1988, pp. 29 – 44; Peter Wilson, "The English School of International Relations: A Reply to Sheila Grader", *Review of International Studies*, Vol. 15, No. 1, 1989, pp. 49 – 58。除此之外，国内学者在关于将 English School 翻译为英国学派是否合适的问题上也存在不同意见。参见张小明《国际关系英国学派——历史、理论与中国观》，北京：人民出版社，2010 年版，第 1 ~ 7 页。

既然能够被赋予这一名称，并且延续下来，说明其内部肯定有一些
共性。总体来说，英国学派将"国际社会"作为研究主题，坚持古
典理性主义思想传统，坚持传统人文主义研究方法。这些特点对英
国学派在"国际规范"问题上的本体定位和研究路径具有重大的
影响。

首先，大致梳理英国学派的主要代表人物会发现，他们都有一个
共同特点，那就是对"国际社会"概念的关注。正如巴里·布赞所
言，"国际社会是英国学派的旗舰式理念。"① 的确，"国际社会"是
英国学派抵制美国科学行为主义的重要概念，也是维护自身特色的主
要逻辑依据。前后几代英国学派的代表人物都探讨国际社会，他们对
国际规范的界定就相应地蕴含在对国际社会的认识中。

关于查尔斯·曼宁（Charles Manning）是否应该算作"英国学
派之父"，学术界存在争议。但从其思想来看，曼宁无疑为后来的
英国学派学者设定了主要议题。他的《国际社会的性质》一书的核
心议题就是"国际社会"，他的核心逻辑是"主权国家组成社会，
其行为受国际规则的约束，因此国际社会不是无秩序的，而是有秩
序的"。② 马丁·怀特（Martin Wight）关于国际社会的论述主要集
中在他的两篇广为流传的论文中。他在《为什么没有国际理论？》
一文中指出，"如果说政治理论的传统是探讨国家，那么国际理论

---

① Barry Buzan, *From International to World Society？ English School Theory and the
Social Structure of Globalisation*, Cambridge：Cambridge University Press, 2004,
p. 1. 相关论述亦可见 Tim Dunne, *Inventing International Society*：*A History of the
English School*, Basingstoke：Macmillan Press, Ltd. , 1998；Roger Epp, "The
English School on the Frontiers of International Society：A Hermeneutic
Recollection", in Tim Dunne, Michael Cox and Ken Booth, eds. , *The Eighty Years'
Crisis*：*International Relations*1919 – 1999, Cambridge：Cambridge University Press,
1998, p. 48.

② 参见张小明《国际关系英国学派——历史、理论与中国观》，北京：人民出
版社，2010 年版，第 13 页。《国际社会的性质》是曼宁唯一的国际关系学术
专著，参见 C. A. W. Manning, *The Nature of International Society*, *reissue with a
new preface*, London and Basingstoke：The Macmillan Press Ltd. , 1975。

的传统应该被设定为探讨国家社会（society of states）、不同民族构成的大家庭（family of nations）或者国际共同体（international community）"。① 他在《国际关系中的西方价值》一文中对"国际社会"进行了更为深入的探讨，认为国际社会不是虚构的，而是实际存在的，因为国际社会中确实存在诸如外交制度、各国的均势意识、国际法以及功能性国际制度等要素。②

赫德利·布尔（Hedley Bull）是迄今为止英国学派中影响力最大的理论家。他在《无政府社会：世界政治秩序研究》一书中清晰界定了"国际社会"的概念，系统阐述了他的国际社会理论。他认为，"如果一群国家意识到它们具有共同利益和价值观念，从而组成一个社会，也就是说，这些国家认为它们相互之间的关系受到一套共同规则的制约，而且它们一起构建共同的制度，那么国家社会（或国际社会）就出现了。如果说今天的国家构成了一个国际社会的话，那么这是因为它们具有某些共同的利益，或许还具有某些共同的价值观念，它们认为自己在相互打交道的时候受到一些规则的制约，必须尊重对方的独立地位，履行业已达成的协议，并且对相互使用武力的行为加以某些限制。与此同时，它们也互相进行合作以构建国际制度，比如国际法、外交机关、普遍的国际组织以及有关战争的惯例与公约等"。③ 从布尔对国际社会的界定中不难看出，他是在整体层面上来理解国际规范的。他认为行为者（actor）可以主动地构建更多的国际规范，因此国际规范不仅是行为者互动的背景（context），也是一个过程（process）。

---

① Martin Wight, "Why Is There No International Theory?", in Martin Wight and Herbert Butterfield eds. , *Diplomatic Investigations*：*Essays in Theory of International Politics*, London：George Allen & Unwin, 1966, p. 18.
② 参见 Martin Wight, "Western Values in International Relations", in Martin Wight and Herbert Butterfield eds. , *Diplomatic Investigations*：*Essays in The Theory of International Politics*, pp. 96 - 102。
③ 〔英〕赫德利·布尔著，张小明译：《无政府社会：世界政治秩序研究》，北京：世界知识出版社，2003 年版，第 10 ~ 11 页。

　　布尔对秩序的理解包含有价值判断以及秩序与正义的关系问题，认为信守承诺规则、保护生命规则以及保护财产规则存在于包括国际社会在内的所有社会之中。① 不难发现，他对国际规范的理解明显受格劳修斯（Grotius）自然法的影响，这一传统导致英国学派在国际规范的价值支撑以及文明的标准等问题上存在较明显的西方中心论倾向。这一倾向也影响了布尔在国际社会扩展问题上的思考。在布尔的逻辑中，国际社会的扩展就是欧洲的国际社会如何扩展到世界其他地方，从而形成全球性国际社会。布尔的这一逻辑很大程度上影响了英国学派在国际社会扩展问题上的历史视野。这一点在他与亚当·沃森（Adam Watson）主编的《国际社会的扩展》以及其他学者的作品中都有体现。②

　　其次，英国学派区别于美国国际关系学界的一个重要特点在于其古典理性主义的思想传统。美国主流国际关系学界所坚持的理性主义主要是基于"经济人"假设的工具理性，与之相反，英国学派坚持的则是价值理性。这一哲学范畴上的分歧决定了两大学派在研究主题和具体方法上的差别。但是英国学派在价值理性思想传统内部又存在不同的价值立场，导致出现了不同的价值理性逻辑，并最终表现为多元主义（pluralism）和连带主义（solidarism）的分野。③ 多元主义强调国家主权的首要地位和不干涉原则，强调国际政治与国内政治的区

---

① 张小明：《国际关系英国学派——历史、理论与中国观》，北京：人民出版社，2010 年版，第 65 页。Also see Hedley Bull, "The Grotian Conception of international Society", in Herbert Butterfield and Martin Wight eds. , *Diplomatic Investigations: Essays in Theory of International Politics*, London：George Allen & Unwin, 1966.

② 参见 Hedley Bull and Adam Watson, eds. , *The Expansion of International Society*, Oxford：Clarendon Press, 1984; Gerrit Gong, *The Standard of "Civilisation" in International Society*, Oxford：Clarendon Press, 1984。

③ Andrew Linklater and Hidemi Suganami, *The English School of International Relations: A Contemporary Reassessment*, Cambridge：Cambridge University Press, 2006.

别；① 连带主义则强调普适性人权和人道主义干涉，强调国际政治与国内政治的共通性和跨国界行为者的重要性。② 当然，也有一些学者持中间立场，认为应该在国家主权与人权之间取得平衡。多元主义与连带主义的分歧代表着两种不同的"美好世界"诉求，也启示我们国际社会中的"适当性逻辑"不止一种，且不同国际规范之间可能会存在冲突和矛盾。

最后，英国学派坚持传统人文主义研究方法。英国学派的研究方法与其本体论立场是密切相关的。英国学派将国际关系视为一种社会关系，比如布尔将战争和均势等现实主义的研究主题都视为规范现象。③ 基于此，他们认为"事实"与"价值"无法分开，"价值中立"实际是做不到的，国际关系理论的作用只能是理解国际关系现象，而难以做到解释历史和现实并预测未来。④ 英国学派这种重哲学、历史、法律等方法的特点对于在整体上理解和思考国际关系的实质无疑具有极为重要的价值，对于国际规范的本质定位和历史变迁的理解也具有极大的启发意义。

（三）社会学制度主义的国际规范研究

社会学制度主义起源于 20 世纪 70 年代中期斯坦福大学的一个组织理论（Organization Theory）研究小组。当时的主流组织理论惯于以功能性因素来解释科层组织（bureaucratic organization）的兴起、成形和向其他地区扩散的过程，文化在此过程中几乎不发挥任何作用。

---

① 该流派继承传统英国学派理论家的立场，按照张小明教授的分类，他们在现代英国学派中可归为经典派。代表人物有亚当·罗伯茨（Adam Roberts）和罗伯特·杰克逊（Robert Jackson）。

② 该流派因背离了传统英国学派理论家的立场，在现代英国学派中可归为激进派。代表人物有尼古拉斯·惠勒（Nicholas Wheeler）和蒂姆·邓恩（Tim Dunne）。

③ 〔英〕赫德利·布尔著，张小明译：《无政府社会：世界政治秩序研究》，北京：世界知识出版社，2003 年版，第 80～184 页。

④ 参见张小明《国际关系英国学派——历史、理论与中国观》，北京：人民出版社，2010 年版，第 216～224 页。

斯坦福小组向这一传统发起挑战，约翰·梅耶（John Meyer）和他的同事指出，按照主流理论的逻辑，科技的发展和市场的扩展才会导致对科层组织的需求，但实际情况却是科层组织比市场和技术的扩散速度还要快。① 他们认为，"正式的科层组织的传播不是因为它们能够高效地协调复杂关系，而是因为大环境支持和承认科层组织，视其为一种社会美德"。② 换言之，科层组织被广泛接受是因为外部社会结构已经赋予其正当性（legitimacy）了。

　　从对社会结构本质的认识来看，社会学制度主义既不同于传统的理性主义，又与英国学派、建构主义存在明显的区别。首先，新现实主义和新自由制度主义所讨论的制度基本都是物质性的、有形的，③ 社会学制度主义所指的制度是一种社会性的、由文化组成的。英国学派认为国际社会结构是在主权国家出现之后形成的，即主权国家的互动建构了国际社会结构；社会学制度主义则认为国家不是社会结构的生产者而是其产物，国际社会结构（或者用"世界社会结构"更为恰当）是世界文化扩大和深化的结果，早于现代国家体系而存在。国际政治学科中的建构主义是在新现实主义和新自由主义的论战中衍生出来的，它既吸纳了社会学的分析要素，又受自克拉斯纳开始的国际机制研究范式的影响。在本体论意义上，建构主义和社会学制度主义没有明显的区别，但在研究兴趣上，建构主义学者更倾向于研究具体领域的规范，很少从整体视角探讨各领域规范该如何整合的问题；与之相

---

① 参见 Martha Finnemore, "Review: Norms, Culture, and World Politics: Insights from Sociology's Institutionalism", *International Organization*, Vol. 50, No. 2, 1996, pp. 325 – 347。

② Martha Finnemore, "Review: Norms, Culture, and World Politics: Insights from Sociology's Institutionalism", *International Organization*, Vol. 50, No. 2 (Spring, 1996), p. 329.

③ 此处需要提醒的是，社会学中的制度主义和理性选择理论中的制度主义完全不是一个概念。前者从社会学意义上定义制度，后者从物质主义的视角定义制度，讨论的本体不一样，其理论内涵自然也相差甚远。

反，社会学制度主义学者认为，社会结构的构成包括"文化理论、意识形态、关于社会如何运作的描述，以及关于社会应该如何运作以达到集体目的的描述等"。[①] 他们更为强调对社会结构的整体性理解，关注全球性的和全包含的（all – encompassing）社会结构，关注全球社会结构的宏观演化趋势。

从研究方法来看，社会学制度主义是一种"结构导向"的研究方法，在"结构—施动者"争论中完全倒向结构主义（或曰整体主义）一方。如前所述，社会学制度主义认为社会结构先于行为者存在，社会在本体论意义上是原初（primary）的，相应地，在分析方法上也便将其视为逻辑的起点。他们认为是社会结构塑造了行为者，而不是行为者塑造了社会结构，即"社会结构的规则、价值塑造了我们所定义的诸如国家、公司、组织甚至个人等所有行为体"。[②] 概言之，社会学制度主义在方法论上是彻底的整体主义者。他们的整体主义不同于结构现实主义的整体主义，在社会学制度主义看来，沃尔兹的结构说到底是由行为者的互动和权力分布而导致的一种现象，因而不具备独立的本体论地位。[③] 在这一方法论前提下，社会学制度主义学者经常讨论的两个问题是："为什么我们生活在一个由国家（而不是其他形式）构成的世界中？为什么身处不同环境中

---

① John W. Meyer, John Boli, and George M. Thomas, "Ontology and Rationalization in the Western Cultural Account", in George M. Thomas, John W. Meyer, Francisco O. Ramirez and John Boli eds., *Institutional Structure: Constituting State, Society, and the Individual*, Newbury Park, California: Sage Publications, 1987, p. 12.

② Martha Finnemore, "Review: Norms, Culture, and World Politics: Insights from Sociology's Institutionalism", *International Organization*, Vol. 50, No. 2, Spring 1996, p. 333.

③ Martha Finnemore, "Review: Norms, Culture, and World Politics: Insights from Sociology's Institutionalism", *International Organization*, Vol. 50, No. 2, Spring 1996, p. 333.

的国家看起来又都如此相像?"① 社会学制度主义在方法论上的另外一个特色是其对定量分析的强调,在这一点上他们不同于英国学派的人文主义方法论,也不同于建构主义对具体规范的生命周期和变迁机理的关注。这一方法论特色与社会学制度主义学者们的研究层次偏好有很大的关系,这一偏好也导致社会制度主义学者缺乏对具体案例的追踪研究,没有解释社会结构发挥作用的内在机理以及社会结构本身的变迁机制等。

从对世界文化内容的认识来看,社会学制度主义与其他学派也存在明显的区别。首先,传统理性主义基本不讨论社会性因素,因此无须比较。其次,主流建构主义学者中只有亚历山大·温特(Alexander Wendt)关注了宏观层面的世界文化,但是他将关注点放在了共有观念的偏好上,即行为者持有的共有观念是彼此敌对、相互竞争还是共建友谊?② 这在社会学制度主义者看来无疑是太狭窄了,并且带有明显的国家中心论色彩。最后,与社会学制度主义在该问题上最为接近的要数英国学派了,但是深入了解会发现,两者在界定世界文化内容时侧重点存在明显差别,并且社会学制度主义的逻辑更为严谨和完整。英国学派界定的世界文化带有明显的自然法色彩,③ 社会学制度主义界定的世界文化起源于西方基督教世界和近代资本主义,并通过西方经济、政治的扩张将世界科层化(bureaucratized)、市场化(marketized)、个人化(individuated)。在具体特征方面,社会学制度主义指出了源于西方的世界文化的两大特征:一是以正义(以平等定义)和进步(以财富积累定义)为目的,以科层组织和市场为手

---

① See Martha Finnemore, "Review: Norms, Culture, and World Politics: Insights from Sociology's Institutionalism", *International Organization*, Vol. 50, No. 2, Spring 1996, pp. 334 – 335.

② 参见〔美〕亚历山大·温特著,秦亚青译:《国际政治的社会理论》,上海:上海世纪出版集团,2008年版,第244~307页。

③ Hedley Bull, "The Emergence of A Universal International Society", in Hedley Bull and Adam Watson, eds., *The Expansion of International Society*, Oxford: Clarendon Press, 1984, pp. 117 – 126.

段的韦伯式理性；二是关注诸如人权、公民权、妇女权利、儿童权利等各式各样的个体权利的个人主义。社会制度主义者认为西方文化的这两大特征在全世界范围内的传播无法以功能性逻辑来解释，而只能以文化自身的传播规律来解释。比如作为科层组织的国家并非绝对有效的科层模式，世界上有许多冲突是因国家存在才难以避免的，也有许多国家是非常低效甚至失败的。又如，个人主义在西方文化中被视为理所当然，但在许多其他社会中，社会价值和道德责任是被置于家庭、部落以及其他形式的社会单元之中的。①

在历史视野方面，社会学制度主义与英国学派一样，注重对历史变迁的宏观理解。他们曾尝试发展关于历史变迁的一般理解，并尝试构建一套关于历史变迁的动力机制，但这项努力并不是太成功，因而饱受诟病。另外，社会学制度主义也提出了世界文化同构化（isomorphism）还是同质化（homogeneity）的问题，这也是学者们今后仍将长期思考的一个问题。

（四） 建构主义的国际规范研究

如果说社会学制度主义和英国学派的规范研究主要包含于他们的"社会结构"和"国际社会"概念之中的话，建构主义的部分学者则明确地将规范作为其研究对象，使得规范研究成为一门"显学"，甚至推动国际关系研究出现了所谓"规范转向"。② 建构主义的规范研究经历了一个不断深化的过程。初期的建构主义学者主要强调规范的重要性，他们的主要任务是挑战传统理性主义的研究议程，为规范研究争取应有的空间，其主要代表人物有尼古拉斯·奥努夫（Nicholas Onuf）、弗里德里希·克拉托赫维尔（Friedrich Kratochwil）、彼得·

---

① See Martha Finnemore, "Review: Norms, Culture, and World Politics: Insights from Sociology's Institutionalism", *International Organization*, Vol. 50, No. 2, Spring 1996, pp. 331 – 334.

② 秦亚青：《序言》，载熊文驰、马骏主编《大国发展与国际道义》，上海：上海人民出版社，2009 年版，第 5 页。

卡赞斯坦、亚历山大·温特和玛莎·芬尼莫尔等。① 比如克拉托赫维尔在《规范、规则与决策》一书中将规范、规则②作为自变量，将行为者行为作为因变量，认为规范、规则通过实践推理（practical reasoning）塑造行为者的行为；卡赞斯坦主编的《国家安全的文化》一书对规范、认同与行为者行为之间的关系作了相关性（correlation）总结，但没有给出成功的因果性（causation）解释；③ 温特在《国际政治的社会理论》一书中着重研究共有观念如何塑造行为体认同进而决定行为体的利益和行为，对国际规范的演化机制没有给予太多关注，因而又被称为身份理论；芬尼莫尔在《国际社会中的国家利益》一书中从整体主义的视角出发，认为国家的偏好是来自于国家之外而非国家之内，国际社会的结构通过"规定性作用"和"构成性作用"，④ 不但直接规定行为，而且通过塑造认同进而塑造利益并最终决定行为。总体而言，初期的建构主义者成功地对国际关系学界的物

---

① 代表性作品有 Nicholas Greenwood Onuf, *World of Our Making*: *Rules and Rule in Social Theory and International Relations*, Columbia: University of South Carolina Press, 1989; Friedrich Kratochwil, *Rules*, *Norms*, *and Decisions*: *On the Conditions of Practical and Legal Reasoning in International Relations and Domestic Affairs*, Cambridge: Cambridge University Press, 1989; Peter J. Katzenstein, ed., *The Culture of National Security*: *Norms and Identity in World Politics*, New York: Columbia University Press, 1996; Martha Finnemore, *National Interests in International Society*, Ithaca: Cornell University Press, 1996; Alexander Wendt, *Social Theory of International Politics*, Cambridge: Cambridge University Press, 1999; 相关中译本见〔美〕彼得·卡赞斯坦主编，宋伟等译：《国家安全的文化：世界政治中的规范与认同》，北京：北京大学出版社，2009 年版，〔美〕亚历山大·温特著，秦亚青译：《国际政治的社会理论》，上海：上海世纪出版集团，2008 年版，〔美〕玛莎·费丽莫著，袁正清译：《国际社会中的国家利益》，杭州：浙江人民出版社，2001 年版。

② 在克拉托赫维尔的概念中，规范与规则没有本质区别，规则不过是更为具体化的规范，因此所有的规则均包含在规范之中。

③ 相关评论可参见宋伟《国际规范、国家认同与国家行为——〈国家安全的文化〉述评》，载《国际政治研究》2008 年第 2 期，第 71 ~ 84 页，及《国家安全的文化》中译本译者前言。

④ 在这一点上，芬尼莫尔与卡赞斯坦对规范的理解是一致的，可参见卡赞斯坦主编，宋伟译：《国家安全的文化：世界政治中的规范与认同》，北京：北京大学出版社，2009 年版。

质主义倾向进行了纠偏，并为观念、文化、认同、规范等社会性因素争取了应有的学术空间，但是尚未对规范发挥作用的机理展开深入探讨。

随着建构主义影响力的扩大，规范的本体地位不再是争论的焦点。学者们意识到之前"对观念性因素如何、为何以及在何种程度上起作用的问题研究得太少"，① 并开始探讨国际规范本身的演化问题，如国际规范的起源、扩散以及内化机制等，其代表人物包括玛莎·芬尼莫尔、杰弗里·切克尔（Jeffrey T. Checkel）、阿米塔·阿查亚（Amitav Acharya）和江忆恩（Alastair Iain Johnston）等。② 芬尼莫尔和凯瑟琳·斯金克在《国际规范的动力与政治变革》一文中给出

① Alastair Iain Johnston, *Social States*：*China in International Institutions*, 1980 – 2000, Princeton：Princeton University Press, 2008, Preface, p. 16.

② 主要研究成果有 Peter J. Katzenstein, *Cultural Norms and National Security*：*Police and Military in Postwar Japan*, Ithaca：Cornell University Press, 1996；Martha Finnemore and Kathryn Sikkink, "International Norm Dynamic and Political Change", *International Organization*, Vol. 52, No. 4, Winter 1998, pp. 887 – 917；Margaret Keck and Kathryn Sikkink, *Activists Beyond Borders*：*Advocacy Networks in International Politics*, Cornell University Press, 1998；Martha Finnemore, *The purpose of Invention*：*Changing Beliefs about the Use of Force*, Ithaca：Cornell University Press, 2003；Jeffrey T. Checkel, "International Norms and Domestic Politics：Bridging the Rationalist – Constructivist Divide", *European Journal of International Relations*, Vol. 3, No. 4, 1997, pp. 473 – 495；Jeffrey T. Checkel, "International Institutions and Socialization in Europe：Introduction and Framework", *International Organization*, Vol. 59, No. 4, Fall 2005, pp. 801 – 822；also see Jeffrey T. Checkel, ed., *International Institutions and Socialization in Europe*, Cambridge：Cambridge University Press, 2007；Jeffrey T. Checkel and Peter J. Katzenstein, eds., *European Identity*, Cambridge：Cambridge University Press, 2009；Amitav Acharya, "How Ideas Spread：Whose Norms Matter? Norm Localization and Institutional Change in Asia Regionalism", *International Organization*, Vol. 58, No. 2, Spring 2004, pp. 239 – 275；Alastair Iain Johnston, Social State：China in International Institutions, 1980 – 2000, Princeton：Princeton University Press, 2008；相关中译本见〔美〕彼得·卡赞斯坦著，李小华译：《文化规范与国家安全——战后日本警察与自卫队》，北京：新华出版社，2002年版；〔美〕玛莎·芬尼莫尔著，袁正清等译：《干涉的目的：武力使用信念的变化》，上海：上海世纪出版集团，2009年版；〔美〕玛格丽特·E. 凯克、凯瑟琳·辛金克著，韩召颖等译：《超越国界的活动家：国际政治中的跨国倡议网络》，北京：北京大学出版社，2005年版。

了国际规范生命周期理论，将其分为规范兴起、规范普及和规范内化三个阶段，并对什么样的规范在什么情况下会发挥作用的问题进行了初步探讨。① 杰弗里·切克尔为探索规范作用的微观机制做出了重要贡献，他在 1999 年强调国内结构、国家原有观念等变量对国际规范扩散至国家的制约或者是过滤作用，认为文化匹配程度和国内政治社会结构决定国际规范扩散至国内领域的难易程度。② 阿米塔·阿查亚将切克尔的"文化匹配"概念运用到地区层次，他的《观念是如何传播的》③ 一文以东南亚地区为研究对象，修正了芬尼莫尔的规范传播理论。他质疑，如果"教授"是规范传播的基本机制，那么规范就应该像芬尼莫尔所说的那样全部被世界各地区所接受（这其实在某种程度上是对芬尼莫尔的误读），但在东盟，有些规范被顺利接受，有些则不被接受。共同安全规范在东盟地区得以成功扩散，而人道主义干涉规范却遭遇了极为不同的待遇。基于此，阿查亚提出了基于东南亚地区经验的假设：越是符合地区规范的全球性规范越容易被地区接受，越是不符合地区规范的全球性规范越不容易被地区接受。另外，针对芬尼莫尔的国际社会结构的"教授"机制，詹姆斯·罗西瑙、托马斯·里斯卡彭认为国际社会结构可以经由跨国因素进入国内政治过程并最终影响国家利益的塑

① 〔美〕玛莎·芬尼莫尔、凯瑟琳·斯金克：《国际规范的动力与政治变革》，载〔美〕彼得·卡赞斯坦、罗伯特·基欧汉、斯蒂芬·克拉斯纳编，秦亚青等译：《世界政治理论的探索与争鸣》，上海：上海世纪出版集团，2006 年版，第 295 ~ 332 页。

② See Jeffrey Checkel, "Norms, Institutions, and National Identity in Contemporary Europe", *International Studies Quarterly*, 1999, 43, pp. 83 – 114.

③ Amitav Acharya, "How Ideas Spread: Whose Norms Matter? Norm Location and Institutional Change in Asian Regionalism", *International Organization*, 58, Spring 2004, pp. 239 – 275.

造，从而打破了人们习惯上将国家原子化的想象。①

在 2005 年《国际组织》（*International Organization*）杂志推出的"国际规范研究专辑"的导论部分，切克尔对芬尼莫尔之前提到的教授机制进行了细化。正如秦亚青教授所言，"如果说芬尼莫尔的教授机制是一个黑匣子，切克尔的研究就是打开这个黑匣子"。② 切克尔重点探讨了社会化机制，他把国际组织既看作社会化的推动者又看作社会化实施的场所，重点论述了三种社会化机制：奖惩机制（reward and punishment）、角色扮演（role playing）、规范劝服（normative suasion）。他指出，这三种机制背后暗含的是三种理性逻辑：奖惩机制背后是基于工具理性的战略计算（Strategic Calculation）逻辑；角色扮演机制背后是有限理性（bounded rationality）逻辑；规范劝服机制背后是哈贝马斯的交往理性（Communicative rationality）。③ 江忆恩对"社会化"的概念进行了梳理，认为现实主义和契约制度主义的"社会化"均不是真正意义上的社会化。建构主义对社会化的定义是正确的，但早期的理论建设者们只注重宏观层面的分析和"相关性"研究，没有深入探讨规范的微观机制，即使有部分学者有意识地探索规范的微观机制，也都主要集中于"说服战略"的讨论。江忆恩认为这种现象是不正常的，因为在说服之外，社会化仍然拥有其他的微观机制。基于此，他将社会化的微观机制分为三个相互重叠的过程：仿效（mimicking）、社会影响（social influence）、说服（persuasion）。同时，他用这一理论框架分析了中国在 1980 年至 2000 年间参与国际

① 参见 James N. Rosenau, *Turbulence in World Politics*, Princeton：Princeton University Press, 1990；Thomas Risse‐Kappen, ed., *Bringing Transnational Relations Back In：Non‐State Actor, Domestic Structure, and International Institutions*, Cambridge：Cambridge University Press, 1995。

② 秦亚青：《研究设计与学术创新》，载《世界经济与政治》2008 年第 8 期，第 79 页。

③ See Jeffrey T. Checkel, "International Institutions and Socialization in Europe：Introduction and Framework", *International Organization*, Vol. 59, No. 4, Fall 2005, pp. 801‐822.

制度的情况。①

不难看出，关于规范的微观机制的研究，学者们主要集中于规范的扩散和内化（即社会化）问题上，这一链条显然是不完整的。针对这一不足，近来又有学者开始关注规范退化②以及规范起源的问题。③ 同时，也有学者对规范传播中的强制力问题展开研究，社会学制度主义提出三种促使制度趋同的机制：强制、模仿和规范性说服，其他社会学家也提出政策扩散的四种机制：强制、竞争、学习和模仿。这些机制不约而同地涉及了强制，认可大国有显性或隐性地影响小国偏好的作用。④ 此外，相关的案例研究更为繁多，此处不再赘述。

（五）国内学术界对国际规范的研究

总体来说，目前国内学术界对国际规范的研究可大致分为以下五个方面：一是关于国际规范有效性及其作用机制的分析；二是关于国际规范演化机制的探讨；三是对国际规范内涵和特征的分析；四是对当前国际规范宏观发展趋势的探讨；五是对中国与国际规范之关系的探讨。

关于国际规范的有效性及其作用机制，国内学者的研究大致经历了三个阶段。在开始阶段，学者们着重强调规范的重要性，力求引导

---

① Alastair Iain Johnston, *Social States: China in International Institutions*, 1980 – 2000, Princeton: Princeton University Press, 2008.

② See Ryder Mckeown, "Norm Regress: US Revisionism and the Slow Death of the Torture Norm", *International Relations*, Vol. 23, 1, pp. 5 – 25; Ann Florini, "The Evolution of International Norms", *International Studies Quarterly*, Vol. 40, pp. 363 – 389.

③ 陈拯：《身份追求与规范建设——"边缘大国"改造国际人权规范的研究》，北京大学 2011 年博士学位论文。

④ Simon Bulmer and Christian Lequesne, ed., *Member States of the European Union*, N. Y.: Oxford University Press, 2005; Beth A. Simons et al., "Introduction: The International Diffusion of Liberalism", *International Organization*, Vol. 60, No. 4, Fall 2006, pp. 788 – 791.

学界突破理性主义的束缚，对国际规范给予应有的研究和重视；① 之后，学者们开始探讨国际规范的作用机制问题，在这个阶段，学者们探讨的中心问题是国际规范与权力、制度之间的关系是怎样的，即它们三者中谁是最终决定因素，彼此又是通过什么机制相互产生影响的；② 最近学界开始有意识地分析制约规范有效性的因素，学者们突破建构主义学者容易陷入的"进化偏好"与"好规范偏好"，开始挖掘制约规范发挥积极作用的因素，并探讨这些因素是通过什么样的机制影响规范发挥作用的。③

关于国际规范的演化机制，国内研究尚处于对国外相关研究的消化吸收阶段，但也有部分学者对突破西方范式进行了有益的尝试。总体来说，国内对国际规范演化机制的研究可分为三类：第一类研究主要是对建构主义解释模式的引介及在实证分析中的运用；④ 第二类研究对主流建构主义的解释模式进行了批判，并试图建立一种融合理性

---

① 代表性成果有朱锋：《东亚需要什么样的区域主义——兼析区域主义的基本理论》，载《太平洋学报》1997 年第 3 期，第 31～42 页；贾庆国：《国际行为规范与亚太地区的安全与稳定》，载《国际政治研究》1997 年第 2 期，第 96～101 页。

② 代表性成果有方长平：《国家利益分析的建构主义视角》，载《教学与研究》2002 年第 6 期，第 62～67 页；于宏源：《〈联合国气候变化框架公约〉与中国气候变化政策的协调发展》，载《世界经济与政治》2005 年第 10 期，第 64～69 页；郑飞：《国际规范的价值与功能：个体理性视角》，载《国际论坛》2007 年第 6 期，第 47～52 页。

③ 贾烈英：《国际制度的有效性：以联合国为例》，载《国际政治科学》2006 年第 1 期，第 86～116 页；黄黎洪、蔡佳禾：《国际政治中违反国际规范行为分析》，载《国际观察》2009 年第 3 期，第 37～43 页；康晓：《利益认知与国际规范的国内化——以中国对国际气候合作规范的内化为例》，载《世界经济与政治》2010 年第 1 期，第 66～83 页。

④ 代表性成果主要有潘亚玲：《国际规范的生命周期与安全化理论——以艾滋病被安全化为国际威胁为例》，载《欧洲研究》2007 年第 4 期，第 68～82 页；潘亚玲：《安全化、国际合作与国际规范的动态发展》，载《外交评论》2006 年第 3 期，第 51～59 页；丁韶彬：《社会化视角下世界银行与中国的关系》，载《教学与研究》2008 年第 9 期，第 66～71 页；柳思思：《从规范进化到规范退化》，载《当代亚太》2010 年第 3 期，第 145～160 页。

主义与建构主义的综合性解释模式;① 第三类研究则集中关注了国际规范演化的核心机制——"社会化",认为这一机制对于解释主体间结构如何转变成行为者认同十分重要,可视为结构与行为者相互建构的微观机制。②

　　关于规范的价值支撑与主要特征,国内学术界主要集中于三个方面:对国际规范内在价值的探讨、对"不干涉内政"规范的探讨以及对正义战争理论的探讨。其中第一个方面是最深层次的探索,国内学术界既有对国际规范理论(International Normative Theory)的引介,也有对传统伦理学与国际政治结合的探索;③ 后两个方面可归为个案

① 代表性成果参见徐进《国家何以建构国际规范:一项研究议程》,载《国际论坛》2007 年第 5 期,第 7~12 页;黄超《建构主义视野下的国际规范扩散》,载《外交评论》2008 年第 8 期,第 59~65 页;徐进《战争法规范演进的动力》,载《国际政治科学》2008 年第 1 期,第 1~32 页。

② 袁正清:《国际政治的社会学转向:建构主义研究》,上海:上海人民出版社,2005 年版;刘兴华:《试析国家社会化的演进》,载《外交评论》2009 年第 3 期,第 71~81 页;秦亚青:《国际关系理论的核心与中国学派的生成》,载《中国社会科学》2005 年第 3 期;但兴悟:《国家社会化研究综述》,载王逸舟主编《国际政治理论与战略前沿问题》,北京:社会科学文献出版社,2007 年版;刘贞晔:《国家的社会化、非政府组织及其理论解释范式》,载《世界经济与政治》2005 年第 1 期;郭树勇:《论国际政治社会化对国际社会发展的推动作用》,载《国际观察》2006 年第 2 期。

③ 参见李开盛《世界主义和社群主义——国际关系规范理论两种思想传统及其争鸣》,载《现代国际关系》2006 年第 12 期,第 54~59 页;张旺《国际关系规范理论的复兴》,载《世界经济与政治》2006 年第 8 期,第 49~56 页;张旺《世界主义的价值诉求——国际关系规范理论的视角》,载《教学与研究》2006 年第 12 期,第 60~66 页;李开盛《从基础主义到反基础主义——后现代语境下国际关系规范理论面临的挑战及分析》,载《国际论坛》2007 年第 3 期,第 20~24 页;李开盛、颜琳《人的概念与国际关系规范理论的构建》,载《世界经济与政治》2009 年第 3 期,第 19~25 页;张旺《国际政治的道德基础——国际关系规范理论研究》,南京:南京大学出版社,2010 年版,第 177~218 页;时殷弘《论世界政治中的正义问题》,载《欧洲》1996 年第 1 期,第 4~17 页;何怀宏《生存原则如何在国际政治中起作用——国际关系伦理思考之一》,载《世界经济与政治》2004 年第 1 期,第 8~13 页;何怀宏

研究，由于其显要性而成为国内学界重点关注的两个具体的国际伦理问题。①

关于国际规范体系的宏观发展趋势，国内学术界关注的不多，但也有学者进行了深入思考，他们试图以宏大历史视野阐述国际规范变迁史，并预测未来发展走向，对从宏观上理解现有国际规范体系的渊

（接上页注③）《战争、政治与道德——国际关系伦理思考之二》，载《世界经济与政治》2005 年第 1 期，第 13 ~ 18 页；余潇枫《伦理视域中的国际关系》，载《世界经济与政治》2005 年第 1 期，第 19 ~ 20 页；熊文驰、马骏主编《大国发展与国际道义》，上海：上海人民出版社，2009 年版；余潇枫、贾亚军《国际政治伦理研究的问题与困惑》，载《国际政治研究》2000 年第 3 期，第 164 ~ 168 页；石斌《国际关系伦理学：基本概念、当代议题与理论分野》，载《国外社会科学》2003 年第 2 期，第 8 ~ 14 页；石斌《权力·秩序·正义——"英国学派"国际关系理论的伦理取向》，载《欧洲研究》2004 年第 5 期，第 1 ~ 23 页；史文涛《摩根索意识形态学说解读》，载《美国研究》2008 年第 1 期，第 68 ~ 78 页；周桂银《基督教、历史与国际政治——赫伯特·巴特菲尔德的国际关系思想》，载《欧洲研究》2005 年第 4 期，第 1 ~ 18 页；周桂银、党新凯《权力政治、国家体系和国际关系思想传统》，载《欧洲研究》2005 年第 1 期，第 76 ~ 88 页；余潇枫《"和合主义"：中国外交的伦理价值取向》，载《国际政治研究》2007 年第 3 期。第 21 ~ 24 页；时殷弘《民主伦理传统与中国的国际伦理观》，载《国际政治研究》2007 年第 3 期，第 19 ~ 20 页；石斌《全球化、民族国家与国家间正义——国际关系伦理学的一个分析框架》，载《社会主义研究》2002 年第 6 期，第 68 ~ 70 页；朱锋《国际关系研究中的法律主义》，载《中国社会科学》2007 年第 2 期，第 135 ~ 138 页；朱锋《国际与国内政治中的价值问题》，载《国际政治研究》2007 年第 3 期，第 8 ~ 10 页；吴白乙《国际规范的道德与现实问题》，载《欧洲研究》2006 年第 6 期，第 29 ~ 31 页。

① 参见时殷弘、沈志雄《论人道主义干涉——一种侧重于伦理和法理的阐析》，载《现代国际关系》2001 年第 8 期，第 56 ~ 61 页；时殷弘《中西伦理传统与当代国际干涉》，载《学术界》2000 年第 4 期，第 63 ~ 74 页；张东升《全球化与超国家干预》，载《世界经济与政治》2001 年第 6 期，第 58 ~ 61 页；石斌《有效制裁与"正义制裁"——论国际经济制裁的政治动因与伦理维度》，载《世界经济与政治》2010 年第 8 期，第 24 ~ 47 页；吴征宇《"正义战争理论"的当代意义论析》，载《现代国际关系》2004 年第 8 期，第 12 ~ 17 页；吴日强《正义战争、核禁忌与无核武器世界》，载《世界经济与政治》2009 年第 10 期，第 51 ~ 58 页。

源、特征及未来走向有较大的启发意义。①

关于中国与国际规范（国际制度）的关系问题，国内学术界探讨的较多，但从规范研究的角度切入的并不多见。不过随着中国的快速崛起，学者们对中国参与、改造、倡导国际规范问题的兴趣日益上升，总体来说，这一议题的研究成果正处在不断显现的阶段。②

如果说近来美国主流国际关系学界的规范研究主要集中于规范的微观机制（规范本身的演化机制及规范对行为体的社会化机制）研究的话，中国学者基本与之保持了步伐一致。关于规范的微观机制问题，已有不少博士生将之作为博士论文选题。笔者认为，在规范的微观机制研究上，国内学术界大致呈现出清华大学、外交学院、南京大学三个各具特色的研究群体。清华大学的国际规范研究延续了鲜明的理性主义特色；外交学院的国际规范研究延续了对美国主流国际关系学界的紧密跟踪和较强的建构主义色彩；与南京大学有渊源的学者在国际规范的研究上基本延续了类似英国学派的人文主义风格。

二　东亚社会性因素及其秩序意涵的相关研究现状

经验研究与理论研究的重大不同在于其主题更为分散，方法更为多元，因而很难呈现出像理论研究那样清晰的逻辑脉络。但通过梳理

---

① 时殷弘：《现代国际社会共同价值观念——从基督教社会到当代全球国际社会》，载《国际论坛》2000 年第 2 期，第 4~9 页；时殷弘：《论 20 世纪国际规范体系——一项侧重于变更的研究》，载《国际论坛》2000 年第 6 期，第 2~10 页；时殷弘：《新趋势 新格局 新规范》，北京：法律出版社，2000 年版；邵永灵：《什么是 20 世纪的国际关系——〈新趋势 新格局 新规范〉评介》，载《欧洲》2001 年第 1 期，第 96~101 页。

② 焦世新：《中国融入国际人权两公约的进程与美国的对华政策》，载《复旦学报（社会科学版）》2007 年第 4 期，第 133~139 页；刘兴华：《国际道义与中国外交》，载《外交评论》2007 年第 6 期，第 44~49 页；陈琪、黄宇兴：《国际干涉的规范维度》，载《世界经济与政治》2009 年第 4 期，第 6~15 页；蒲晓宇：《中国与国际秩序再思考：一种政治社会学的视角》，载《世界经济与政治》2010 年第 1 期，第 23~36 页；张小明：《中国崛起与国际规范的变迁》，载《外交评论》2011 年第 1 期，第 34~47 页。

近期关于东亚社会性因素的相关研究成果，仍然能够发现其在研究主题上的漏洞和在研究方法上的缺陷。

（一）国际学术界的相关研究

随着建构主义的兴起，国际学术界关于东亚秩序的研究也出现了一个研究路径的转向，关于东亚地区观念性因素的研究成果不断涌现。这些文献有一个非常显著的特点：学者们大多将研究议题集中在东南亚地区，特别是东盟。究其原因，或许在于东南亚比东北亚安全合作的程度和制度化水平更高。

这其中最具有代表性的作品当属阿米塔·阿查亚的《建构安全共同体：东盟与地区秩序》。① 在该书中，作者对东盟在地区秩序中所发挥的作用及其所遇到的阻力进行了分析。作者认为，在过去的三十多年里，东盟确实推动了地区内部和平关系的发展。但是，目前东盟规范、东盟方式面临诸多挑战，亟须自我重塑。这种重塑能否成功，将决定东盟将来会变得更为蒸蒸日上，还是日薄西山。尤尔根·海克（Jurgen Haacke）以建构主义为视角，分析东盟对外关系。尽管作者倾向于用"东盟的外交与安全文化"的提法，但是这与阿查亚提出的"东盟方式"和"东盟规范"并没有本质的区别。②

江文汉（Gerrit W. Gong）主编的《记忆和历史：国际关系中的认同问题》③ 一书探讨了历史记忆对国际关系的影响。该书的作者们分别从世界各国关于美国的记忆、中日之间的历史记忆、中韩之间的历史记忆、东南亚国家的历史记忆等角度，阐述历史记忆对于国家间关系及国家间建构彼此认同的负面影响。并呼吁，就像记住一些事情一样，学着忘却同样重要，因为选择性地忘却，或许有利于国家间的

---

① 〔加拿大〕阿米塔·阿查亚著，王正毅等译：《建构安全共同体：东盟与地区秩序》，上海：上海人民出版社，2004年版。

② Jurgen Haacke, *ASEAN's Diplomatic and Security Culture：Origins, Development and Prospects*, Routledge, London and New York, 2005.

③ Gerrit W. Gong, ed., *Memory and History：Issues of Identity in International Relations*, The CSIS Press, 2001.

认同建构和国际关系的发展进化。

阿查亚在《认同诉求：东南亚国际关系》① 一书中以历史为线，分别考察了地区概念的形成、冷战时期民族主义与地区主义的互动、地区组织的演进、地区分化与和解、作为一个整体的东南亚在亚太地区的作用以及全球化时代地区认同所面临的挑战等问题。阿查亚和理查德·斯塔布斯（Richard Stubbs）共同主编的《东南亚关系的理论化：正在涌现的争论》一书通过理论思辨与经验考察相结合，对东南亚国际关系的理论化路径进行了探索。比如，在东盟权力来源问题上建构主义和新现实主义之间的竞争、在中国与东盟之间的社会化问题上谁会将谁社会化、东盟地区论坛是个"清谈馆"还是个"规范生产厂"、东盟地区论坛是不是亚太地区安全困境的解决方法、建构主义为何不能成功解释东亚安全问题以及英国学派与东盟之间的关系等。②

从徐载晶（Jae‐Jung Suh）、彼得·卡赞斯坦以及艾伦·卡尔森（Allen Carlson）共同主编的《重思东亚安全：认同、权力和效率》一书的书名就能看出作者奉行方法论的折中主义。③ 该书作者认为只有对各种主流理论进行整合，并以此为工具分析东亚安全，才能形成对东亚安全完整而又深入的理解，不然只能得出片面甚至幼稚的结论。从这一方法论视角出发，该书的作者分别分析了中国、日本、美韩同盟、东南亚在亚太地区安全中所发挥的作用。

当然，也有一些学者冲破学术范式的条条框框，用较为感性的思维和语言表达深邃的见解。这些文献可能缺乏严密的理论框架和经验

① Amitav Acharya, *The Quest for Identity*：*International Relations of Southeast Asia*, Oxford University Press, 2000.

② Amitav Acharya, and Richard Stubbs, eds. , *Theorizing Southeast Asia Relations*, Routledge, 2009.

③ J. J. Suh, Peter J. Katzenstein, and Allen Carlson, eds. , *Rethinking Security in East Asia*：*Identity*, *Power*, *and* *Efficiency*, Stanford University Press, Stanford, California, 2004.

验证，但其启发意义却不可忽视。马丁·雅克（Martin Jacques）的《当中国统治世界：中国的崛起和西方世界的衰落》① 就是这样一部作品。该书所提出的问题极为深刻，作者认为，现代社会是一个充满"现代性竞争"的时代，中国的崛起，不能仅从传统的经济和地缘政治的角度去认识，还要同时注重文化角度的理解。中国崛起意味着中国传统价值观的延续、发展和发扬光大，这又进一步意味着中国崛起不但会改变世界经济政治结构，而且会重塑世界秩序和全球公共生活方式。因此，中国以及亚洲的崛起，其文明意义在于尝试创造出一种现代化的新模式。作者能跳出西方现代性的思维方式，摆脱西方式的世界观和价值立场，跨时空、跨文化地审视东亚及中国的崛起，可谓难能可贵。②

（二）国内学术界的相关研究

李文的《东亚合作的文化成因》一书或许是国内迄今为止唯一一部专门研究东亚地区合作之文化支撑的专著。③ 在该书中，作者分别从生活习惯、语言文字和宗教信仰三个方面剖析了东亚的共有文化基础，分别分析了中、日两国的东亚秩序观及战后的东亚经济合作构想。同时，作者以现代性扩展为起点，分析了东亚文化共性的增强和地区意识的逐步形成，并认为随着东亚文化的复兴，东亚共同体也会得以逐步形成。赵建民认为，创建共同合作、协同发展的"东亚共同体"业已成为不可抗拒的发展趋势。东亚地区既有成功的、进步的古代"东亚文化圈"，也有反动的、失败的近代"大东亚共荣圈"，还有设想中的"东亚共同体"。然而，现实中的"历史认识问题"是直接关系到"东亚共同体"能否迅速建立的前提条件。为促进未来"东亚共同体"区域内的沟通和交流，需要在汉字的基础上创建共通

---

① 参见〔英〕马丁·雅克著，张莉等译：《当中国统治世界：中国的崛起和西方世界的衰落》，北京：中信出版社，2010 年版。

② 有观点认为该书是在"哗众取宠"，或者说是一种"捧杀"中国的"阴谋"。笔者认为，如果冷静审慎地去读这本书，读者会改变这种立场。

③ 李文：《东亚合作的文化成因》，北京：世界知识出版社，2005 年版。

文字。在政治、经济和外交手段之外，还需要从思想文化观念方面去寻求解决问题的办法。① 杨鲁慧和郭延军在《东亚合作进程中的中国软实力战略》一文中指出，东亚合作进程是在地区权力结构变动背景下起步的。地区大国的利益分歧、权力争夺在很大程度上成为东亚地区主义发展的障碍性因素。但是，传统的权力政治理论却不能成功地解释东亚地区合作的现象。作者认为，软实力因素是推动东亚合作开展的一个重要因素，东盟所坚持的开放的地区主义和软制度主义在这个过程中发挥了积极作用。基于此，作者认为，中国应通过继续支持东盟的主导地位、加强地区非传统安全领域合作以及在开放的地区主义原则下建立与美国的制度联系等软实力外交，缓解中国崛起的压力，推动东亚合作进程及东亚一体化建设。②

王学玉和王永洁在《转变中的东亚地区秩序》一文中指出，东亚安全秩序正经历着从地区体系到地区社会的缓慢转变，即从典型的无政府状态转变为一个东亚各国将地区安全界定为国家安全保障的、拥有厚重的地区规范的东亚社会。作者指出，从长远来看，安全共同体是东亚地区的理想秩序，但它的实现有赖于地区社会的发展和培育。为此，必须将安全、经济与社会间的联系结合起来，推动综合性的地区合作。换言之，安全制度化和地区一体化是支撑东亚和平与稳定的两个支柱。③ 俞新天在《东亚认同的发展与培育》一文中指出，为了推动东亚合作的深化，尤其要推动建立经济共同体、政治安全共同体和社会文化共同体，必须要加强文化理解，培育共同观念，特别是共同的文化价值观。她认为，东亚地区价值观应当由东亚各国共同探讨，从政治、经济、社会、文化等不同领域

---

① 赵建民：《试论构建"东亚共同体"的思想文化基础——从历史启迪与未来追求的视角》，载《东北亚论坛》2007 年第 1 期，第 110～114 页。

② 杨鲁慧、郭延军：《东亚合作进程中的中国软实力战略》，载《国际论坛》2008 年第 3 期，第 42～47 页。

③ 王学玉、王永洁：《转变中的东亚地区秩序》，载《山东大学学报（哲社版）》2010 年第 4 期，第 1～9 页。

去概括，最后再加以提炼。① 关于中国在培育东亚认同过程中的作用，她在《中国培育东亚认同的思考》一文中指出，中国参与地区合作的目标应当是融入东亚，使中国成为东亚的中国，而不是让东亚成为中国的东亚。她认为，中国最具贡献价值的文化价值观是和平、发展、合作、和谐，东亚文化的宽容、包容、和谐、协商是长期以来多样文化共存交融的结果。她同时指出，中国必须培育东亚文化认同，这就需要：首先，必须克服中国人根深蒂固的文化中心主义和民族主义；其次，在培育东亚认同的过程中，既要充分提炼和发扬东亚的文化精华，又要防止把世界分割成"东方"与"西方"、"我们"与"他们"，造成非黑即白的简单化、片面化的思维；最后，中国建设软实力的政策应首先着眼于在东亚地区实施，减少文化误解和预防文化冲突的努力也应首先投放于本地区。②

此外还有许多较有启发意义的观点散见于各类研究中，但由于不是专门研究东亚社会性因素，也没有给出完整的学理论述，此处不再赘述。

三 既有研究的重大缺憾

以上从理论方法和经验研究两个维度对既有研究进行了简单梳理，从中不难感受到研究者们所取得的重大成就。但同样难以忽视的是，既有研究也存在重大的不足。由于这些不足主要源自研究者的理论立场和研究方法，所以此处侧重于揭示理论方法研究中的重大缺憾，并力求在理论立场和研究路径上有所突破。

关于国际规范的研究，前文主要按照理论流派进行了梳理。其实，理论流派只是认识既有研究的维度之一，人们完全有理由也有

---

① 俞新天：《东亚认同的发展与培育》，载《当代亚太》2007年第4期，第3~10页。

② 俞新天：《中国培育东亚认同的思考》，载《当代亚太》2008年第3期，第21~35页。亦可参见俞新天《掌握国际关系密钥：文化、软实力与中国的对外战略》，上海：上海人民出版社，2010年版。

必要换个维度进行重新审视。从前文的梳理中不难发现，如果按照总体的文化/文明和具体的观念/规范来划分的话，目前学术界关于观念/规范的研究亦可大致分为侧重于总体文化的研究和侧重于具体观念的研究两种类型。具体来讲，英国学派和社会学制度主义更倾向于整体性文化研究（他们称之为国际社会或国际社会结构），理性主义和建构主义则倾向于对具体规范有效性及其演化机制的研究。我们在此将两种类型分别称为宏观性研究和微观性研究。

（一）　宏观性研究的缺憾

宏观性研究中的英国学派和社会学制度主义之间既存在明显区别，又具有一定的相似性。在英国学派那里，国际社会是国家互动构成的，是晚于国家而出现的；在社会学制度主义那里，国际社会是在原有人类社会的基础上衍生出来的，国际社会的要素在现代国家出现之前就已经在一定程度上存在了。因此，国际社会在社会学制度主义那里比在英国学派那里具有更彻底的本体论地位。在这一点上，社会学制度主义无疑更具说服力。但是，二者又存在共同的缺点，那就是西方学者潜意识里挥之不去的"西方中心主义"。

英国学派认为国际社会是国家互动而构成的，但又认为欧洲之外的其他国家进入欧洲创造并主导的国际社会只是一个"被社会化"的过程。按照这一逻辑，欧洲之外的国家就不能拥有与欧洲国家同等的互动地位了，它们似乎只有被动学习和接受的可能，而没有进一步改造国际社会的可能。这与英国学派关于国际社会的定义显然是相矛盾的。社会学制度主义则注意到，非欧洲国家对欧洲"国际规范"的接受难以用功能主义的逻辑进行解释：许多非欧洲国家并不一定适合现代国家制度，但它们还是建立了现代国家制度。这些国家建立现代国家制度并不是因为有效，而是因为外部社会结构已经赋予这种科层制度以正当性，这些国家只是为了获取这种正当性。社会学制度主义这一认识无疑是深邃的，但是，他们只关注了这些国家向欧洲国家趋同的方面，却完全忽视了这些国家对欧洲"国际规范"背离的方面，而这种背离恰恰是国际社会结构变迁的微观动力机制。

实际上，无论英国学派还是社会学制度主义，他们都难以摆脱根深蒂固的"西方中心主义"。这根源于他们对身处其中的西方国际社会价值逻辑的"集体无意识"。西方国际社会所暗含的价值逻辑已经内化到他们思想意识的最深处，导致他们认为这种社会规范是唯一正当的规范，从而失去了对这种价值逻辑的批判能力和反思意识，也失去了平等对待不同价值逻辑的可能（见表0-1）。

表0-1 英国学派与社会学制度主义的异同及各自内在矛盾

学派	不同点	相同点	推演	内在矛盾
英国学派	国际社会是由国家间的互动而形成的	对西方价值逻辑的"集体无意识"而导致的"西方中心主义"	国际社会由西方国家互动形成,非西方国家只是一个进入的过程	认为国际社会由国家互动形成,却否认非西方国家塑造国际社会的能力
社会学制度主义	国际社会是在前国家社会中衍生出来的		非西方国家对西方国家的科层组织只能学习和接受	认为国际社会由前国家社会衍生而来,而否认非西方前国家社会也可以衍生制度规范

（二）微观性研究的缺憾

微观性研究又可进一步划分为制度规范有效性研究和规范传播与变迁机制研究。关于制度规范的有效性，理性主义主要侧重于从功能的视角进行解释，即因为制度规范可以增加透明度、减小不确定性进而降低交易成本，所以行为者积极地遵守；建构主义则侧重于依据适当性逻辑进行解释，即行为者不但遵循后果逻辑，而且也遵循适当性逻辑，只要一种观念内化到行为者的思想意识之中，就会建构行为者的认同，从而决定行为者的利益诉求和行为方式。理性主义者近来放宽了自己的前提假定，承认了人类理性（主要指工具理性）的有限性，从而为建构主义让出很大的理论空间。但是，主流建构主义起初为了与理性主义对话，承认了人的工具理性，而只是从价值理性的角度争取了必要的学理空间。建构主义这一理论特征的惯性直到现在依然如故，从现有建构主义的规范研究来看，还没有学者注意到理性主义让出的这片极具开发前景的理论空间。实际上，如果对理性主义让出的这一学理空间进行深度开发，可以从工具理性的终点上对理性主义进行挑战，如此一来，与之前主流建构主义的价值理性相结合，就可以对理性主义形成"双面夹击"之势。

关于规范的传播与变迁机制的研究，既有的研究总体来看属于机制探索的或然性研究。无论芬尼莫尔、切克尔还是阿查亚、江忆恩，他们所建立的规范"传授"机制都只能作为一种可能机制，不具有"全覆盖"性。因此，尽管他们在研究设计上都采取了实证性的研究路径，但在本质上却应算作诠释性解释框架。芬尼莫尔的教授机制难以排除跨国因素或国际因素的影响，她与斯金克设计的规范扩散机制模型也只是一种可能模型；切克尔的三种机制只能作为规范传播和接受的必要条件，而非充分条件；阿查亚的文化匹配说难以排除权力的作用，同时对文化匹配的定义也未能触及根本；江忆恩的社会化机制虽然丰富了规范扩散的微观机制，但却不可避免地忽视了对宏观因素的关注。由于国际规范既涉及宏观的国际社会结构和过程，又涉及微观的行为者的思想意识，因此难以构建完整而又严谨的理论解释框架。尽管如此，学者们对规范背后的价值逻辑的忽视还是令人遗憾的。规范作为一种共享的适当性逻辑，必然暗含着某种价值逻辑，而研究者们对这一本质属性竟然忽视得如此彻底。如果非要对这一集体性忽视追根溯源，还是要回到前文所说的对自身文化价值体系的"集体无意识"。对于西方学者而言，这样的忽视倒也有其合理性，但对于东方学者来讲，如果不对这一点进行深刻反思，则难以形成自身学术体系的主体性，也难以争得学术主动权。

第三节　本书的结构和章节安排

除导论和结论外本书共分为六章。其中第一章为理论分析框架，第二、三、四章为变量界定和变量关系分析，第五章为经验验证，第六章讨论其秩序意涵。

第一章交代本书的世界观、人性观立场，并在此基础上设定理论分析框架。这一章论述了相对主义的文明观，认为世界各大文明都是由一系列价值要素构成的，文明的区别不在于其构成要素的数量和种类，而在于对价值要素特别是相互冲突之价值要素的排序，价值序列构成了文明的"基因"，因此文明间的差别是相对的而不是绝对的。另外，人是理性的，但却不是全知全能的。人不可能完全按工具理性逻辑行事，也不可能完全按价值理性逻辑行事。在这一世界观和人性观假定的基础上，第一章提出了初步的理论框架，设定了关于价值竞争与战略计算二者互动与观念变迁之间相互关系的一般理论框架。

第二章界定了本书的分析起点。这一章从"人""国家"和"行为逻辑"这三个与国际政治实践密切相关的维度分别剖析了中国、日本和东南亚传统价值体系的核心特征，界定了三者的相同点和各自的独有特征。总体来讲，三者都将人视为关系网中的"社会人"，都持"家—国—天下"的世界秩序观，都持一种相对主义的伦理逻辑。同时，三者又都存有自身的特征，这些特征致使三者对主权观念的理解也存在一些差别。

第三章界定了与东亚传统价值体系对应的西方现代价值体系。与东亚传统价值体系的三个维度相对应，这一章对西方现代价值体系的分析也主要从"人""国家"和"行为逻辑"这三个维度来进行。总体而言，西方现代价值体系发现了作为个体的人的价值（秉持主权国家体系的世界秩序观），同时，以工具理性为表现形式的绝对主义的形式逻辑成为现代西方的主流思维方式和行为逻辑。西方现代价值体系的这三个维度分别冲击着东亚传统价值体系的三个维度。从纯粹价值竞争的逻辑看，由于处于价值体系的外层，主权国家体系所暗含的世界秩序观较易取得对"家—国—天下"世界秩序观的优势，而个体人以及与之紧密相关的工具理性的形式逻辑却不易获得绝对优势。

第四章通过回顾和分析近代以来东亚地区权力结构变迁的总体特征，论述了上述价值体系竞争所处的时代背景和东亚所处的弱势地位及其对价值体系竞争的塑造作用。这一章认为，特定的外部战略环境一方面进一步强化了主权国家观念的优势地位，另一方面却弱化了个体人对"关系人"，工具理性对相对主义逻辑的冲击力。价值体系竞争的一般机理和特定时代的战略环境决定了东亚地区主权观念在生成过程中主要习得了主权的对外向度，而在对内向度上则基本偏向了持整体主义价值取向的国家主义。

第五章为经验验证。通过分析幕末明初日本现代国家意识形成过程中民权与国权的双重变奏以及修约过程中日本对西方列强和对周边弱国的不同立场，验证了主权对内向度上的国家主义倾向和对外向度上的重权利、轻责任特征；通过分析清末民初中国主权意识和公民意识生成过程中"救亡"与"启蒙"的双重使命，以及最终"救亡"压倒"启蒙"的历史事实，验证了主权对内向度上的整体主义倾向和战略环境的重要塑造作用。

第六章讨论了东亚主权观念的秩序意涵。由于中国和东南亚各国的积极倡导，在东亚地区，体现主权观念对外向度的主权原则更为饱满，既强调"吾之主权不容侵犯"，也强调"吾亦不侵犯他之主权"。这一原则对各国的行为有很强的自我约束作用，有利于各国在国际行为中保持克制，从而有利于地区的整体稳定。但是，由于这一作为"最高"原则的"成本—收益"考量主要集中于国家层面，从而对地区合作以及一体化进程产生了一定的阻碍作用。这意味着东亚各国的知识精英有义务挖掘传统价值要素，探索突破主权观念的价值资源，重构东亚价值叙述。

第一章
价值体系竞争与战略环境塑造：
观念变迁的理论框架

从前文的梳理和反思中不难发现，既有的国际规范研究存在两个非常明显的不足。一是挥之不去的"西方中心主义"。无论是英国学派、社会学制度主义还是社会建构主义，它们对国际社会扩展、国际社会结构的塑造作用、国际规范传播以及社会化等问题的探讨都暗含着西方国家是施力方而其他国家是受力方的逻辑，非西方国家对于西方国家造就的国际社会结构只有被动接受的可能，而没有更新重塑的选项。这种忽略非西方国家主体性的倾向必然导致逻辑上的片面和认识上的漏洞。二是缺乏对规范所暗含的价值逻辑的深入探索。无论是芬尼莫尔开创性的"教授"机制、切克尔的三种微观机制还是江忆恩的社会化机制，都未能触及规范背后的价值逻辑，即使切克尔和阿查亚提出了"文化匹配"的问题，他们的主要任务也仅仅只是提出研究议程，而没有更为深入的探索，因而未能触及价值层次。实际上，价值逻辑是规范的本质属性，也是文明的基本构成要素。只有揭示规范背后的价值逻辑，才能在具体规范与整体文化之间建立深层的链接，否则研究只能停留于表面；同时，也只有揭示规范背后的价值逻辑，才能找到"西方中心主义"的根源所在，才能最大程度地在研究中避免这种倾向。既有研究的薄弱环节正是理论和知识创新的重要着力点，因此，挖掘被西方学者遗忘的逻辑、弥补知识上的遗漏对于编织完整的人类思想知识网络无疑具有重要价值。

当然，强调主体性并不是对外来影响一概否定，那样就走向了另一个极端，陷入了另外一种意义上的"中心主义"。对于地区社会性因素研究来讲，较为可行的方案是探索本地区文化的本质和外来文化的本质，揭示文化相遇时二者竞争的内核，以及外部权力结构变迁对竞争结果的影响。同时，自觉将规范的传播和新旧规范间的竞争放到这种文化竞争的大背景中进行理解。

第一节　世界观与人类的理性：基础层面的问题

一　世界观

（一）本体论上的折中主义与作为分析起点的观念主义

世界是物质的还是观念的？千百年来人们在这个问题上争论不休。持彻底物质主义立场的人们认为，物质性力量具有本体论意义上的优先性，无论我们是否去定义、去认识、去思考，物质性力量都是客观存在的，而构成"社会事实"的观念性力量则必须建立在物质性力量的基础上，并受物质性力量的制约，物质性力量因而推动社会形态的发展；持彻底观念主义立场的人们认为，观念性力量具有本体论意义上的优先性，或者至少拥有与物质性力量同等的地位，观念性力量无法还原为物质性力量，它通过建构行为体的身份和利益，赋予物质性力量以意义，并直接影响人们的行为。[①] 有学者指出，如果从宇宙（时间与空间）的视角来看，物质性力量的确应该具有优先性，

[①] See Shiping Tang, "Foundational Paradigms of Social Sciences", *Philosophy of the Social Sciences*, Vol. 41, No. 2, 2011, pp. 217 – 220；〔美〕亚历山大·温特著，秦亚青译：《国际政治的社会理论》，上海：上海人民出版社，2008 年版，第 21 ~ 22 页。

因为在人类出现之前，物质性的事物就是存在的。① 但是，如果我们将讨论范围限定为人类世界，那么观念性力量并不能被看作本体论意义上的后来者。这是因为，人类社会指的就是智能人生活的时空，而智能人的一个重要特征就是拥有并创造观念。智能人、观念、人类世界在发生学意义上是同时出现的，从这个意义上说，只要将思考的对象限定为人类世界，那么观念与物质也就具有了本体论意义上的同等地位。因此，人类世界既是物质的，也是观念的。

不过，本体论上的折中意识并不意味着在进行理论建设和经验分析时要彻底秉持这一立场。不可否认，本体论立场的不同决定了人们认识世界时思维起点的不同，思维起点的不同又导致理论间对话的困难。比如，在主流建构主义兴起之前，理性主义和反思主义就出现了各说各话、话语体系难以对接的尴尬情景。国际关系理论的第三次论战主要表现为拥有相同本体论和认识论立场的新现实主义与新自由主义之间的争论，反思主义则处于一种不受重视、不被回应的边缘地位，物质—实证主义与观念—后实证主义间因先验假定和逻辑路径的不同而存在难以弥合的理论鸿沟。但是，真正将本体论上的物质主义和理念主义整合起来是非常困难的，因此理论建构基本沿两种路径展开：一种试图从物质因素开始，然后把观念的作用尽可能多地整合进去；另一种则沿着完全相反的路径，试图从观念因素开始，然后把物质因素的作用尽可能多地整合进去。由此看来，对于理论建设者来说，整合本体论意义上的物质主义和观念主义即使不是不可能，也会是超乎想象的困难。因此，有学者坚持认为真正的中间道路是不存在的。② 一个让人略感无奈的事实是，人类的理性认识不可避免地建立

---

① See Shiping Tang, "Foundational Paradigms of Social Sciences", *Philosophy of the Social Sciences*, Vol. 41, No. 2, 2011, p. 218.

② See Emanuel Adler, "Seizing the middle ground: Constructivism in world politics", *European Journal of International Relations*, No. 3, 1997, pp. 319 – 363.

在某种先验理念的基础之上，① 这一伟大发现告诉我们，从认识论意义上来讲，整合本体论立场将是徒劳的。因此，本体论上的折中最大的意义在于对社会本质的感悟，而不在于理论体系的构建。换言之，在个人信仰中本体论上的折中主义是可行的，但对于理论建设者来说，选择（和舍弃）其中一个作为逻辑起点是一种"无奈的必然"。

对于经验研究来讲，最重要的是根据目的选择不同的研究方法。如果要从整体上揭示某一问题的全貌，需要较为综合的方法，并且要努力在各种要素间进行权衡；如果想揭示某一具体要素的特征及影响，则需要选择一个合适的分析起点，而将其他要素视为过程要素。本书的任务是揭示在地区文化的背景下，主权观念在东亚的生成路径及其对地区秩序的寓意。基于此，我们选取地区原有价值体系作为分析起点，将主权观念及其所属价值体系作为外来影响因素，国际和地区权力结构作为干扰因素，分析和考察主权观念在东亚的生成路径和演进逻辑，并探讨其对当今东亚秩序的影响。

（二）观念体系的复杂性与相对主义的文明观

如前文所述，观念与智能人在逻辑上同时产生，与人类有着同样悠久的历史。在人类历史和现实中，每个人都有一系列的观念，比如世界观、价值观和因果信念等。② 这些观念要素有时是互补的，但也有很多时候是相互冲突的。互补较容易理解，比如忠君与爱民、父慈与子孝这两对中国古代伦理规则就分别是互补的，臣民对君王忠诚，君王对臣民仁爱，子女对父母孝敬，父母对子女仁慈，君臣、父子关系因此而达到和谐状态。但是冲突也是深刻存在的，比如中国传统就有"忠孝难两全"的说法，比如我们追求个人的自由，但也认为为了社会的公平个人的自由要受到一定的限制，如此等等，不一而足。可见，每个人的观念体系都既拥有自身的黏合力，也存在难以消除的

---

① 参见〔德〕康德著，邓晓芒译：《纯粹理性批判》，北京：人民出版社，2004年版，2008年印刷，第357~386页。

② 参见〔美〕朱迪斯·戈尔茨坦、罗伯特·O. 基欧汉编，刘东国等译：《观念与外交政策：信念、制度与政治变迁》，北京：北京大学出版社，2005年版，第8~11页。

内在张力。而作为由个体人组成的社会，其观念体系只会比个人更为复杂，价值要素更为多元，因此价值间张力的类型也肯定更为多样。换言之，人类社会的观念体系就是由一系列或相互包容或相互竞争的价值要素杂糅而成。①

社会观念体系中的各种张力根源于人类先验理念中的一系列悖论，因此是难以消除的。比如，我们可以认为世界在时间上有一个开端，在空间上也有一个边界，但也可以认为世界没有开端，在空间中也没有边界，而是不论在时间还是空间方面都是无限的；我们可以认为在世界中每个复合的实体都是由单纯的部分构成的，并且除了单纯的东西或由单纯的东西复合而成的东西之外，任何地方都没有什么其他东西实存着，但也可以认为在世界中没有什么复合之物是由单纯的部分构成的，并且在世界中任何地方都没有单纯的东西实存着；我们可以认为"依据自然规律的因果性"并不是可以导出世界全部现象的唯一因果性，为了解释这些现象还有必要假定一种由自由而来的因果性，但也可以认为没有什么自由，相反，世界上一切东西都是按照自然律而发生的；我们可以认为世界上应该有某种要么作为世界的一部分、要么作为世界的原因而存在的绝对必然的存在者，但也可以认为任何地方，不论是在世界之中，还是在世界之外作为世界的原因，都不实存有任何绝对必然的存在者。② 康德这一系列绕口却严谨的叙述揭示的是人类"纯粹理性"所固有的二律背反。这些彼此冲突的"命题对"作为先验理念间的张力在人类理性中难以消除，因此观念体系中的各种张力也是一种必然存在。不管承认与否，人类的观念世界就是这样混乱的，而非像传统国际关系社会理论所倾向于认为的那

---

① 这种杂糅给建构主义学者造成很大的理论难题，参见保罗·科维特、杰弗里·勒格罗《规范、认同及他们的限度》，载彼得·卡赞斯坦主编，宋伟等译：《国家安全的文化：世界政治中的规范与认同》，北京：北京大学出版社，2009年版，第463页。

② 参见〔德〕康德著，邓晓芒译：《纯粹理性批判》，北京：人民出版社，2004年版，2008年印刷，第357～386页。

样整齐划一。①

　　人类是否存在普世价值？关于这一问题的讨论，首先要搞清是作为构成要素的价值还是作为整体的文化，而有关这一问题的探讨对于我们理解文明的本质非常有益。如果仅从作为文明构成要素的价值来看，我们认为人类有许多共同追求的价值，比如自由、平等、公平、正义、友善、孝敬父母等。但是，如果从作为整体的文化来看，世界几大文明各自存在明显的价值偏好。这个问题仍然要从观念体系的复杂性来理解。如前所述，观念体系由一系列或互补或竞争的价值要素组成，在价值要素的种类和数量方面，世界几大文明并没有本质区别，甚至可以说世界各大文明都是由一些相同的价值要素组成的。它们的差异主要在于对价值进行优先性排序时的不同选择，即不同的文明在处理内部价值冲突时表现出不同的价值偏好。比如在自由与秩序之间，东方文明相对来说更为倾向秩序，而西方文明相对来说更为倾向自由；在尊敬父母与尊敬上帝之间，儒家文明更倾向于父母，而基督教文明更倾向于上帝。的确，对一种价值的强调意味着对另一种价值的忽视，② 但是各大文明在推崇某一价值的同时并不是将另一价值

---

① 国际政治学者对文化的研究倾向于寻找某种文化的共性及其与其他文化相比的鲜明特征，而较少考虑文明内部的固有价值冲突，倾向于讨论"诸神的争吵"，而不去考虑"诸神"是否也都是"人格分裂"。事实上，文明内部固有的价值冲突和整体性价值偏好才是其特征的根源所在，只有深入研究文明内部的价值冲突和逻辑才能更深刻地理解文明及其国际政治含义。参见辛旗《诸神的争吵：国际冲突中的宗教根源》，北京：华艺出版社，2011 年版；〔美〕塞缪尔·亨廷顿著，周琪等译：《文明的冲突与世界秩序的重建》，北京：新华出版社，2010年版；〔美〕彼得·卡赞斯坦主编，宋伟等译：《国家安全的文化：世界政治中的规范与认同》，北京：北京大学出版社，2009 年版；Peter J. Katzenstein, ed., *Civilizations in World Politics*：*Plural and Pluralist Perpectives*, New York：Routledge, 2010。为数不多的学者也注意到文明内部张力的问题，参见〔德〕森格哈斯著，张文武译：《文明内部的冲突与世界秩序》，北京：新华出版社，2004 年版。

② Bernard Williams, "Liberalism and Loss," in Mark Lilla, Ronald Dworkin, and Robert Silvers, eds., *The Legacy of Isaiah Berlin*, New York：The New York Review of Books, 2001.

完全舍弃：东方并非完全不珍视自由，西方也并非完全不重视秩序；东方并非完全不信仰神灵，西方也并非完全不尊敬父母。因此，文明的不同在于价值配置方式不同，即在相互竞争和冲突的价值之间，不同的文明选择了不同的价值偏好，因此也就选择了不同的价值平衡点。从这个意义上说，文明间的差别是相对的而不是绝对的，文明的特征是在长时期的生产生活活动中逐步形成的，而不是先天给定的。①

（三）过程文明观和对分析起点的"结构主义理解"

国际政治视野下的文明研究存在静态理解与动态理解的不同偏好，② 而在单纯的文明研究中动态理解基本是一种共识。文明是一个不断发展变革的过程，只是相对于个体人的短暂生命来讲这一进程有些缓慢罢了。比如，据闻一多考证，作为中国图腾符号的"龙"，其起初形象是蛇，之后随着氏族的兼并这一图腾符号逐渐加入了其他元素，并最终形成我们所看到的马头、鹿角、鸟翼、狗爪、鱼鳞、兽足等组合在一起的龙的形象。③ 图腾的演变体现的正是文化的发展变化。因此，过程本位自然要比结构（或特性）本位更能反映文明的本质。但是，在本体论意义上更具优势的过程文明论在方法论上却面

---

① See Patrick Thaddeus Jackson, "How to think about civilizations", in Peter J. Katzenstein, ed. , *Civilizations in World Politics*：*Plural and pluralist perspectives*, New York：Routledge, 2010, pp. 176 – 200. 魏玲：《后本质主义文明与国际政治》，载《世界经济与政治》2010 年第 11 期，第 34 ~ 44 页。

② 秦亚青将既有的文明研究沿结构—过程、冲突—融合两个维度进行了划分，其中结构—过程维度体现的就是静态理解与动态理解的偏好。参见秦亚青《文化、文明与世界政治：不断深化的研究议程》，载《世界经济与政治》2010 年第 11 期，第 4 ~ 15 页。帕特里克·杰克逊（Patrick T. Jackson）的特性—过程（attributes vs. process）这一向度基本也是这一逻辑，See Patrick Thaddeus Jackson, "How to think about civilizations", in Peter J. Katzenstein, ed. , *Civilizations in World Politics*：*Plural and pluralist perspectives*, New York：Routledge, 2010, pp. 180 – 185。

③ 参见闻一多《伏羲考》，载闻一多《神话与诗》，上海：上海世纪出版集团，2005 年版，第 1 ~ 57 页。

临着很大的困难。比如说，"如何更确切地理解文明发展的内在机理？如何设计研究议程？"对于这一困难，过程主义者实际有着清醒的认识（可能是比结构主义者更为深刻的认识）。① 事实上，当本体论立场更为平衡兼顾时，就会面临随之而来的方法论难题；当找到明确的分析起点时，就会面临来自他人（甚至包括自己）的本体论批判。这一本体论与方法论之间的冲突根源于人之认识能力的有限，也是永远难以解决的难题，实属人类的一种无奈。但是，理论建设上本体论与方法论难以完全契合的难题并不意味着经验研究上的无计可施。在经验研究中，把文明理解为一个不断发展演变的过程，并不意味着不能将"对文明的结构主义理解"作为分析起点。② 经验研究必定处于一定的时空之中，这种时空的限定决定了将"对文明的结构主义理解"作为分析起点是可行的，而且是必要的，本书也正是这样做的。

文明的内涵极为多样，要在文明与国际政治之间建立链接，必须

---

① 秦亚青尝试将中国理念植入国际关系理论，独到而又精准地提出了关于国际关系的"关系本位"与"过程本位"的理解。参见秦亚青《关系本位与过程建构：将中国理念植入国际关系理论》，载《中国社会科学》2009 年第 3 期，第 69～86 页；Qin Yaqing: "International Society as Process: Institutions, Identities, and China's Peaceful Rise", *The Chinese Journal of International Politics*, Vol. 3, No. 2, 2010。这一尝试的本体论意义和实践意义极为重大，但在方法论上遇到了难以克服的困难。对于这一点，秦亚青在《文化、文明与世界政治：不断深化的研究议程》一文中也曾提到，他说："所有的动态研究会带来设计的难题，当然这也是世界、人的认识和人类知识的发展对研究设计和研究议程提出的挑战。"

② 唐世平尝试提出一种"基于机制的比较定性分析"的方法，并在 2011 年 7 月清华大学国际问题研究院组织举办的"政治学与国际关系学术共同体会议"的小组讨论上与国内一些青年学者进行了探讨。以笔者的理解，唐世平试图建立一种与"过程本位"的本体论立场完美契合的研究方法，即既能体现本体论立场又在经验研究中具有较强可操作性的方法。为此，唐世平本人强调每一环节、每一阶段的变量控制。但是，仔细分析会发现，这一方法在逻辑上与传统的比较定性分析并没有本质的区别。任何可操作的研究设计都难以体现过程主义的本体论内涵。

寻找最能够影响国际政治的文明内核。否则，就会冲淡文明与国际政治研究的主题，丧失根本的学理空间，从而难以摆脱边缘位置的尴尬处境。从国际政治学界现有的文明研究来看，其着眼点都在世界层次。英国学派的国际社会理论、亨廷顿的文明冲突理论以及卡赞斯坦等人近几年关于多元多维文明的研究，视角都是定位在世界政治的高度。这些研究的结构和过程都是指世界层次上的，即使卡赞斯坦等人的研究是分地区展开的，其真正思考的仍然是世界文化结构的未来命运。本书的研究集中于地区层次，思考的是地区的过去、现在和未来。具体来讲，本书力图走进东亚文明的内部，尝试揭示这一价值体系的核心逻辑和主要内在冲突，研究其形成过程和结构特征及其政治含义。当然，东亚文明内部也有诸多的次级文明，这也符合相对主义文明观的逻辑，因此在研究过程中也需要分辨各次级文明的不同特征。不过，由于我们的目的主要是揭示地区总体文化特征对地区政治的含义，因此在下文中尽量将次级文明形态间的差异整合为整体性的特征。

在文明与政治之间建立链接并不容易，链接建立的好坏对于"文明与政治"研究的意义重大。传统上，学者们倾向于从文明的行为习惯、价值偏好出发，从逻辑上推演这些特征对政治行为的影响。这一分析路径的优点在于逻辑形式上的严谨，缺点在于忽略了政治与其他人类行为的区别。[①] 为了尽量避免这一弊端，本书选取既具有政治性又具有社会性的主权观念作为研究主线，分析东亚文明对主权的接纳与改造，界定当前东亚地区主权观念的特性和秩序含义，预测其未来可能的发展方向。

二 人类的理性

（一）人的两种需求与两种理性

人类首先是一种动物，同时，按照马克思的说法，人是一切社会

---

① 对温特建构主义最为深刻的批评在于批判其理论的非政治性。当然，即使温特自己也强调，可以在认可其社会理论部分的同时否定其国际政治部分。

关系的总和。因此，人必然具有一定的物质需求（material needs），也必然具有一定的身份（identity）价值需求。具体而言，物质需求是指人与其他动物都具有的、为满足个体生存和发展所需要的东西，主要包括生理需求、本体需求、社会交往需求、自我尊重需求以及自我超越需求等由强到弱的需求类别。① 身份价值需求源于个人在社会中的角色，是指因个人在社会中所拥有的某种身份而想做某些事，比如教授要传授知识，企业家要赚钱，艺人要追求高人气，国家要垄断暴力等等。物质需求与身份价值需求的区分只能是概念性的，在现实经验中二者糅合在一起，难以准确分辨。当然，物质性需求影响着社会结构对行为者身份的塑造，比如在争夺能源问题上各国很难建构出朋友身份；身份价值需求也影响着行为者物质需求的程度和类别，比如作为传统友好国家，美国很难跟澳大利亚及加拿大在海洋和货币政策问题上翻脸。② 至于何者更为重要，理性主义倾向于物质需求，而建构主义倾向于身份价值需求。事实上，二者在构成人的需求进而影响人的行为过程中发挥作用的机理是不同的。物质需求是不可缺少的，而身份价值需求使得物质需求具有了社会意义，很难说何者更重要。③ 当然，理论上的难分伯仲并不等于经验上也难较高低。具体到经验研究，仍然可以通过变量控制考察某种需求对行为者行为到底产生了何种影响，甚至可以比较何者作用更大。这跟前文所说"本体论上的折中主义与分析起点上的观念主义完全不冲突"是一个道理。

---

① 参见温特《国际政治的社会理论》，上海：上海人民出版社，2004年版，第128~129页。

② 尽管基欧汉和奈是从理性主义对这两个现象进行解读的，但如果从建构主义角度进行解读说服力会更大。参见〔美〕罗伯特·基欧汉、约瑟夫·奈著，门洪华译：《权力与相互依赖》，北京：北京大学出版社，2002年版。

③ 这并不等于要否定理性主义和建构主义之间论战的重大意义。两派的论战牵涉的是人类社会之终极真实的问题，具有很强的本体论意义和认识论意义。笔者此处只是说，虽然理性主义和建构主义在这方面都做了很多的努力，给出了非常深刻的解释机制，但不可否认的是，理性主义的非社会性和建构主义的非政治性导致它们的解释机制都难以令人彻底信服。

为了满足自身的这些需求，人必须经由某种战略和策略，这种战略策略要依据马克斯·韦伯所说的工具理性。与此同时，人还会思考和探讨应该追求何种身份、价值以及物质利益，人关于这一问题的思考相当于韦伯所说的价值理性。① 从本体论意义上说，传统上将工具理性和价值理性并列起来的说法实际是不恰当的，工具理性和价值理性是完全不同的思维活动，对应的也是人类行为的不同阶段。工具理性承担的任务是通过战略策略的设计最大程度地达到预定目标，价值理性承担的任务则是思考追求何种价值目标。一个解决的是"如何得到"的问题，一个解决的是"需要什么"的问题。② 另外，建构主义经常提到后果逻辑和适当性逻辑。前者对应的是物质性需求，后者对应的是身份性需求。由于牵涉对象的重合，人们易于将后果逻辑等同于工具理性，将适当性逻辑等同于价值理性。事实上，这种做法也是不恰当的。如果说工具理性和后果逻辑都是指在意愿和信念确定的情况下追求效益最大化，从而还可以基本等同的话，那么适当性逻辑和价值理性就相差很大了。价值需求源于人类理性中的思辨（deliberation）成分，作为智能动物，人不但可以以意愿（desire）和信念（belief）为理由开展活动，而且可以自由地进行价值选择，重塑意愿和信念，进而按照新的意愿和信念开展活动。与之相应，价值理性是一种思辨活动，其任务是思考该追求何种价值。而适当性逻辑只是简单地扮演好既定角色，是在没有新的身份追求时按照既定套路行事而已。当然，如果有了新的身份追求，那么追求新身份的行为也必定要经由建立在工具理性基础上的战略计算。

---

① 马克斯·韦伯将社会行动分为四种类型：工具理性的、价值理性的、情绪的和传统的。需要提醒的是，韦伯的这种划分采取的是枚举法，即并非严格逻辑意义上的。具体可参见〔德〕马克斯·韦伯著，阎克文译：《经济与社会》（第一卷），上海：上海人民出版社，2010年版，第114~116页。

② 需要进一步说明的是，这种说法也是存在弊端的，因为价值理性解决的只是追求何种价值的问题，而非何种身份、物质需求的问题。当然价值偏好确定后，会自然而然地影响到身份需求并进而塑造物质需求，但这种关系是间接的，由于因果链条过长，影响作用会明显弱化。

（二）理性的有限和建构的空间

人是理性的，但并非全知全能的。如前所述，人的理性主要体现为价值思辨和战略计算能力，而理性的有限性则主要源于以下两个方面。首先，人所面对的是一个复杂的和不确定的世界。构成这个世界的行为体多种多样，每种行为体的数量难以计量，行为体间的博弈不但多重而且相互交织，身处这一"复杂巨系统"之中的人不可能获取完整信息。① 其次，受生理和心理影响，即使人能够获得完整信息，也无法对如此纷繁复杂的信息进行精确计算，进而做出最优的战略选择。这是因为，"他们不可能同时关注每一件事情，也不可能精确计算作为选项的每种可能行为的成本和收益，关注和思考实际是一种稀缺资源"。② 以经济人假定为核心的理性选择范式（rational choice paradigm）是经济学的基本思维方式，对这一思维方式的不断突破和创新也都首先出现在经济学领域中。肯尼思·阿罗首先提出了有限理性（bounded rationality）的概念，20 世纪 40 年代，西蒙（Herbert A. Simon）以此为依据深刻批判了以杰文斯（Jevons）、瓦尔拉斯（Wairas）、门格尔（Menger）为代表的新古典经济学家将经济人假定严格公式化、模式化的苛刻做法，指出人受自身条件和不完整信息等条件的限制不可能求得最优策略，并且经济人是以"收益满

---

① 自然科学关于系统的研究经历了系统论、控制论和信息论为内容的"老三论"和以耗散结构、协同论和突变论为代表的"新三论"两个阶段，复杂性主要指的是"新三论"时代的系统科学。实际上，除"新三论"之外，复杂性科学还包括超循环论、混沌理论、分形理论和元胞自动机理论等分支。关于系统的复杂性学说可参见：〔美〕米歇尔·沃尔德罗德著，陈玲译：《复杂——诞生于秩序与混沌边缘的科学》，北京：生活·读书·新知三联书店，1997 年版。

② Jeffrey T. Checkel, "International Institutions and Socialization in Europe: Introduction and Framework," in Jeffrey T. Checkel, ed., *International Institutions and Socialization in Europe*, Cambridge: Cambridge University Press, 2007, p. 11.

意"而非"收益最大化"为行为目标的。① 莱本斯坦因（Harvey Leibenstein）更进一步指出，一般情况下人只把一部分精力用于决策，因此人的行为也依赖惯例、规范等方面。20 世纪 60 年代开始，理性选择范式开始应用到其他社会科学领域，并因而招致更多的批判。在此背景下，经济学家放弃"全知全能"的假定，吸纳交易成本、信息成本以及制度等新概念，再次更新了经济人内涵的假定。足以见得，经济学的理性选择范式是不断修正革新的。②

国际政治理论中的理性主义阵营遵循理性选择范式，为国际政治理论建设做出了有目共睹的重大贡献。③ 更为重要的是，理性主义学者根据理性选择范式的革新，不断为理论发展开拓新的学理空间。从遵循霍布斯理性的经典现实主义到借鉴微观经济学逻辑的结构现实主义，再到强调信息成本、交易成本以及制度的新自由制度主义，理性主义对人类理性问题的探讨随理性选择范式的发展而不断深化。即使在建构主义强势崛起的情况下，新自由制度主义仍然可以不断获得新发展。④ 建构主义是在理性主义一统天下的局面下艰难兴起的。为了更好地与理性主义（特别是结构现实主义）对话，建构主义（特别是温特建构主义）接受了新现实主义的许多前提假设，比如国家中心主义、弱式"物质主义"等。最为重要的是，温特建构主义默认

---

① 参见 Herbert A. Simon, *Administrative behavior*：*A Study of Decision Making Processes in Administrative Organization*，New York：Macmillan Publishing Company，1971；〔美〕赫伯特·西蒙著，杨砾等译：《西蒙管理行为》，北京：北京经济出版社，1998 年版；〔美〕赫伯特·西蒙著，杨砾等译：《现代决策理论的基石》，北京：北京经济学院出版社，1989 年版。

② 参见王学东《理性选择范式的发展及其在国际政治理论中的反映》，载《国际论坛》2002 年第 5 期，第 46～47 页。

③ 关于国际关系理论中理性主义传统的探索可参见刘力《试论西方国际关系理论演进的理性主义基础》，载《世界经济与政治》2006 年第 7 期，第 19～25 页。

④ See Helen V. Milner and Andrew Moravcsik, eds., *Power, Interdependence and Non - state Actors in World Politics*，Princeton：Princeton University Press，2009. 国内引介作品参见陈拯《新自由制度主义的前沿与困惑——评〈世界政治中的权力、相互依赖和非国家行为体〉》，载《国际政治科学》2010 年第 3 期，第 74～95 页。

了结构现实主义关于理性的新古典经济学式假定，即将国家视为全知全能的行为体。他在这一问题上的让步放弃了很大一块学术空间。这是因为，承认了国家的全知全能（工具理性意义上的），就只能将建构主义的着力点集中到工具理性的"起点"上，即建构主义讨论的问题主要集中于意愿（desire）是如何产生的。而实际上，由于工具理性的有限性，行为体在许多时候难以进行战略选择，在这种情况下，行为体就有按惯例、规范以及个人的观念（即适当性逻辑）进行选择的可能。换言之，在工具理性的"终点"上，建构主义本来也拥有很大的学理空间（见图1-1）。遗憾的是，理性主义者注意到了这一点，[1] 而建构主义者却放弃了这一点。事实上，在这一点上的让步给建构主义的理论建设带来了很多难题。[2] 通俗地说，当我们不知道该怎么选择时，很可能会按照个人的理解或社会规范的要求去做，这是建构作用不可忽视的一块领地。毕竟，人不可能是完全的"理性人"，也同样不可能是完全的"社会人"，而是拥有一定共有知识、又拥有一定自有知识，受一定价值偏好约束、又有着各自固有利益诉求的"矛盾统一"的人。

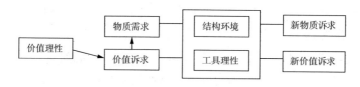

图1-1　人的两种需求与两种理性

三　本书的研究假定

由于人类理性对绝对条件的自然追求，先验幻象是自然的和不可

---

① 参见〔美〕朱迪斯·戈尔茨坦、〔美〕罗伯特·基欧汉著，刘东国等译：《观念与外交政策信念、制度与政治变迁》，北京：北京大学出版社，2005年版，第17~20页。

② 参见宋伟《规范与认同的相互建构：社会建构主义的进展与难题》，载《世界经济与政治》2008年第3期，第41~48页。

避免的，① 所以任何理论叙述都存在或明确或暗含的先验假定。理论假定是理论默认的前提条件，是理论真正意义上的逻辑起点，"是被假定为真的事实，所以不需要经过具体的论证与检验，在此基础上我们开展具体的论点陈述"。② 基于世界观立场和偏好的不同，不同研究者的研究假定会存在明显的差异。这些差异不可弥合，但遵循各自的假定，都可以为人类认识世界贡献"一束光线"。③ 并且如前文所言，世界观立场上的折中主义并不意味着具体分析中分析起点的折中主义，因为后者往往预示着理论建设将归于失败。另外，研究假定不同于研究假设，研究假定基本类似于中学数学中"公理"的概念，而研究假设基本类似于中学数学中"定理"的概念。公理基于基本常识或基本世界观立场，因而不需要检验，而定理则需要或归纳或演绎的推导，并且需要经验的验证。基于本节前两部分的论述，此处给出本书的相关研究假定。

假定 1：任何文化的内核都是由一系列或互补或冲突的价值要素构成的一个价值体系，文化差异的本质体现为对相互冲突的价值要素的不同平衡方式和偏好程度。

文化具有与物质类似的本体地位，因而可以作为分析起点。价值体系是文化的内核，文化由一套价值体系以及附着其上并与之相适应的诸多物质要素组成。任何一个价值体系都由一系列价值要素构成，并且表现为对相互包容之价值要素的配置和对相互冲突之价值要素的平衡。不同文化在价值要素的数量和种类上并不存在重大差别，它们之差异的本质在于不同价值偏好和价值平衡方式。从这个意义上说，

---

① 康德批判哲学的任务就是规定人类理性的界限，同时防止理性不合法的越界行为。《纯粹理性批判》一书主要由确定纯粹理性之合法范围的分析论和论述理性越界和先验幻象产生的辩证论两部分组成。参见〔德〕康德著，邓晓芒译：《纯粹理性批判》，北京：人民出版社，2004 年版，2008 年印刷。

② 尹继武：《社会认知与联盟信任形成》，上海：上海人民出版社，2009 年版，第 86 页。

③ See Shiping Tang, "Foundational Paradigms of Social Sciences", *Philosophy of the Social Sciences*, Vol. 41, No. 2, 2011, p. 212.

文化间的差别是相对的而不是绝对的。

假定 2：人是理性的，但又是有限理性的。

人是理性的。为了满足自身的物质需求和价值需求，人可以经由工具理性最大程度地实现目标；同时，人对于自身的价值需求有思辨的能力，可以经过自身的反思自由地进行价值选择。换言之，工具理性解决"如何得到"的问题，而价值理性解决"需要什么"的问题。但是，人的理性又是有限的，人在面对复杂巨系统时获取信息、处理信息和利益权衡的能力都是有限的。人类理性的有限性决定了人在一定程度上遵循适当性逻辑行事。同时，在面临规范竞争时，对于不同规范的选择，既受工具理性之利益权衡逻辑的影响，又受行为者原有价值逻辑与外来价值逻辑竞争的影响。价值理性促使行为者对原有价值逻辑进行反思，而工具理性则会加强或减弱人进行价值反思的积极性。

第二节　观念/规范变迁的机理：应用层面的问题一

如前所述，观念具有相对独立性，共享观念一旦形成就会拥有自我再造能力。这是因为，共有观念可以满足人社交和本体安全的基本要求，降低交易成本，"行为体根据他们对环境和其他行为体的信念而采取行动，环境和其他行为体的行为会再造这样的信念判断。"[1]换言之，共有观念既决定了行为者对利益的界定，又为行为者在决策"纠结"时提供了行为规则，从而在工具理性的"两端"建构和影响着行为者的行为。行为者行为模式具有较强确定性，作为共享观念的文化也就成为一种"自我实现的预言"。[2]不过，观念体系不可能是一成不变的，相对稳定的观念体系在本体论意义上仍然是一个过程。

---

[1] 〔美〕亚里山大·温特著，秦亚青译：《国际政治的社会理论》，上海：上海人民出版社，2004 年版，第 108 页。

[2] See Andre Kukla, "The Structure of self - fulfilling and self - negating prophecies", *Theory and Psychology*, No. 4, pp. 5 - 33.

温特曾将推动观念体系发展变革的动力归结为五个方面：第一，文化中的不同逻辑之间可能是和谐的，但也可能是存在矛盾的；第二，施动者永远不可能是彻底社会化的；第三，共有知识可能产生非本意结果从而促使人们修正共有知识；第四，外力震动；第五，内部的创造力，如行为者提出的新观念等。① 本书将地区观念体系变迁的机制分为内部动力机制和外部动力机制两种。在存在外部动力时，观念体系会经历激烈的震荡，观念体系变迁迅速，但会造成许多内在的矛盾，这些内在的矛盾又为观念体系的进一步变迁准备了动力资源；在没有外来机制的情况下，观念体系的变迁主要靠内部动力的推动，变迁步伐平稳、缓慢。

一　观念体系的外部变革动力

某一特定观念体系的外部变革动力表现为外来观念体系在价值逻辑和物质力量上的冲击。根据系统科学的基本假定和人们对经验世界的感知，任何系统都是更大系统的一个子系统。作为更高一级系统的子系统，任一观念体系必定受到外部观念体系的影响。外部观念体系的到来与外部物质性力量的到来在现实中总是掺杂在一起的，二者都会对原有观念体系产生影响，但是它们发挥影响作用的机理有所不同。

外来观念体系通过一系列观念和规范与原有观念体系展开竞争。这些观念和规范都体现着一定的价值逻辑偏好，它们通过政治表达、宗教信条等方式展开竞争。从最宏观的角度理解，在不考虑物质性因素的影响作用时，外来观念和规范的价值逻辑与原有观念体系的主流价值逻辑契合度越高，越容易被接受；契合度越低，越容易被拒绝。从微观的视角来看，外来观念和规范是否被接受与"说服战略"有密切关系。由于观念体系内部各要素之间存有内在张力，而规范背后的价值逻辑又有一定的模糊性，这就为说服战略

---

① 〔美〕亚里山大·温特著，秦亚青译：《国际政治的社会理论》，上海：上海人民出版社，2004年版，第182页。

提供了能动性空间。具体来讲，说服战略越能借重观念体系的原有主流价值逻辑来叙述新的规范，而将新规范与原有观念体系主流价值逻辑相冲突的方面"遮掩"，其越易于被接受。当新的规范被接受后，它就可以作为观念体系的内部要素进一步参与价值逻辑竞争了。

与观念体系的影响逻辑不同，物质性力量的影响遵循从物质到观念的路径。一方面，物质性力量在不改变原有行为体类型的情况下，通过改变结构内部的权力对比和战略态势，影响行为体的核心关切，改变各行为体的利益诉求，从而经由"战略计算"的路径影响观念和规范在该地区的变革。另一方面，物质性力量还可能通过改变原有的政治、经济、社会结构改变行为体的类型，进而改变行为体的排列规则以及力量对比，从而在根本上改变原有社会结构。社会结构的根本性变迁改变了行为者共有知识的指涉客体，而指涉客体的改变会逐步体现在一些行为者的自有知识之中，进而通过行为者的能动作用和相互间的博弈最终体现在共有知识层面。这一变革过程一旦完成，就会更深刻、更根本地改变原来的博弈逻辑，推动观念体系的根本性变革。

在现实中，外部观念体系与物质性力量的影响是一种组合性影响力量。根据观念体系的匹配程度与物质性力量的影响作用类型，基本可以将外力作用下的观念变迁机制划分为四种类型，从而得出第一组命题。

命题 1-1：在其他条件相同的情况下，当观念体系的匹配度高，物质性力量的影响消极时，利于观念传播；

命题 1-2：在其他条件相同的情况下，当观念体系的匹配度低，物质性力量的影响消极时，不利于观念传播；

命题 1-3：在其他条件相同的情况下，当观念体系匹配度高，物质性力量的影响消极时，行为体会谨慎地接受观念，但会担心观念背后的阴谋，因此过程比较缓慢；

命题 1-4：在其他条件相同的情况下，当观念匹配度低，物质性力量影响积极时，观念在短时期内不会被接受，但也有可能在未来被逐步接受并内化（见图1-2）。

需要说明的是，价值匹配度的高和低与物质性力量影响的积极和消极都需要根据具体的观念和战略态势进行分析，在不同观念和不同战略态势下，两个向度会选择不同的概念化指标。因此，此处的分类模型只具有笼统的学理意义，在经验研究中还要根据具体问题更有针对性地设计两个向度的检验指标。

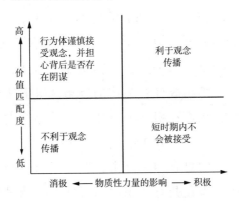

图1-2 价值匹配、战略计算与观念传播

二 观念体系的内在变迁机制

建构主义关于行为者与结构相互建构的论断受吉登斯结构化理论影响明显，[①] 结构是行为者互动的背景和共有知识，又是行为者互动造就的结果；行为者造就结构，又被结构建构着身份和认同。正如弗兰克·宁科维奇（Frank Ninkovich）在论述美国外交政策中的多米诺骨牌现象时所描述的，"人们通过自己的理解创造这样的条件，又根据自己的理解采取行动而再造了这样的条件。"[②] 前文已经论及，这种强调

---

① 参见哈里·古尔德《行为体—结构论战的实质意义》，载〔美〕温都尔卡·库芭科娃、尼古拉斯·奥鲁夫、保罗·科维特主编，肖锋译：《建构世界中的国际关系》，北京：北京大学出版社，2006年版，第94~119页。

② Frank Ninkovich, *Modernity and Power：A History of the Domino Theory in the Twentieth Century*, Chicago：University of Chicago Press, 1994.

互动、互构以及过程本位的理论体系在本体论上具有重大意义的同时，都面临着方法论上的难题。同时，对这一理论的不恰当解读容易误导研究者只注重结构与行为者的互动，而忽视结构和行为者各自的内部张力关系。而这些张力关系实际正是观念体系变迁的内部动力源泉，对这一张力的忽略造成了结构化理论在解释社会变迁上的逻辑缺陷。①

　　观念体系是由一系列共有观念组成的，正如前文所指出的，这些共有规范、规则、制度在逻辑上有时是相互矛盾的，而其指导下的行为有时也是相互冲突的。② 换言之，作为观念体系的文化在逻辑层面和经验层面都存在内在张力。在逻辑层面上，观念体系各种观念要素之间的冲突关系背后隐藏的是不同价值逻辑，而不同价值逻辑之间竞争的结果又会体现在观念体系上，推动观念体系自身的不断整合和革新。在经验层面上，一方面，持有同一观念的行为体在具体行为中可能会造成违反观念本意的后果，比如在"公用地悲剧"（the tragedy of the commons）③ 的例子中，个体理性与集体理性间的冲突会促使行为者修正"利己的行为会产生利于集体的后果，个体理性就是集体理性"这样的信念，进而修正原来的共有知识。另一方面，不同观念对行为者有不同的（有时是相互冲突的）行为指导意义，甚至造成行为者观念选择的困惑。在两种价值不可协调之时，行为者有可能原创性地提出新的价值理念，并用以指导自己的行为。"同一观念导致的不同行为者之间利益与行为的冲突"和"不同观念导致的同一行为者行为的困惑"这两种张力的结合，会促使行为者或修正原有的信念，或提出更为新颖的价值理念，从而构成了观念体系变革的经

----

① 参见〔英〕安东尼·吉登斯著，李康等译：《社会的构成》，北京：读书·生活·新知 三联书店，1998 年版，第 139~383 页。

② See Mlada Bukovansky, "The altered state and the state of nature: The French Revolution in international politics," *Review of International Studies*, Vol. 25, pp. 197–216.

③ 所谓"公用地悲剧"是指因个人对公共资源的过度使用，导致公共资源最终毁灭。这个经典的寓言起源于 1968 年发表在《科学》杂志上的《公用地悲剧》一文。在该文中，作者加勒特·哈丁得出了一个经典的论断："公共资源的自由使用会毁灭所有的公共资源。"

验层面的动力。① 总之，从体系的角度看，观念体系各组成要素之间存在张力，在观念体系建构作用影响下，各行为体之间可能存在利益冲突，观念体系中的不同要素对行为者的建构作用也会导致行为者的"观念两难"，这些冲突均可视为观念体系的内在张力，能够推动其发展变迁。由此我们推出关于观念变迁的第二组命题。

命题 2-1：在其他条件不变的情况下，如果某一观念的价值逻辑与其所处观念体系的总体性价值偏好存在冲突，则易于发生观念变迁；如果该观念的价值逻辑与观念体系的总体性价值偏好不存在明显冲突，则不易于发生观念变迁。

命题 2-2：在其他条件不变的情况下，如果行为者按某一观念的适当性逻辑行事会带来后果与观念间的矛盾，行为者就会进行价值反思，从而推动观念变迁；如果行为者按照该观念的适当性逻辑行事不会带来后果与观念的矛盾，则行为者价值反思的积极性就不会被激发，观念变迁的可能性较小。

命题 2-3：在其他条件不变的情况下，如果某一观念与整体的观念体系在价值逻辑上不存在明显冲突，且按此观念行事的行为者之间亦不会产生明显的冲突，则观念倾向于延续；如果某一观念与整体的观念体系在价值逻辑上存在明显冲突，且按此观念行事的行为者之间亦会产生明显的冲突，则该观念倾向于变迁。

命题 2-4：在其他条件不变的情况下，如果某一观念与整体的观念体系在价值逻辑上不存在明显冲突，但按此观念行事的行为者之间会产生明显的冲突，则或某一方行为者获得绝对优势，或各行为者协调彼此行为，观念易于发生变迁；如果某一观念与整体观念体系在价值逻辑上存在明显冲突，但按此观念行事的行为者之间不会产生明显的冲突，则该观念倾向于延续。

如果从广义的角度定义社会结构，则观念体系内嵌于一定的社

---

① See Margaret S. Archer, *Culture and Agency: The Place of Culture in Social Theory*, Cambridge: Cambridge University Press, 1988, pp. 185-226.

会结构之中，是社会结构的题中应有之义；如果从狭义的角度定义社会结构（主要指物质层面），则观念体系与社会结构并列，相互交错又各自保持着一定的独立性。由于同一时空之内的社会结构与观念体系对应着相同的行为者，因此，我们将社会结构内部行为者自主性和物质因素的发展对观念体系变迁的推动作用也视为观念体系的内在变革机制。其实，身处观念体系之中的行为者是不可能被彻底社会化的。换言之，身处观念体系之中的行为者，在持有共有知识的同时，还都持有自有知识。物质需求、自有知识、共有知识三者共同驱动下的行为者行为不可能完全按照观念体系的主要逻辑展开，而是会在三种行为逻辑之间进行权衡和选择。这种观念的竞争在现实中具体表现为行为体之间理念（意识形态）的分歧和利益的博弈。在博弈过程中，有可能是利益博弈的获胜方将自有知识强制性地升格为共有知识，也有可能是新观念的倡导者通过精巧的说服战略整合原本冲突的价值观念，观念体系因而得以发生变革。从物质性因素发展的角度来看，随着生产力的发展，社会经济、政治和人们生活方式都会相应地发生变化，比如行为体类型、排列规则以及力量对比等构成结构概念的各个方面都可能发生变化。这些物质上的变化通过改变行为者需求和认知会重构行为者的自有观念，并进而反映到观念体系层次之中。

由图1-3我们得出关于观念/规范变迁的第三组命题。

命题3-1：在体系总体动荡的情况下，行为者中的博弈胜利方可能将自有知识强制宣传灌输为共有知识，形成社会规范。

命题3-2：在社会结构存在明显的内在价值冲突时，规范倡导者可能提出整合两种规范的原创性价值叙述，并将之上升为总体性的社会规范。

命题3-3：社会结构发生重大变化，原有运行规则和权力格局发生改变后，旧有观念可能会被打破，新的观念将会生成。

第一组命题和第二组命题主要基于前文所论述的相对主义文化观和理性行为者的假定，第三组命题谨慎放宽了这一假定，基

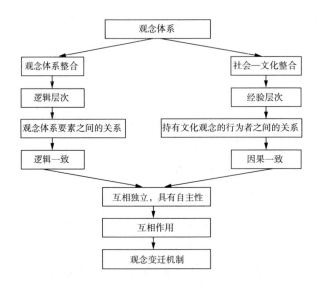

图 1-3　观念体系的内在变革机制

注：该图根据阿切尔关于观念体系变迁机制的理论绘制而成，参见谢立中主编《西方社会学名著提要》，南昌：江西人民出版社，1998 年版，第 499 页。See Margaret S. Archer, *Culture and Agency：The Place of Culture in Social Theory*, Cambridge University Press, p. 290.

于有限理性行为者的假定和观念体系复杂性的其他表现形态，列举了规范变迁的其他可能路径。不过，第三组命题的三个分命题中，除了第三个分命题具有普遍性意义之外，其他两个命题所描述的结果可能会是一种暂时现象。随着社会结构重归平稳，理性行为者价值反思的积极性被激发，新观念有被再次推翻（起码是弱化）的可能。

第三节　观念/规范的秩序意涵：应用层面的问题二

一　观念与外交政策的一般理论

毫无疑问，观念对人的行为有着重要的影响作用。比如在前现代社会，人权、主权、工具理性等概念是没有任何意义的，人们不会为捍卫其中某一观念而进行论争，也不会遵循其中某一观念的逻辑套路展开博弈，一城一池的得失不会激起尚不存在的民族主义情绪。在现代社会，人们无法想象在主权国家体系外还会有其他什么样的世界政治架构，也很难理解诸如古代中国妇女裹足的传统。古今对比，观念在人类行为中的"扳道闸"作用清晰可见。正如马克斯·韦伯在20世纪初所说的那样，"并不是观念，而是物质和概念上的利益直接支配着人们的行为。然而常常是由观念所形成的'世界镜像'（world image）像扳道工一样决定着受利益动力驱动的行动运行的轨道。"① 人们之所以很难发现观念如何影响人的行为，是因为它已经内化到人的认识之中，成为人们认识中理所当然的东西。某一观念一旦成为互动行为体的共有观念，它就成为大家共同认可而无须再探讨的问题，如此一来，观念就从最深处影响了行为者的"视域"，限定了其行为可能的"扇区"，而行为者自身却浑然不知，甚至还会极力否认观念对自己行为有任何影响。作为人类行为的一种，外交政策自然也不例外。举例来说，主权观念的深入人心就规定着外交行动可能的范围，它使人忘记了"另一种生活方式"的可能性，外交行为主要围绕着维护、尊重主权等套路展开，而不去考虑其他的行事逻辑。

那么，观念是如何影响外交政策的？这是在为观念争取了本体地位之后要进一步回答的问题。对于这一点，传统理性主义学者和新近的建构主义学者分别从个体主义和整体主义的视角进行了探讨。两派学者的分析各有所长，并且在本质上并不冲突。

（一）个体主义的解释路径

自由制度主义的代表人物罗伯特·基欧汉（Robert O. Keohane）和他的学生朱迪斯·戈尔茨坦（Judith Goldstein）1993年主编的《观念与外交政策》一书被认为是一部为建构主义兴起作铺垫的过渡性

---

① Max Weber, "Social Psychology of the World's Religions," H. H. Gerth and C. Wright Mills, eds., *From Max Weber: Essays in Sociology*, New York: Oxford University Press, 1958, p.280.

作品。① 在该书中，戈尔茨坦和基欧汉从个体主义的视角出发，为观念与外交政策研究设定了分析框架，并探讨了观念影响外交政策的内在机制。他们将观念分为三种形态：世界观、原则化信念和因果信念。②

　　三种观念形态中，最深层次的当属世界观。它既包括宇宙论、本体论等关于世界本质的认识，也包括"何为恰当的"等伦理学观点。世界观深刻地影响着人们认识和思考世界的方式以及言传身教的模式，从而最广泛、最深远地影响着人们的行为。

　　受世界观影响和塑造的是关于适当性逻辑（logic of appropriateness）和因果逻辑（logic of consequentialism）的信念。基欧汉和戈尔茨坦将适当性逻辑信念称为原则化信念，即关于对与错、正义与非正义标准的规范性信念，这些原则性信念影响着人们关于利益的界定，从而决定着战略计算的逻辑起点。比如在启蒙运动之后，维护个人权利成为"天然的"合法诉求，是人们行为的逻辑起点和最终归宿，而这在前现代的奴隶制社会中是完全不可能的事情。对于有关因果逻辑的信念，他们称之为因果信念，即关于原因—结果关系的信念。因果信念与逻辑思维不能等同，逻辑思维是在明晰因果关系之后开展的逻辑推演活动，而因果信念是在因果关系不明晰的情况下对社会权威及精英提出的因果命题的一种集体认可。比如气候政治的兴起，正是受"经济发展与气候变化之间存在因果关系"这一命题的影响。

　　这三种形态的观念只是理论上的分类，在现实中它们往往是以混合形态出现的。自由制度主义学者进一步将观念影响政策的机制归结

① 见秦亚青《总序》，载〔美〕朱迪斯·戈尔茨坦、罗伯特·O. 基欧汉编，刘东国、于军译：《观念与外交政策：信念、制度与政治变迁》，北京：北京大学出版社，2005 年版，第 4 页。

② 〔美〕朱迪斯·戈尔茨坦、罗伯特·O. 基欧汉编，刘东国、于军译：《观念与外交政策：信念、制度与政治变迁》，北京：北京大学出版社，2005 年版，第 8 页。

为三种路径：提供原则化或因果性路线图、在不存在单一均衡（unique equilibrium）的地方影响战略、嵌入制度当中。首先，如前所述，观念起到扳道闸的作用，它使人相信某些规范性原则和因果信念，在人的认识中排除了其他解读的可能性，从而将人可能的行为选择限定在有限的范围之内。其次，当行为体间的博弈所能达到的平衡有多种可能时，即行为者在通过纯粹的战略计算面临多种选项时，观念可以影响行为者的战略选择，从而影响结构层面上平衡的达成。最后，当互动的行为体拥有某种共享观念时，这些观念会被嵌入规则、规范和制度之中，通过制度固定下来，并随制度生命的存续而产生持久的影响。[1] 总之，观念排除了其他思维方式和行为方式的可能性，在战略博弈有多种可能选择时影响战略选择和最终所达成的平衡的类型，并且会以制度、规范的形式固定下来，从而成为新的"游戏规则"。

（二）整体主义的解释路径

建构主义学者在观念问题上对自由制度主义所作努力的批评主要集中在个体主义上。[2] 建构主义学者认为，自由制度主义学者以个体行为者为分析对象，这种方法论上的选择决定了他们必须将个体行为者的认同和利益看成是既定的，否则就失去了分析的起点。如此一来，戈尔茨坦和基欧汉所列的三种形态的观念中，只有因果信念可以较好地融入行为者的行为范式，而世界观和道德原则则很难融入。这是因为，世界观和道德原则要改变的是行为者既定的认同和利益，而后者恰恰被自由制度主义设定为分析的起点。因此，这种方法论选择存在自我矛盾的严重弊端。建构主义者进一步深刻

---

[1]　See John G. Ruggie, "International Regimes, Transactions, and Change：Embedded Liberalism in the Post – war Economic Order," in Stephen D. Krasner, ed. , *International Regimes*, Ithaca：Cornell University Press, 1983, pp. 195 – 232.

[2]　较具代表性的意见来自玛莎·芬尼莫尔，可参见〔美〕玛莎·费丽莫著，袁正清译：《国际社会中的国家利益》，杭州：浙江人民出版社，2001 年版，第30 页脚注注文。

指出，这种方法论上的弊端，起源于自由制度主义者本体论上的弊端。自由制度主义将观念视为"个体持有的观念"，这一定义剥离了观念本身所具有的社会性质和整体性特征，致使观念丧失了其固有的整体性效用。

基于本体论和方法论上的不同立场，建构主义者倾向于在结构层面理解观念。芬尼莫尔倾向于用规范这一概念，她将规范定义为"行为体共同持有的适当行为的共同预期"，[①] 认为规范就是集体所持有的行为观念，观念可以为个人所持有，但规范必须是共有的，是存在于各个主体及主体间的，因此是社会性的。她进而指出，社会结构（意指规范）通过适当性逻辑影响行为者的行为。处于社会结构之中的行为者会自觉地问自己："我现在处于什么样的情景之中？在这种情景中我应该做什么？怎么做？"通过这一逻辑，社会结构赋予行为者责任和义务，并限定他们行为的范围。这与从个体理性出发的"我想要什么？我如何能够成功得到？"是完全不同的逻辑。建构主义者不否认因果逻辑对行为者的重要影响，但强调社会结构对行为者的影响主要是通过适当性逻辑而进行的，并且这一逻辑对人行为的影响是非常重要的。

与芬尼莫尔单纯强调适当性逻辑相比，亚历山大·温特、彼得·卡赞斯坦以及罗纳德·杰普森等人则同时强调了规范赖以产生影响的适当性逻辑和因果逻辑。他们将规范划分为管制性规范（regulative norm）和建构性规范（constitutive norm）。当然，这种划分只是理论意义上的，现实中的规范基本都是二者的混合。相应地，规范同时具有因果作用和建构作用，规范的因果作用可直接塑造行为者利益，并进而决定了行为者的行为；规范的建构作用可塑造行为者的身份认

---

① 〔美〕玛莎·费丽莫著，袁正清译：《国际社会中的国家利益》，杭州：浙江人民出版社，2001 年版，第 29 页。

同，身份认同决定行为者利益并进而决定其行为。[①] 显而易见，前一种影响路径对应的是人类理性中的因果逻辑，后一种影响路径对应的是人类理性中的适当性逻辑。规范正是通过人类行为的两种逻辑产生影响，建构行为者利益，塑造行为者行为。具体到国际政治中，就是国际规范通过管制作用和建构作用，塑造着国家的认同和利益，并最终影响国家的对外政策。保罗·科维特和杰弗里·勒格罗关于规范影响行为的总结更为清晰和明确。他们将规范影响行为的路径分为三种：一是建构身份，塑造利益；二是塑造行为者的工具主义意识（即基欧汉和戈尔茨坦所说的因果信念）；三是影响其他规范性结构。[②] 如果将传统理性主义的内核理解为工具理性的话，那么第一种作用可以改变工具理性的分析起点，第二种作用可以重塑工具理性所依据的因果信念，第三种作用提供规范变迁的内在动力。不难发现，这三类影响方式中的前两类与自由制度主义者的理解可谓殊途同归。

（三）对两种路径整合的尝试

从以上分析可知，建构主义者关于观念/规范的作用机制与新自由制度主义者最大的区别就在于他们对观念/规范的本体定位。新自由制度主义者只侧重对个体持有的观念的探讨，而建构主义者强调了观念/规范的社会性和整体性特征，强调必须从整体主义角度进行探讨。除了这一区别之外，无论新自由制度主义还是社会建构主义，实际都注意到观念/规范是通过人类行为所遵循的因果逻辑和适当性逻辑发挥作用的。二者都包含着"超越人类理性"这一含义，这一共识实际是沟通和整合二者的最为根本的途径。

---

① 参见罗纳德·杰普森、亚历山大·温特、彼得·卡赞斯坦《规范、认同和国家安全文化》，载彼得·卡赞斯坦主编，宋伟、刘铁娃译：《国家安全的文化：世界政治中的规范与认同》，北京：北京大学出版社，2009 年版，第 34～76 页；〔美〕亚历山大·温特著，秦亚青译：《国际政治的社会理论》，上海：上海世纪出版集团，2008 年版，第 161～189 页。

② 保罗·科维特、杰弗里·勒格罗：《规范、认同以及它们的限度：理论回顾》，载〔美〕彼得·卡赞斯坦主编，宋伟等译：《国家安全的文化：世界政治中的规范与认同》，北京：北京大学出版社，2009 年版，第 437 页。

新自由制度主义关于世界观形态的观念和对第一条影响路径的论述非常深刻，体现了其宏大的历史和理论视野。建构主义因其天生的自由主义倾向，[1] 没有就此进一步展开探讨。然而，这一问题的本体论和认识论意义极为重大，理应为学者所重视。新自由制度主义关于观念的另外两条影响路径与建构主义几无差别，完全可以归纳为规范的两种作用。因此，较为可行的方案是将新自由制度主义关于观念分类的第一种形态和影响机制的第一条路径整合到建构主义的框架之中，即在强调规范的因果作用和建构作用的同时，重视世界观的本体论和认识论意义，并以更为宏大的视野审视国际关系及人类历史。

二 观念/规范塑造秩序的一般机理

(一) 观念/规范是广义秩序的题中应有之义

与世界观类似，关于秩序的定义也存在物质主义和观念主义的分歧。物质主义对秩序的定义与沃尔兹意义上的"结构"基本没有区别，主要指同质行为体的权力对比和排列规则。观念主义对秩序的理解更为综合，涵盖了物质和观念的双重含义。从赫德利·布尔的无政府社会到巴里·布赞的世界社会，从亚历山大·温特的三种无政府秩序类型到约翰·鲁杰关于"什么将世界联系在一起"的论述，学者们越来越注意到观念性因素在秩序中的重要意义。正如布赞所提醒的那样，"在主流国际关系学界，国际体系的概念几乎总是按照一维角度进行描述的，由此而产生的评价必然带有偏差……欠完备的国际体系概念对于这个学科扮演了普罗克汝斯忒斯束身衣的角色"。[2] 事实

---

① 参见 J. Samuel Barkin, "Realist Constructivism", *International Studies Review*, No. 5, 2003, pp. 325 - 342; Jennifer Sterling - Folker, "Competing Paradigms or Birds of a Feather? Constructivism and Neoliberal Institutionalism Compared", *International Studies Quarterly*, Vol. 44, No. 1, 2000, p. 97; John Mearsheimer, "The False Promise of International Institutions", *International Security*, Vol. 19, No. 3, 1994/1995, pp. 37 - 47。

② 〔英〕巴里·布赞、理查德·利特尔著，刘德斌主译：《世界历史中的国际体系——国际关系研究的再构建》，第19页。

上，真正成熟的理性主义者也不会避讳观念的重要性。正如基欧汉在思考观念发挥作用的机理时简短却又深刻地指出的那样，"在国际政治中，物质还是观念作用更大这样的本体论问题在宏观层次上没有答案，所以没有意义。真正有意义的问题是观念起到什么样的作用，通过什么因果机制起作用。"[①] 因此，从本体论角度来看，物质性因素和观念性因素都是秩序的构成要素，从这个意义上说，观念本就是秩序的一部分。另外，从发挥作用的类型来看，观念也并非不能发挥类似物质性因素的管制作用，比如在主权国家体系中，国家行为体对主权观念的遵守很难说没有权益计算的考量。因此，即使仅考虑管制性作用这一点，观念也足以成为秩序中不可忽视的构成要素。从这个意义上说，观念本就是秩序的题中应有之义。

（二）观念/规范限定行为者的世界观和对利益的认知

每一种具体的观念背后都有深刻的世界观立场，而关于宇宙论、本体论的观点构成了人们认识世界、认识宇宙的逻辑起点。当观念在某一社会群体中成为共有知识（即规范）之后，其所暗含的世界观也就会在该群体中逐步扩散和内化。而新的世界观立场的确立会在最深层次上改变行为者对世界的认识，进而重塑行为者的行为。恰如帕斯卡尔（Pascal）所言，"在比利牛斯山脉的另一端，真理是不同的。"[②] 在国际政治中，对世界的认识决定了行为者的秩序观念。如果行为者认为世界是从某一中心向外扩展的等级制结构，那么相对弱小的国家就会围绕在中心强国周围，遵循服从强者的逻辑，强者也会在适当顾及弱者自尊的同时依靠自身强大实力处理弱者之间的矛盾，维持国家间秩序的稳定，比如古代东亚地区以中国为中心的

---

① Robert O. Keohane, "Ideas Part - way Down"，转引自秦亚青《国际政治的社会建构——温特及其建构主义国际政治理论》，载《欧洲》2001 年第 3 期，第 10 页。

② 转引自约翰·A. 霍尔《观念与社会科学》，载〔美〕朱迪斯·戈尔茨坦、罗伯特·O. 基欧汉主编，刘东国等译：《观念与外交政策：信念、制度与政治变迁》，北京：北京大学出版社，2005 年版，第 35 页。

"朝贡秩序"；如果行为者认为世界是由彼此平等的（起码在原则上如此）主权国家组成的均等结构，那么相对弱小的国家就会极力争取提高自身的国际地位，相对强大的国家也会有一定的自我克制力，尽量不去侵略和干涉相对弱小的国家，比如当前东亚地区的主权秩序；如果行为者认为世界是由国家和个人、公司、各式各样的非政府组织等非国家行为体组成，那么行为者就会不停地在各种行为体之间进行角色转换，国家间关系不再是国际政治的主要内容，甚至不再是重要内容，世界政治秩序就会是一种多层次、多领域纵横交错的立体网状结构。这种图景在人类历史进程中尚未出现过，具有较强的后现代色彩。持不同世界观立场的行为者，其身份认同、物质需求、价值追求和行为方式存在非常大的差别，这在上述三种情况中已经有所体现。① 这样的例子不胜枚举，比如，当今以个人主义和科学主义为主要标志的现代西方世界观盛行于世，它颠覆了人类传统的世界理念，全方位地影响着人类的生产和生活。身处其中的人们或许对这一点并未深刻察觉，但学者们已经意识到，人类理应探索和珍视秉持另一种世界观、过另一种生活的可能性。当这种意识将来上升到整体层面时，相信人类生活的关注点和行为方式都会再次发生革命性变化。

（三）观念/规范的适当性逻辑引导行为者主动发挥价值理性进而重新界定利益

前文已经区分了人类的工具理性和价值理性，并且指出两种理性对人的行为具有不同的影响机理。价值理性的作用产生于利益界定之前，表现为对行为者利益认知的塑造；工具理性的作用产生于利益确定之后，表现为对行为者具体行为方式和手段选择的引导。依据这种划分，规范的建构作用所能影响的正是行为者利益确定之前的价值理

---

① 需要提醒的是，在现实世界中国家行为要受其他诸多因素的影响，因此理论推演中的相对和谐的状态在现实中会被经常打破。但是，经验世界中的例外难以构成对这一逻辑推演的否定，因为这一逻辑推演是在其他因素均被排除的情况下做出的。

性阶段。人是拥有价值理性的，因此人关于正确与错误、正义与非正义的理解是可以通过外部的影响和自我的反思而不断发生变化的。作为社会整体结构的规范，其适当性逻辑含义（自由制度主义者称之为原则化信念）正是指对"正确与错误""正义与非正义"标准的规范性界定。这样一来，人性中的价值理性要素为规范建构性作用的发挥提供了重要的空间。正是由于人类价值取向的这种可塑性，规范才得以解构和重构行为者的价值取向，重塑行为者的利益诉求，改变行为者战略计算的逻辑起点，影响行为者的战略互动，并最终反映到物质性秩序的层面。

规范在最根本意义上建构行为者的利益，其适当性逻辑对人类行为的改变无疑是巨大的。比如在启蒙运动之后维护个人权利成为"天然的"合法诉求，在很大程度上成为人们行为的逻辑起点和最终归宿，而这在前现代的奴隶制社会中是完全不可能的事情。行为者行为方式的改变沿着自下而上的路径重新塑造着整体的物质性秩序，[①] 比如尚处在现代化进程之中的东亚与在一定程度上已经走向后现代的欧洲相比，对国家、超国家、NGO 等国际政治行为体的理解是非常不同的，与之相应，地区秩序的差异是非常显著的。事实上，这种差异已经远远超出国家间关系和战略态势的范畴，而是渗透到政治、经济、文化、生态等各个维度，是一种全方位的根本性差异。

（四）观念/规范影响行为者的因果信念从而塑造行为者间博弈的类型

正如前文所言，人是理性的，但非全知全能。如果说规范的适当性逻辑影响的是行为者的价值理性，那么规范的因果性逻辑则弥补着行为体工具理性的局限性。

从工具理性意义上讲，行为者认识能力和行为能力的有限会带来行为决策和手段选择上的困惑。比如行为者会问："做坏事到底会不

---

① Margaret S. Archer, *Culture and Agency*: *The Place of Culture in Social Theory*, Cambridge: Cambridge University Press, 1988, pp. 46 – 71.

会遭受报应？""近几十年的气候变化是否主要是由生产的发展引起？"这些问题很难得到明确的答案。另外，在行为者互动过程中，即使完全按照工具理性的逻辑展开博弈，也有可能存在多种均衡模型。对这类命题的疑问和按所谓理性逻辑推演出的多种均衡模型，实际带来的是行为者决策的困惑。这种情景就为规范中所包含的因果信念提供了用武之地。"善有善报、恶有恶报"等近似宗教性的俗语引导人们相信当前的善恶与未来的命运是紧密相连的；类似"近几十年的气候变化不是受地球气候周期的影响，而主要是人类碳排放的增加导致的"[①] 这样的命题，引导人们相信碳排放量的增加与气候的变暖之间存在高度的线性正相关关系；"民主和平论"这样的学说引导人们在国家间博弈中存在多种策略选择时倾向于对民主国家更为放心而对非民主国家更为提防。由于人类依据工具理性无法彻底解决这些疑惑，以命题形式出现的因果信念就得以影响行为者的因果逻辑，并塑造他们的行为。一言以蔽之，如果说适当性逻辑在工具理性的起点之前发挥影响，那么因果信念则在工具理性的终点之后发挥作用。

本章小结

本书持一种相对主义的文明观，认为任何文化/文明的内核都是由一系列或互补或冲突的价值要素构成的一个价值体系，文化差异的本质是对相互冲突之价值要素的不同平衡方式和偏好程度。与此同时，我们认为，人是理性的，但不是全知全能的。在这两个假定的基础上，本章给出了观念体系变迁和观念塑造秩序的相关命题。首先，我们认为，观念体系的变革既受外来变革因素的影响，又存在自身内部的变革动力。外来变革动力主要遵循价值竞争和战略计算两种逻辑；内部变革动力主要遵循观念间张力和观念所塑行为间张力两种逻

---

① 关于这一命题是否确实可靠也存在诸多争论，可参见黄为鹏《"曲棍球曲线"丑闻》，北京大学中国与世界研究中心《研究报告》总第38期。

辑。其次，我们认为，观念/规范是广义秩序的题中应有之义，它通过限定行为者的世界观、激发行为者的价值理性反思以及影响行为者的因果信念等方式影响行为者的行为，并进而塑造国际秩序的形态。

至此，我们已经基本设计完成了主要分析框架。这一分析框架决定了接下来的两项主要任务。第一项任务是研究在西方价值体系伴随物质力量上的优势"强势来袭"时，东亚传统价值体系与其竞争的内在机理，以及在此背景下主权观念在东亚的生成路径和特征。第二项任务是研究在主权观念依然是东亚主导性地区共享观念的情况下，它是如何塑造东亚秩序的，其积极意义和消极意义分别是什么，进而未来可能的发展趋向会是什么。图1-4清晰地呈现了两项任务的主要内容和承接关系。

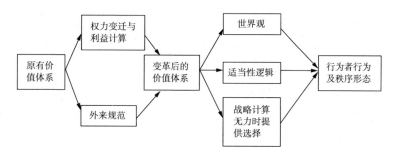

图1-4　观念体系的变迁机制及其塑造秩序的机理

第二章

初始状态：东亚传统价值体系

规范和文化在本体论意义上是一种结构性存在。相应地，在认识论意义上，规范和文化必须从宏观层面进行界定，而不宜划归至个体层面。具体到东亚规范体系，如果对东亚价值体系的整体特征及其近代变迁没有一个整体性理解，而只是研究具体规范的演变历程，那么对东亚规范体系的理解和认识将极易陷入"只见树木不见森林"的窘境。相反，如果对东亚传统价值体系及固有国际秩序在近代西方冲击下的反应有一完整深刻的理解，则可以为东亚规范体系的演变提供更为本源性的解释。事实上，自西力东渐以来，东亚价值体系和地区秩序在与西方价值体系与国际秩序的博弈中一直处于相对弱势地位，自身因之也已经在一定程度上背离传统而趋近西方，直到今天这一进程仍未结束。这一事实是理解当代东亚规范体系的时空背景，也是认识东亚规范体系的逻辑起点。

文化是一个非常宽泛的概念，人们对文化的理解也见仁见智。不过，对于每种文化来说，最核心和最根本的是其所包含的精神层面的因素，如思维模式、行为方式、基本价值观等，政治文化尤其如此。根据研究需要，我们将文化定义为一套价值体系，与此关系不大的如歌舞、艺术、饮食、节日、民俗、服装、时尚、礼仪等，则不予讨论。① 价值体系的不同造成了文化间的差异，而对于价值

---

① 参见资中筠《启蒙与中国社会转型》，北京：社会科学文献出版社，2011 年版，第 33 页。

体系的理解大致可沿两个方向展开：一是构成体系的各类价值要素；二是各类价值要素间的相对比重及其排序。在构成文化的价值要素方面，世界各大文明间的差别并不太大，比如孝敬父母和尊重他人等原则在不同文化中都得到了认可。其区别关键在于价值要素间的相对比重。比如基督教和儒教都讲究尊重父母和敬重上天（上帝），但在基督教的价值体系里，人们倾向于认为对上帝的敬重比对父母的敬重更为重要；相反，在儒教价值体系中，人们认为敬重父母的重要性更高。[①] 同时，同一文化内的不同价值要素之间也先天性地存在冲突和紧张。比如自由和平等都是西方价值话语中的概念，但是仔细分析会发现二者之间是存在冲突的："为了达到一定的社会平等，就必须设立一些社会项目，这会限制一些人的自由，至少是他们花钱的自由，因为政府要拿他们的钱来完成这些社会项目。"[②] 正是由于不同价值要素间的天然冲突和紧张关系，所有价值体系均体现为对价值要素间冲突和紧张的平衡（由于不同价值体系所取的平衡位置不同，价值体系之间也就产生了冲突和紧张关系）。换言之，价值体系间的冲突和紧张主要是由价值体系的第二个向度，即对各价值要素的配置所造成的。沿着这一逻辑继续前行，不同价值体系在相遇和互动的过程中，彼此的冲突因价值配置的差异而起，彼此的融合也因价值配置的改变而成。

东亚规范体系，可视为东亚价值体系的外在表现形式。对东亚规范体系的认识，需要剖析东亚传统价值体系及与之相适应的故有国际秩序，检视东亚价值体系和故有国际秩序在面对西方价值体系和国际秩序原则时所发生的演变，比较分析在此过程中东亚价值体系的价值配置平衡所发生的变化，并反思现

---

① 参见李晨阳《走向和谐宇宙：儒家关于太平世界的"和"的思想》，载吴志攀、李玉主编《东亚的价值》，北京：北京大学出版社，2010 年版，第 101 页。

② 李晨阳：《走向和谐宇宙：儒家关于太平世界的"和"的思想》，载吴志攀、李玉主编《东亚的价值》，北京：北京大学出版社，2010 年版，第 100 页。

代东亚价值体系与传统东亚价值体系及现代西方价值体系的异同。

第一节　中国传统价值体系与周边秩序原理

一　中国传统社会结构的核心特征

讨论价值体系，不可避免地要讨论世界观问题，因为世界观在某种意义上可视为价值体系的逻辑起点。东亚地区最具代表性和普遍意义的世界观来源于中国传统文化，其具体表述可到中国古代各传统思想流派中去找寻。总体而言，中国传统文化惯于从整体视角认识问题，强调对事物的综合性理解，这不同于西方注重个体视角和逻辑分析的传统。与之相应，在对世界的认识上，中国传统文化强调"天下一统""天下无外"。诸如"人有恒言，皆曰'天下国家'"①，"修身、齐家、治国、平天下"②，"普天之下，莫非王土"③等涉及天下的言语不胜枚举，历代帝王亦自称"天子"，足见天下观念在中国传统理解中具有何等重要的地位。按照赵汀阳的分析，中国传统的"天下"概念至少包含了三层含义：第一，从地理学意义上来说，"天下"即天底下所有的土地；第二，从民心意义上说，"天下"指所有土地上生活的所有人的心思；第三，从伦理学/政治学意义上来讲，"天下"是一种天下一家（或四海一家）的理想。④ 概而言之，中国传统概念中的"天下"是一个包含"地理、心理和社会

---

① 《孟子·离娄上（五）》。
② 参见《礼记·大学》。
③ 《诗经·小雅·谷风之什·北山》。
④ 参见赵汀阳《天下体系：世界制度哲学导论》，南京：江苏教育出版社，2005年版，第41~42页。

制度"① 的综合性概念。按照主流国际关系理论的话语体系，"天下"概念囊括了物质性因素、观念性因素和制度性因素，因此是关于世界的一个既完整又饱满的表述。

中国传统概念中的"天下"是一个边界模糊的概念，它在地域上泛指人所能到达的所有空间。正如梁漱溟所言"说天下便没有界限；而在政治单位的国家，却少不得此疆彼界。"② 尽管古代中国概念中的"天下"所指涉的地理范围不能完全涵盖今日之世界，但这丝毫不影响其世界观意义。从政治角度来看，中国传统概念中的"天下"是最高政治单位，也是政治的最终目的，而国家只是中间的一个过渡层次，没有足够显赫的地位。这与近代西方的"主权规范"显然不是一套话语体系，而这一差别为双方在起初相遇时准确理解对方带来了不小的麻烦。中国传统文化对"天下"概念的强调与西方近代"威斯特伐利亚规范"另一个很大的不同在于其"无外"性。③"天下"囊括一切，因而"天下"之外别无他物。另外，从方法论意义来看，"天下"概念预示着从整体层次思考和认识世界，即所谓"以天下观天下"。④ 这又有些类似于西方知识话语中的"整体主义方法论"或"结构主义方法论"等表述。

在"天下一统"理念之下，中国传统社会结构与西方社会结构存在明显差异。中国社会比较注重作为社会最基本单元的"家庭"，而西方则比较强调"超家庭"或"跨家庭"的各类团体。这些团体既包括整合家庭的社区，也包括各类功能性俱乐部。在中国社会结构中联系个人、家庭和国家的是一套伦理规范，从这个意义上

① 赵汀阳：《天下体系：世界制度哲学导论》，南京：江苏教育出版社，2005 年版，第 42 页。
② 梁漱溟：《中国文化的命运》，北京：中信出版社，2010 年版，第 83 页。
③ 参见赵汀阳《天下体系：世界制度哲学导论》，南京：江苏教育出版社，2005 年版，第 49~61 页。
④ 《老子》第五十四章有云："故以身观身，以家观家，以乡观乡，以邦观邦，以天下观天下。吾何以知天下之然哉？以此。"

说，中国是一个"伦理本位"①或曰"关系本位"②的社会，而在西方社会结构中连接个人和团体的是具体的规章制度。比较而言，在西方社会的"个人—团体"结构中，团体需要通过约束个人的行为才能正常运行，而个人也力求在团体中获取应得的权利，因此二者互动容易唤醒个人的自我意识，进而形成"团体与个人这两面相待而立"③的局面。反观中国传统社会，由于不存在明显的团体生活，作为团体对应方的个人也就没有得以充分显现。至于个人与家庭的关系，由于中国传统家庭伦理规范是由"父子""兄弟""夫妇"等具体伦理规范组成的一个体系，并不存在具体的"个人—家庭"伦理规范，因此二者也不存在明确的"权利—义务"关系。由于不存在明显的个人与团体的关系，个人的自我意识也就不易唤醒。正如梁漱溟所言，"在中国因缺乏集团生活，亦就无从映现个人问题。团体与个人，在西洋俨然两个实体，而家庭几若为虚位。中国人却从中间就家庭关系推广发挥，以伦理组织社会，而消融了团体与个人这两端。"④伦理本位的中国传统社会强调人存在于各种关系之中，所以人要处理父子、兄弟、夫妇、朋友等各种关系。在处理这些纷繁复杂的关系时，中国社会遵循了一套由家庭内部伦理原则向外扩展的程序，即"伦理关系始于家庭，而不止于家庭。"⑤对此，费孝通曾做过一个非常形象的比喻，他将中国社会结构比作水面上一圈一圈的波纹，圈子的中心就是个人，每个圈子和每个波纹通过互动联系在一起，个人也便融入了千头万绪的社会关系之中。⑥在这一同心圆扩散

---

① 参见梁漱溟《中国文化的命运》，北京：中信出版社，2010年版，第134~139页。

② 参见秦亚青《关系本位与过程建构：将中国理念植入国际关系理论》，载《中国社会科学》2009年第3期，第69~86页。

③ 梁漱溟：《中国文化的命运》，北京：中信出版社，2010年版，第132页。

④ 梁漱溟：《中国文化的命运》，北京：中信出版社，2010年版，第132~133页。

⑤ 梁漱溟：《中国文化的命运》，北京：中信出版社，2010年版，第134页。

⑥ 费孝通：《乡土中国》，上海：上海人民出版社，2007年版。秦亚青教授在《关系本位与过程建构：将中国理念植入国际关系理论》一文中曾提到过这一比喻。

的过程中，有一点需要特别说明，即中国社会的伦理原则主要强调个人的义务而忽视个人的权利，对这一点的概括表述就是"反求诸己"。"反求诸己"的伦理原则在中国社会的大行其道进一步削弱了个人的自我意识，致使"个人将永远不被发现，而自由竟变为无主之物。"① 这也就不难理解近代中国在面对西方"自由""人权"等概念时的茫然和疑惑了。

中国社会结构中个人之消融和西方社会结构中家庭之虚位可通过图 2 - 1 简单说明。此图通过字体大小和箭头虚实表示各要素在社会中位置的权重和要素间的互动关系。其中字体的大小表示该要素在社会结构中的权重，箭头方向表示互动关系，实箭头表示关系明确，而虚箭头则表示关系不明确。

图 2 - 1 中西社会结构中的团体、家庭和个人

资料来源：梁漱溟：《中国文化要义》，上海：上海世纪出版集团，2011 年版，第 71 页。

中西社会结构的这一差异，导致西方的价值体系沿着"个人—团体"的二元对立逻辑进行配置。中国没有明确的个人和团体的概念，因而其价值体系更多地体现在由家庭关系向外投射的一系列社会伦理关系上。

二 中国传统周边秩序的演变历程：亦真亦假的华夷秩序

"天下一统"的世界观配合古代中国在东亚地区的主导地位，共同导致了"华夷秩序"的兴起和存续。这一体系既是古代东亚国际秩序

---

① 梁漱溟：《中国文化的命运》，北京：中信出版社，2010 年版，第 149 页。

的制度体现，也是古代中国社会结构和价值体系的制度体现。[①] 当然，这一秩序模式近来遭到一些学者的批评，认为用其概括东亚地区传统秩序既不完整，也与史实不完全相符。[②] 这些批评是有道理的，尽管存在关于东亚传统秩序的这种描述，但实际上中原政权并没有强大到建立等级秩序的地步，并且随着中原政权实力的兴衰，其对周边政权的影响力也有大有小。不过，我们此处意在探索中国传统秩序观念，主要指中国近周边范围内的秩序，且主要指涉秩序中的观念因素，并不指涉整个东亚秩序的事实，所以这一秩序原理在一定程度上还是适用的。

华夷秩序是指现代意义上的国际体系出现之前在中国中原政权及其周边形成的一种传统地区秩序。作为一种历史现象，它的形成、发展、兴盛和衰亡经历了一个漫长的过程。从语义上来说，"华"或

---

① 费正清是这一秩序原理最重要的诠释者，见 J. K. Fairbank and S. Y. Teng, "On the Ch'ing Tributary System," *Harvard Journal of Asiatic Studies*, Vol. 6, No. 2（June 1941）, pp. 135 - 246; J. K. Fairbank, "Tributary Trade and China's Relations with the West," *The Far Eastern Quarterly*, Vol. 1, No. 2, February 1942, pp. 129 - 149; J. K. Fairbank, *Trade and Diplomacy on the China Coast：The Opening of the Treaty Ports*, 1842 - 1854, Cambridge, Mass：Harvard University Press, 1953; J. K. Fairbank, ed., *The Chinese World Order：Traditional China's Foreign Relations*, Cambridge, Mass：Harvard University Press, 1968。中译本见〔美〕费正清编，杜继东译：《中国的世界秩序：传统中国的对外关系》，北京：中国社会科学出版社，2010 年版. John E. Wills, Jr., "Tribute, Defensiveness, and Dependency：Uses and Limits of Some Basic Ideas About Mid - Qing Dynasty Foreign Relations," *American Neptune*, Vol. 48, 1988, pp. 225 - 229; Michael H. Hunt, "Chinese Foreign Relations in Historical Perspective," in Harry Harding, ed., *China's Foreign Relations in the 1980s*, New Haven：Yale University Press, 1984, pp. 1 - 42.

② See Morris Rossabi, ed., *China among Equals：The Middle Kingdom and Its Neighbors*, 10th - 14th *Centuries* Berkeley, California：University of California Press, 1983; John E. Wills, Jr., *Pepper, Guns, and Parleys：The Dutch East India Company and China*, 1662 - 1681, Cambridge：Harvard University Press, 1974; John E Wills, Jr., "Tribute, Defensiveness, and Dependency：Uses and Limits of Some Basic Ideas About Mid - Qing Dynasty Foreign Relations," *American Naptune*, Vol. 48, 1988, pp. 225 - 229; 张锋：《解构朝贡体系》，载《国际政治科学》2010 年第 2 期，第 33 ~ 62 页；庄国土：《略论朝贡秩序的虚幻》，载梁志明等著《古代东南亚历史与文化研究》，北京：昆仑出版社，2006 年版，第 94 ~ 110 页。

"夏"原指位于中原地区的农耕族群，"夷"指中原文明周围的游牧—渔猎族群。起初，华夷分野一定程度上是为了保持华夏族群血统纯正的需要，所谓"裔不谋夏，夷不乱华"① 可谓初始意图的真实表述，后来才逐渐演化为"四夷来王"的"华夷观念"。华夷秩序的原理或曰理论基础可追溯到"五服制"。西周时期出现了关于五服体制的明确阐述，《国语·周语上》有云："夫先王之制，邦内甸服，邦外侯服，侯卫宾服，蛮夷要服，戎翟荒服。甸服者祭，侯服者祀，宾服者享，要服者贡，荒服者王。日祭，月祀，时享，岁贡，终王，先王之训也。"② 由此可见，周朝的统治者首先将天下分为邦内与邦外，在此基础上进一步分为五服。邦内只有一服（甸服），邦外则依次设侯服、宾服、要服、荒服。依据距离之远近，各服的"职贡"方式和频率也不相同。离天子越近，则义务内容越重，进贡频率越高。随着服制的向外扩展，天子的统治力度不可避免地逐渐减弱。周朝的"五服体制"可视为华夷秩序的滥觞。

在中国历史上，北方民族周期性的南下侵扰使得中原政权时常处于守势，因此中国历代王朝的对外关系基本沿东、西、南三个方向发展。两汉时期，五服体制原理开始被尝试着用于对外关系之中，但是该时期能够被纳入这一秩序的国家数量还非常少，主要包括东面的朝鲜和日本，南面的都元、叶调（印度尼西亚）、掸（缅甸）以及西面的大宛等国家。另外，该时期的朝贡行为无论从频率还是稳定性方面来看均难以称得上完备，尚处于一种雏形阶段。③ 隋唐两代将中国历史推向了一个巅峰，华夷秩序也随之进入一个迅速发展的阶段，"从某种意义上讲，这个古代国际关系格局，正是在这一时期，在比较正

---

① 《左传·定公十年》。

② 《国语·周语上》，另亦见《尚书·禹贡》。《尚书》除将"宾服"称为"绥服"，其他与《国语》完全相同。

③ 参见何芳川《率土之滨皆王臣："华夷秩序"新论（上）》，载何芳川：《古今东西之间：何芳川讲中外文化》，桂林：广西师范大学出版社，2008年版，第53~54页。

规的意义上形成了。"① 唐朝在西域的势力与汉朝时期已不可同日而语，在隋炀帝时仍然被视为"绝远"之地的罽宾国，在唐太宗时期两度遣使入唐朝拜，并且西北方向直至域外的诸游牧民族正式以书面盟约的形式，将唐太宗奉为天可汗。② 与此同时，东面的朝鲜、日本，东南亚和南亚的林邑、真腊、盘盘、堕和罗、婆利、陀洹、诃陵、堕婆登等诸国频频来朝，骠国（缅甸境内古国）、狮子国（斯里兰卡）也都表露了加入华夷秩序的愿望。该时期来华朝贡的国家有七十多个，朝贡的频率也较汉代大为增加。与大唐建立稳定友好的关系成为这些国家的习惯，无须权衡利弊得失。宋朝在中国历史上是一个文化繁荣但国力较弱的时期，并且北方游牧民族在该时期对中原政权的侵扰特别严重。尽管如此，在宋朝时期华夷秩序的内容仍然继续得以充实。朝鲜在华夷秩序中的位置依然突出，越南实现统一并加入华夷秩序，中国与菲律宾的关系有了正式的"官方记载"，菲律宾也逐渐融入华夷秩序之中。③ 需要特别指出的是日本自唐朝衰微时起就结束了中日官方来往，基本退出了华夷秩序，直至明初才恢复。元朝时期的华夷秩序在很大程度上丧失了原有的规范性内容，"以征服求统治"的方式与传统华夷秩序可谓相去甚远。明清时期，华夷秩序发展到了巅峰阶段。明朝时期最具典型意义的事件是郑和七下西洋。郑和远航的壮举，"将几乎全部海上丝绸之路商道上的邦国，即亚非大陆西太平洋沿岸至印度洋滨海而居的民族和国家，一齐吸纳到华夷

---

① 何芳川：《率土之滨皆王臣："华夷秩序"新论（上）》，载何芳川：《古今东西之间：何芳川讲中外文化》，桂林：广西师范大学出版社，2008 年版，第 55 页。

② 参见何芳川《率土之滨皆王臣："华夷秩序"新论（上）》，载何芳川：《古今东西之间：何芳川讲中外文化》，桂林：广西师范大学出版社，2008 年版，第 56 ~ 57 页。

③ 参见何芳川《率土之滨皆王臣："华夷秩序"新论（上）》，载何芳川：《古今东西之间：何芳川讲中外文化》，桂林：广西师范大学出版社，2008 年版，第 62 ~ 64 页。

秩序中来，令这一古代国际关系网络具有空前之规模"。① 朝鲜依然稳定地置身华夷秩序之中，其与中国的关系模式从理念到体制堪称典范，长期以来"不通中华"的琉球王国也加入了华夷秩序，日本也于明成祖时期重新加入了华夷秩序。此时来华朝贡的国家，无论从数量、频率、规模还是级别来看，均达到了历史最高水平，华夷秩序达到了它的历史最高峰。

然而，在华夷秩序达到巅峰的同时，西方世界发生的新航路开辟、资本主义兴起等历史事件预示着对东方华夷秩序的巨大挑战。随着葡萄牙、西班牙、荷兰、英国等西方资本主义国家的到来，华夷秩序一步步走向崩溃。

三　传统周边秩序的运行机理

在简单回顾了华夷秩序的演变历史之后，有必要剖析一下华夷秩序的内在机理，即华夷秩序赖以存续的世界观基础、合法性来源、运作机制以及变革动力与方式等。分析这些问题，既有利于更深入地认识古代东亚的所谓华夷秩序，也有利于更透彻地理解中国及其周边的价值体系内核。

（一）天下观念：华夷秩序的世界观基础

如前所述，中国传统的"天下"概念是一个囊括了地理、心理和社会制度的综合性概念，它的一个重要特征就是"无外"，即"天下"包含了人类所能知能想的所有时空范围。在此世界观基础之上，不同于近代西方的民族国家（nation state），东方型的传统国家为"天下国家"。现实中的国家是有领土界限的，中国历史上的各朝各代都有自己的疆域范围，但"中华世界帝国"却是一个没有边界的概念，它既是一种真实的存在，又是一种想象。对于古人来说，中华

---

① 何芳川：《率土之滨皆王臣："华夷秩序"新论（上）》，载何芳川：《古今东西之间：何芳川讲中外文化》，桂林：广西师范大学出版社，2008 年版，第 65页。

世界帝国基本是一个涵盖全世界的概念，在东亚地区传统的概念中，"天下≈中华世界＝中心＋周边＝我族＋他族＝华＋夷＝王畿＋属藩＝中国＋诸王国＝皇帝＋国王＝宗主国＋朝贡国＝'中华世界帝国'≈中央政府＋地方政府"。[①] 因此，尽管华夷秩序的实际范围只限于东亚地区，甚至主要集中于中国周边，但在东亚古人的心目中，它却是一个世界层次的政治架构，华夷结构之外，已无其他国家。古人的这一认识，一方面与他们活动范围的局限有关，另一方面也与华夷秩序由近至远、层层扩散的同心圆结构有关。关于华夷秩序的概念，在地理意义上讲，华位于中心，夷环绕于周边；在文化意义上讲，华的文明程度要优于夷；在族群概念上讲，华指华夏，夷则是蛮夷戎狄的统称。在实际运行过程中，华夷秩序是一个由中心向外不断弱化的政治运作模式，这种弱化是一个渐变的过程，在人的认识中难以找到该体系的边界，因此也就扩展至无限，涵盖了整个天下。换言之，天子所统治的天下在理论意义上是没有边界的。

（二）天命论：华夷秩序的合法性依据

中国古人相信"天上"统治"天下"，皇帝乃天帝之长子，奉"天命"开创王朝，替天帝统治天下的臣民和土地。由于"天下"无边无际，因此凡所见臣民、土地皆受"天子"统治。华夷秩序的合法性来源是与这一世界观立场息息相关的，正是由于"华夷一家""天下无外""四海之内皆兄弟"等观念，才使得以天子统治为中心的华夷秩序在法理上得以逻辑通达。与此同时，"天命论"实际是与"民意论"结合在一起的。《尚书》有云："天聪明自我民聪明，天明畏自我民明威。"[②] 又云："天视自我民视，天听自我民听。"[③]在此基础上，"民本思想""德治思想"自然得以衍生。如"顺乎天，而应

---

① 张启雄：《中华世界秩序原理的源起：近代中国外交纷争中的古典文化价值》，载吴志攀、李玉主编《东亚的价值》，北京：北京大学出版社，2010年版，第106页。

② 《尚书·皋陶谟》。

③ 《尚书·泰势中》。

乎人"① "民为重，社稷次之，君为轻" "为政以德，譬如北辰，居其所而众星共之"② 等经典表述正是表达的这一思想。梳理这其中的逻辑，天子统治天下的合法性来源于上天的授权，上天授权的依据源自民意，而对于民众来说最重要的又是遵守"君臣父子"之训。这看上去似乎是一个没有原初起点的循环。实际上，理解这两个相互联系的表述不能仅从逻辑的角度进行推敲，因为两者针对的对象是不同的："天命论"是说给老百姓听的，"民意论"是说给统治者听的。即这一理论体系既要教化老百姓信服天子的绝对权威，又要告诫天子必须体恤民情，不可残忍暴虐。因此，从本质上来说，华夷秩序的合法性来源主要还是"天命论"。

（三）家庭伦理与五服制的扩展：华夷秩序的运行机理

从制度层面来看，华夷秩序将中国传统的伦理体系和五服体制扩展应用到整个中华帝国的邦交关系之中。关于中国古代家族伦理关系的最凝练的表述来自儒家的孔孟。孔子在回答齐景公关于政事的问题时说："君君、臣臣、父父、子子。"③ 即人处于什么样的位置，就应该扮演好什么样的角色。孟子又进一步将理想的家族伦理关系状态阐释为："父子有亲，君臣有义，夫妇有别，长幼有序，朋友有信。"④ 这些家族伦理关系之所以能够运用到华夷秩序的层面，大概源于周朝的分封体制。周天子通过册封同宗子弟和异姓功臣等为诸侯，将统治网络变为"兄弟、叔伯"的血亲关系和"舅甥"的姻亲关系，"家天下"的体系结构从而形成。当统治网络变为"家天下"结构之后，家族伦理运用到统治层面也就顺理成章了。在后来的政治实践中，统治者通过让同宗的嫡长子继承父位、与异姓功臣政治联姻以及与异族政体的政治联姻等方式，延续了这一家族政治框架结构，家族伦理关

---

① 《周易·革》。
② 《论语·为政》。
③ 《论语·颜渊》。
④ 《孟子·滕文公上》。孟子是在批评许行之"滕文公有贤无道"的观点时间接提到这一点的，意在表达不同的角色有不同的任务。

系也就相应地运用到了整个华夷秩序的层面。与此同时，作为更直观的制度安排，源自周朝分封时期的五服体制被推广至整个华夷秩序世界。五服体制也在不断地发展演化，《尚书》中有关于五服制的论述，即前文所述甸服、侯服、宾服、要服、荒服的由近及远、层层扩展的模式。后来，五服制演变为六服制，又进一步演变为九服制。关于九服制，《周礼》中有记载："乃辨九服之邦国，方千里曰王畿，其外方五百里曰侯服，又其外方五百里曰甸服，又其外方五百里曰男服，又其外方五百里曰采服，又其外方五百里曰卫服，又其外方五百里曰蛮服，又其外方五百里曰夷服，又其外方五百里曰镇服，又其外方五百里曰藩服。"① 不难想见，无论血亲、姻亲关系的亲近程度还是朝贡的频度和内容，都呈现出由近而远逐渐弱化的态势。与之相应，华夷秩序的统治力度也随之不断减弱。② 总之，家族伦理关系和五服制的结合，基本构成了华夷秩序的制度框架，从而规定了华夷秩序中中华与邦国、邦国与邦国之间的关系模式。

（四）反察自身的伦理传统与家族式社会结构：华夷秩序的伦理支撑

从观念层面来看，华夷秩序的健康运行又依赖儒家伦理关系由下而上的支撑。制度层面上五伦关系的应用主要是一种统治手段，而观念层面上由下而上的儒家伦理关系对华夷秩序的支撑原理与制度层面上的五伦关系有所不同。在中国传统政治架构中，由上而下的合法性源自"天命论"和"民意论"，而由下而上的行为准则则来源于一系

---

① 《周礼·夏官·职方氏》，亦可见《周礼·夏官·大司马》，除个别用词不同，其内容基本一致。

② 相关论述亦可参见 David C. Kang, Civilization and state formation in the shadow of China, in Peter J. Katzenstein, ed., *Civilizations in World Politics：Plural and Pluralist Perspectives*, Routledge, 2010, pp. 91 – 113; also see David C. Kang, *China Rising：Peace, Power, and Order in East Asia*, New York：Columbia University Press, 2007。从文化人类学角度探讨中国传统政治秩序机理的相关论述可参见 Francis L. K. HSU, *Americans and Chinese*, London：The Cresset Press, 1995, especially pp. 163 – 184。

列的伦理规范。如前所述，中国传统社会结构是以"伦理"或"关系"为本位的。中国的伦理体系有两个显著特点：一是"伦理始于家庭，而不止于家庭"；① 二是伦理是一套强调义务而弱化权利的规范体系。具体而言，首先，由于天然的血缘联系，中国伦理将家庭作为重中之重，关于父子、兄弟、夫妇间关系的规定便成为中国伦理系统的出发点。"父慈子孝""兄友弟恭""夫妇有别"是处理家庭关系的伦理规范。在家庭之外，"于学则有师徒；于经济则有东伙；于政治则有君臣官民；平素多往返，遇事相扶持则有乡邻朋友"。② 中国传统对师徒、东伙、君臣官民、乡邻朋友间行为准则的规定在很大程度上是对家庭内部伦理关系的推广运用。比如称老师为"师父"，称徒弟为"徒子徒孙"；称官吏为"父母官"，称人民为"子民"；相邻朋友则互称"叔伯兄弟"。推而广之便有"天下一家""四海之内皆兄弟"之说了。③ 其次，中国的伦理体系有大量关于为君者、为臣者、为父者、为子者该如何做的规定性表述，但却没有关于为君、为臣、为父、为子该获得什么的论述，因此是一套规定义务的体系。伦理规范对权利的弱化正应了中国传统文化中讲究"反求诸己"的文化品质，即生活于中国社会结构和伦理体系中的个人强调"向里用力"，反察自身，反省、自责、克己、让人、学吃亏等便成为中国社会流传至今的古训。④ 反求诸己的伦理品质和"同心圆波纹"状的社会结构便推演出了"修身、齐家、治国、平天下"的经典表述。这是对中国式统治哲学的归纳，也是关于"个人"与"天下"之伦理关系的完整表述，同时还是对中国社会结构的总体素描。正是东方社会特有的家族式社会结构和反求诸己的伦理要求，在由下而上的方

① 梁漱溟：《中国文化要义》，上海：上海世纪出版集团，2011 年版，第 72 页。
② 梁漱溟：《中国文化要义》，上海：上海世纪出版集团，2011 年版，第 72 页。
③ 参见梁漱溟《中国文化要义》，上海：上海世纪出版集团，2011 年版，第72 ~ 73 页。
④ 参见梁漱溟《中国文化要义》，上海：上海世纪出版集团，2011 年版，第 171 ~ 174 页。

向上为华夷秩序的稳定提供了必要保障。

（五）恶性互动与多重认同：华夷秩序变迁的内在动力

任何一个政治架构或政治实体都可被视为一个系统，华夷秩序同样也不例外。系统是一种动态的存在，是一个稳定与动荡、延续与变革交替出现的过程。理解系统关键在于理解系统存续与变革的内在动力机制，即哪些因素维持了系统的稳定，哪些因素又会导致系统的动荡和变革。对于华夷秩序来说，维持其稳定的因素即前面所探讨的其由上而下的统治制度和由下而上的伦理关系，导致其动荡和变革的因素则一方面在于上下双向互动过程中出现恶性循环，另一方面在于系统内部认同的多重性和组成单元间实力对比的变化。当然，系统外的因素对于系统的变革是一个极为重要的因素，但此处我们着重探讨系统演化的内在动力，因此对于该因素暂不讨论。如前所述，统治者的合法性来源一方面是"天命论"，另一方面是"民意论"，因此位于华夷秩序中心的统治者要保持稳定的统治地位，就要顺天应人地走德治路线。即要以德服人，王化天下，在处理与周边邦国关系时强调"事大字小"的互利原则和"道义外交"的理念。因此，在华夷秩序中，由上而下的"德治"与"仁政"和由下而上的"反求诸己"与"忠恕之道"间的良性互动是维持系统稳定的原理所在。然而所谓"成也萧何败也萧何"，华夷秩序动荡与变革的内部动力也正出自上下互动的过程之中。首先，由上而下观之，尧舜禹之后，传子不传贤的世袭制带来了一个难以解决的问题，即帝王不一定贤明仁德，而贤明仁德者没有机会成为帝王，"是以，暴虐如夏桀商纣，亦得继承王位，肆虐苍生"。①当暴君作虐时，"仁政"与"忠恕"的良性互动便因"仁政"的消失而遭到破坏，从而导致"君王不仁，臣民不忠"的紧

---

① 张启雄：《中华世界秩序原理的源起：近代中国外交纷争中的古典文化价值》，载吴志攀、李玉主编《东亚的价值》，北京：北京大学出版社，2010年版，第117页。

张关系，整个系统处于极不稳定的状态。当这种紧张关系发展到一定程度之后，动乱和革命便不可避免。需要指出的是，按照中国古代经典的解释，此时的动乱和革命是具有合法性的，正如孟子所言，暴君作虐是违天命、失民心之举，因此"贼仁者谓之'贼'，贼义者谓之'残'；残贼之人，谓之'一夫'。闻诛一夫纣矣，未闻弑君也。"① 在此情境下，贤德之人通过揭露暴君行径，鼓动民众揭竿而起，"诛其君而吊其民"②，使天下大悦，并最终回归"仁政"的健康轨道。这一革命模式的原初动因在于执政者偏离"仁政"和"以德服人"的轨道。其次，由下而上观之，华夷秩序中始终没能解决内部多重认同的问题。起初，周天子对同宗子弟、异姓功臣及四夷追随者实行分封建制，诸侯向周王朝贡，建立了华夷秩序的原初形态。但是，经年历月，在诸侯国维护周天子正统统治的同时，其内部难免会出现子民先认同于"邦国"而后认同于"天下"的双重认同结构。这一认同结构在后来的华夷秩序发展和衰亡过程中始终存在。其特点是，除中原政权之外，华夷秩序中其他国家的子民既认同自己所在的邦国，又认同中原政权。当中原政权实力足够强盛时，各邦国子民对天下的认同要胜于对邦国的认同；反之，当中原政权实力虚弱时，各邦国子民对各自邦国的认同则胜于对天下的认同。当各邦国子民对天下的认同远胜于对邦国的认同时，华夷秩序就会总体稳定，统治架构不易受损；当各邦国子民对邦国的认同胜于对天下的认同时，华夷秩序就面临分崩离析或被其他邦国入主中原取而代之的命运。

与体系变革的上述两个动因相对应，华夷秩序变革的路径也包括"易姓革命"和"华夷易位"两种不同的类型。二者皆指当统治者丧失民心置"天命"于不顾时，民众可以武力方式推翻原有政权，使政治回归"仁政"，从而完成政权更替。二者的区别在于，"易姓革

---

① 《孟子·梁惠王下》。
② 《孟子·梁惠王下》。

命"指传统意义之华夏内部所发生的改朝换代，"华夷易位"则指华夏之外其他部族或邦国依"天命"入主中原，完成王朝更替。"易姓革命"在中国历史上极为普遍，也易于理解，因为它不存在"华夷之辨"的问题。"华夷易位"则意味着另一种文化的族群占统治地位，那么周边族群入主中原之后的"天下秩序"还能继续称之为华夷秩序吗？关于这一点，古人早有论述，即只要周边族群通过自身教化，普及华夏的"伦理道德"和"礼仪规章"，便可完成"王化"，并获赋"王命"。比如孟子指出，舜是东夷之人，周文王是西夷之人，而二者却能成为华夏的首领，就是因为其能通过自我教化而获王命、行王道。① 可见在中国古代华夷之间并无明显的界限，加之中国传统文化又注重"化"字，强调"以华化夷"，因此夷狄完全可以被王化而取得名分，入主中原。历史上的几次"华夷易位"式的王朝更替，都是在中原政权国力衰弱，周边部族实力上升的情况下发生的，并且新政权成立后也都一定程度上自觉地遵循传统道德规范和礼仪典章，从而逐渐"汉化"。

四 界定中国传统价值体系的核心特征

不难看出，历史上中国周边地区秩序观的形成是一个中国传统社会结构和伦理规范向外扩展的过程。② 中国人的世界观也遵循由家到国、由国到天下、由小到大、由内而外无限延伸的逻辑。这一特征决定了传统中国人对国家、天下的认知都遵循了类比家庭结构和家庭关系的路径。处理家庭中各种角色间关系的伦理规则也就相应地被类比

---

① 《孟子·离娄下》，孟子曰："舜生於诸冯，迁於负夏，卒於鸣条，东夷之人也。文王生於岐周，卒於毕郢，西夷之人也。地之相去也，千有馀里；世之相后也，千有馀岁。得志行乎中国，若合符节，先圣后圣，其揆一也。"

② 不可否认，这种秩序观是否能够客观反映真实的秩序状态是一个存在争议的问题。但是，笔者此处想强调的是，观念事实本来就不一定与物质事实完全契合，观念事实不一定能客观反映真实的秩序状态，但这种观念在中国古人的思想意识中成为共识后也就一定程度上成了一种社会事实。

运用到国家、天下的层次上。这一观念的生成路径重新反馈到社会结构中，致使传统中国的社会结构也以家庭为中心展开。具体而言，中国传统价值体系与国家政治和国际政治密切相关的要素主要包括世界观与秩序观立场、社会关系的本体以及各类社会关系运行所遵循的核心逻辑。在世界观方面，它信仰"家—国—天下"的世界结构，"天下"因而成为一个空间上无边界、时间上无始终的无所不包的概念；在社会关系的本体方面，中国传统社会结构表现为君臣、父子、夫妇、朋友等一系列社会关系和处理这些关系的规则，缺乏"个人—团体"间的二元张力；在社会运行逻辑方面，中国传统价值体系中的伦理规则强调个人的责任，在一系列的社会关系中强调各方的义务，强调"诚意、正心、格物、致知、修身、齐家、治国、平天下"，强调"反求诸己"，而缺乏有关个人权利的观念。因此，家国天下、关系本位和责任伦理可视为中国传统政治价值体系的核心要素（见表2-1）。

表2-1 中国传统政治价值体系的核心特征

构成要素	本质特征
世界观和秩序观	家—国—天下
社会本体论	"家庭"主体；"关系"本位
伦理规则	责任伦理，权利缺位

第二节 日本传统社会结构与价值体系

说到日本文化，就不可避免会牵涉到中国文化。不单是中国学者，世界各国学者在研究日本文化时都会遇到这样的问题：中国文化对日本文化的影响到底有多大？两国文化存在多大程度的同质性？日本文化能否被划入儒家文化圈？面对这些问题，学者们都难以给出简单明了的答案。毕竟，日本文化中的中国元素是显而易见的，但与此同时，日本文化及其国民性格与中国的差别也是明显的。

一 日本文化发展历程

关于日本居民从何处来，目前学术界尚无定论，但获得较多认可的看法是：在距今10万年到1万年的"更新世"冰河时期，日本列岛的南、北两端均与欧亚大陆相连，欧亚大陆东北部的原始人通过连接的陆地来到日本列岛，成为日本的原始居民。从距今12000年到公元前3世纪，是日本历史上的新石器时代，这一时期又被称为"绳纹时代"。公元前3世纪到公元2世纪是日本历史上的弥生时代。在这一时期，日本历史的发展受中国的影响非常明显。史学界普遍认为，公元前3世纪前后正值中国秦朝兴起和灭亡的时期，在连年战乱和苛捐杂税盛行的情况下，中国移民大量外逃，形成了一股"移民潮"。这些移民中的一部分到达日本，为其带去了相对先进的生产工具和农作技术。来自中国的青铜器和铁器等金属器械及水稻种植技术从日本的西南部传入，并向东北方向扩展，有力地推动了日本社会的发展。

在公元前后，北九州地区出现了一些地域性小国。为了增强自身实力，提高自身的权威性，这些小国主动与中国王朝政权交往，学习先进的生产技术和政治、典章制度。《汉书·地理志》记载，"夫乐浪中有倭人，分为百余国，以岁时来献见。"《后汉书·东夷传》也记载说，公元57年，"倭奴国奉贡朝贺，使人自称大夫，倭国之极南界也。光武赐以印绶"。半个世纪后，"安帝永初元年，倭国王帅升等献生口百六十人愿请见"。[1] 在日本同样有考古发现支持这些历史记载。在北九州地区弥生时代的遗址中曾发现许多青铜镜、货币等汉朝物品，1784年在福冈县志贺岛发现了东汉光武帝赐给倭奴国王的金印，上面刻有"汉委奴国王"字样。[2]

---

① 转引自王新生《日本简史》，北京：北京大学出版社，2005年版，第7页。
② 参见王新生《日本简史》，北京：北京大学出版社，2005年版，第7页。

公元 3 世纪开始，日本逐渐出现早期形态的国家。2 世纪末到 3 世纪初，在北九州地区（另有种说法是在近畿地区）出现了邪马台国。3 世纪中后期开始，在奈良县周围的畿内地区出现了一个较大的政权，史称"倭国"或"大和政权"。大和政权一方面趁中国的内乱插手朝鲜半岛事务，另一方面也积极向中国朝贡。据记载，从 413 年到 502 年，大和政权先后 13 次派使臣到东晋、宋、梁各朝要求给予册封。在民间层次上，3 到 6 世纪中国的战乱使得民众继续向日本迁徙。如果从 3 世纪算起，此后的 400 年间先后有上百万中国居民迁徙至日本诸岛。这些移民作为文化传播的载体不但将农业、手工业和文字等技术性文化带到日本，而且将儒家思想和佛教也带到日本。由此可见，中国文化对日本文化的影响是非常大的。当然，日本在接受外来文化的过程中一直都掌握着文化选择的主导权。比如在是否接受经儒家文化改造的佛教这一问题上，大和政权不同贵族之间就存在争论和分歧。因此，"文化接受的主导权仍然掌握在当地氏族贵族的手中，无条件地全面接受技术性文化与有选择性地接受思想制度文化成为古代日本吸收外来文化的显著特色"。[①]

到了 7 世纪，随着唐王朝的建立和兴盛，日本与中国王朝政权的交往再次活跃起来。从 630 年到 894 年，日本先后 20 次任命遣唐使，其中成行的有 16 次。另外还有 10 次非正式的日本使者前往中国。唐朝也先后 10 次派使团访问日本。日本遣唐使中的游学生和游学僧到中国学习先进政治制度、律令、文化及宗教等，回国后有的做了高级官员，有的创建佛教门派，有的进行文学创作，对日本的政治、经济、社会、文化产生了非常大的影响。

随着唐朝的衰落，"大唐凋敝"的信息使日本觉得派遣使团的必要性大大降低。894 年日本停止了持续两个半世纪的遣唐使政策。907 年唐朝灭亡后中国再次进入分裂和动乱时期，对日本的政治威慑力和吸引力都大为降低。日本与中国的政府间交往中断了大约 5 个世

[①] 王新生：《日本简史》，北京：北京大学出版社，2005 年版，第 13 页。

纪。概括来讲，"9 世纪中期以后，东亚大陆地区再次呈现出混乱状态，日本天皇朝廷为防止其混乱影响到日本，开始从积极的对外主义转向消极的孤立主义，因而推动其文化从'唐风'向'国风'转化。换句话说，其文化状态从全面引进阶段过渡到消化吸收阶段，并在传统文化影响下逐渐呈现出具有日本特色的文化"。①

"唐风文化"时期（大致从 645 年大化改新到 907 年）的日本文化受盛唐文化影响明显。作为最高统治者，天皇大力提倡儒学和佛教，在"大学"中有习《论语》《孝经》等经书的明经道、习律令的明法道、习汉文历史的纪传道等。同时也开设阴阳、历法、天文、医学等课程。宗教方面，将佛教国家化，建设了大批的寺院，名声较大的僧侣既是宗教学家、学者，也是地位较高的政治家，深得天皇信任。密教派别的兴起将佛教与传统神教相结合，强调"神佛共祭"，从而有力推动了外来宗教与本地宗教的融合。907 年之后，日本在吸收消化大唐文化的基础上，逐渐形成独特的意识和文化表现形式，即"国风文化"。外来宗教与本地宗教进一步结合，不仅"神佛共祭"而且强调"神佛合一"，即用佛教的普济众生理论来解释日本传统的宗教信仰。强调逃脱今世苦难、最终进入极乐净土的净土宗也获得了较大发展。诗歌、文学、艺术也均体现了明显的"国风文化"特征。总体而言，日本文化开始进入反刍和消化的阶段。

宋元时期，日本没有恢复与中国王朝政府的官方往来。宋王朝因内忧外患一直无暇东顾。元朝曾多次遣使要求日本朝贡，并先后两次派兵，分别发动了"文永之役"和"宏安之役"，无奈最终都以失败告终。镰仓幕府时期也受到宋元文化的影响，但与奈良时期不同的是，该阶段中国对日本文化的影响主要是通过民间交往产生的。在宗教方面，形成了 6 个新的佛教流派：净土宗、净土真宗、时宗、日莲宗、临济宗、曹洞宗。前四宗从日本旧佛教发展而来，在普通民众中影响较大；临济宗和曹洞宗来源于中国大陆，宣扬通过主观意识即可

---

① 王新生：《日本简史》，北京：北京大学出版社，2005 年版，第 40 页。

成佛，在武士之中影响较大。镰仓时代末期程朱理学也已传入日本，因其主张适合幕府的统治而受到执政者的大力支持和宣扬。

室町幕府时期（1378 年左右形成，持续两个多世纪）的南北朝，北山和东山两种文化的共同特征是贵族文化（公家文化）、武家文化和平民文化的相互渗透与融合，并在大陆文化、传统文化及地方文化的共同影响下逐渐形成了流传至今的日本文化。

16 世纪织田信长和丰臣秀吉统治时期的日本文化又被称为安土桃山文化。1543 年葡萄牙人乘坐中国走私船漂流到九州南部的种子岛，从此之后，西方文化开始对日本文化产生影响。当初日本人将葡萄牙、西班牙称为"南蛮人"，正是这些"南蛮人"将西方先进的产品、技术和科学知识最早带到日本。"神权高于君权""男女平等""个人自由"等天主教伦理道德也随之登陆日本。这些技术性和非技术性文化要素对于日本打开国门、以西方为师起到了非常重要的推动作用。

综观整个德川幕府时期（1603 年～19 世纪中叶），日本文化经历的是对西方文化由规避到逐渐接受的过程。起初，幕府默认天主教在日本的传播，后来由于意识到天主教人人平等的教义与幕府统治下的身份等级制度存在矛盾，并且发觉了西班牙和葡萄牙以传教为名开展殖民活动的野心，幕府于 1612 年颁布禁教法令，禁止直辖领地上的传教活动。同时，幕府也逐渐采取禁止私自对外贸易或往来的"锁国政策"。与此同时，"仁政""忠孝"等儒家精神则得到幕府的提倡。总体而言，在德川时代前期的学术思想界，儒学占统治地位。提倡"大义名分论"的朱子学、提倡"知行合一"的阳明学以及提倡直接研读孔孟经典的古学都得到一定发展。当然，最为受宠的是作为"官学"的朱子学。在镰仓幕府时期朱子学与佛学还是混合在一起的，但到德川幕府前期已经明确分离。日本朱子学者已经摆脱了佛教的世界观，致力于朱子学的独立。

到 18 世纪后半期，随着对日本历史实证性研究的深入，逐渐形成挖掘并强调日本固有文化的"国学"。该派思想家着力探讨未受儒学、佛学影响的日本古代思想，甚至有学者极力排除儒学及佛学，提倡尊重古代信仰的复古神道。国学的兴起为后来的尊王攘夷运动充当了理论先导，也是幕末时期排外主义和明治时期国粹主义的先声。除此之外，由荷兰人传入的西方技术和知识（此时称为兰学）也获得一定发展。幕末时期还出现了批判幕藩体制、提倡以改良应对外来危机的政治社会思想，称为"经世学派"。受商品经济发展的影响，以现实主义、享乐主义为特征的"化政文化"也得到一定的发展。

　　到19世纪中叶，生产力发展以及随之而来的社会利益结构变化使德川幕府统治面临很多难题。面对西方资本主义的扩张势力，改革的压力进一步增强。在内外压力共同作用下，以下级武士为中心的改革派推动了在日本历史上具有里程碑意义的"明治维新"。他们起初认为生活困难源自国外压力，因此以"攘夷行动"为名，多次实施袭击外国人的行动。后来长州藩的武士们逐渐将"攘夷行动"演变成天皇权威下打击外国势力的"尊王攘夷"行动。后来长州藩和萨摩藩的下级武士均意识到在武力悬殊情况下进行"攘夷"是不可能的，只有通过向西方学习发展经济实力才是可行的。随即，长州藩与萨摩藩的下级武士联合，其纲领也由"尊王攘夷"转向"尊王倒幕"。1866年12月明治天皇即位，并与萨摩、长州的倒幕派取得联系，从幕府手中成功夺回统治权。1868年3月，新政权颁布《五条誓文》："广兴会议，万机决于公论；上下一心，盛行经纶；公武同心，以至于庶民，须使各遂其志，人心不倦；破旧来之陋习，立基于天地之公道；求知识于世界，大振皇基。"[①] 1869年明治天皇迁都东京，并通过政治体制、身份等级制度、土地制度以及工商业制度改革，大力推动发展资本主义经济。

　　明治维新在日本历史上具有里程碑式的意义。它标志着日本改变了传统上以中国为师的习惯，转而向生产力水平更高的西方资本主义国家学习。此后，日本在政治制度、思想文化、宗教信仰和生活方式

---

　　①　王新生：《日本简史》，北京：北京大学出版社，2005年版，第106页。

上都主动向西方学习，并迅速西化。在宗教领域，该时期有两项标志性政策。一是大力扶植日本传统神道教，将神道教与佛教分离，设置神社制度，并建立了祭祀在戊辰战争中死去的政府军士兵的"招魂社"（即今日的靖国神社）。二是明治政府于1873年撤销了禁止基督教的法令，重新允许基督教在日本传播。在思想界，学者们不但翻译了大量关于西方思想文化的著作，而且也撰写了许多介绍英国功利主义和法国天赋人权思想的著作。其内容既包括抽象的政治思想，也包括具体政治制度，还牵涉经济组织和法律知识等内容。启蒙思想家中最著名的是福泽谕吉，此外还有加藤弘之、中村正直、江兆民、田口卯吉、植木枝盛等。在西方政治思想影响下，日本相应出现了自由民权运动、民族主义、宪政主义等各种带有西方色彩的社会思潮，并最终启动了宪政政治实践。

明治维新为日本带来了政治进步、文化革新和社会经济的迅速发展，这使日本在东亚地区一枝独秀。20世纪初期，随着在经济领域主导地位的确立，资产阶级要求政治制度的变革，力图削弱藩阀和军部势力对天皇权力的把持或干预，以获取相应政治地位。反映资产阶级这一诉求的学者有美浓部达吉的"国家法人"理论和吉野作造的民本主义。美浓部达吉的"国家法人"思想强调国家的整体性，带有较强的整体主义主权观的色彩。吉野作造的民本主义则忠实遵循了自由主义思想传统，他主张主权行使者必须尊重一般民众的福利与愿望，因为民众的利益是最高的政治价值。为了达到这一目标，必须实行以政党政治为基本形式的宪政体制。在对外政策方面，也出现了石桥湛山主张贸易立国、反对领土扩展的"小日本主义"和以北一辉为代表的主张对内实施军事统治、对外进行侵略扩张的法西斯主义政治外交思想（类似者还有大川周明、近卫文麿）。正是这一思想引导日本政权在20世纪30年代全面右转，自由主义、民主主义主张受到严重挤压，军国主义成风，并最终导致了日本对中国及东亚其他国家的全面侵略战争。

二　家元：日本社会结构的核心要素

日本的传统社会结构与中国的传统社会结构既有很大程度的相似性，又存在非常明显的区别。文化人类学家许烺光将中国、印度和美国的社会结构的核心特征分别界定为氏族（Clan）、种姓（Caste）与社团/俱乐部（Club）。[①] 即氏族、种姓与社团分别是中国、印度和美国的次级集团（所谓次级集团是指居于家庭与社会之间的中间社会组织）。中日两国的家族均属于父系制家庭，强调孝道，推崇敬老精神，也都存在祖先崇拜传统。婚姻不完全是当事人自己的事情，需要服从家族安排。但是，中日两国传统社会中的家庭除了这些共同特征之外，也存在一些显著差异。这些差异实际导致了中日两国社会结构的不同特征。

按照许烺光的分析模式，在由亲子组成的初级亲属组织（单位家庭）和部落、国家这类以语言、风俗、法律之类来划分的最终网络之间的"次级集团"决定着社会结构的核心特征。比如，氏族、种姓、社团分别是中国、印度和美国社会中的次级集团，这些拥有不同构成和运行逻辑的次级集团造就了中、印、美各自不同的社会形态。次级集团在初级亲属组织和最终网络之间架起桥梁，构成了社会的主体脉络。不过，次级集团与初级亲属组织之间不是任意搭配的关系。事实上，初级亲属组织的构成和运作原理决定了与之相适应的次级集团的特征。换言之，一个社会初级亲属组织的构成、运作原理及核心特征是整个社会形态的根基所在。它的特征决定了次级集团的特征，并进而决定了整个最终网络的特征。中国的家庭中是父亲与儿子占有优势地位，与之相适应的次级集团便是强调父系血缘的氏族；印度的家庭中是母亲占有优势地位（母子优位），与之相适应的次级集团便是强调稳定归属感和优越感的种姓；美国的家庭以夫妻关系为核

---

① 参见〔美〕许烺光著，薛刚译：《宗族·种姓·俱乐部》，北京：华夏出版社，1990 年版。

心，因此与之相适应的是强调平等关系的社团。日本社会形态与中国相近的程度要远高于与印、美的相似程度，但这绝非将日本与中国视为完全相同社会形态的理由。事实上，深入观察就会发现二者之间非常深刻的差别。

日本"家"的概念与中国是不一样的。在中国，"家"的成员之间必须有血缘或婚姻关系，而在日本，没有亲属或婚姻关系的人也可以成为"家"的成员。由"家"的这一重要不同点向外延伸，就出现了中日之间不同的次级集团。在中国，作为次级集团的氏族是由父系亲属集团向外扩展而成的，其联系的唯一纽带是血缘关系。在日本，作为次级集团的"家元"（iemoto），[①] 其构成既有亲属集团的向外扩展，同时还有因学习技艺或长期服务关系而加入的各类门徒、家仆等（嫡系、旁系亲属及没有亲属关系的成员）。"家元的师傅就是他的家元的家元长（Iemoto of his iemoto）。在最夸张的形势下，它可以是个有百万以上成员的庞大的社会金字塔组织。在金字塔顶是大家元或他的继承人，以及最直接的弟子。这便是家元之长。填入金字塔的就是一组一组的门徒，每组以一位师傅及其弟子为中心，形成一个分家元，接着是第三代门徒及其弟子的集合，每一组形成一个第三代的家元，诸如此类。"[②] 家元是日本的一种生活方式和社会联系方式，是人们在小家庭之外的重要联系方式。这种联系方式影响着人们对自我的定位和对待其他人的方式，从而成为一种社会结构。它决定了日本人处理社会人际关系的基本逻辑，也决定了日本人处理与外部世界关系的原初逻辑。家元除本身是一种主要社会组织形态之外，还非常深刻地影响着人们的观念和行为方式，因而实际决定了日本的整体社

---

① "家"即指家庭或家族，"元"是指原本或根源之意，故"家元"意即"家族之本"。换言之，"家元"是以家族之根为中心的一种由中心向外扩展的社会团体。"家元"是日本独有的一种社会团体，在中国和西方均没有确切的与其对应之物。

② 〔美〕许烺光著，于嘉雲译：《家元》，台北南天书局，2000 年版，序，第 17 ~ 18 页。

会结构和社会形态。

比较表2-2中的三种集团可知，家元与家或同族相比，具有更强的权威性、包容性和自愿性。事实上，以家元为核心逻辑和本质特征的日本社会结构与中国氏族社会结构的一个很大不同正在于其更强的权威性和包容性。这一特点最初起源于家的构成。由于非婚姻、血缘关系的人可因师徒或主仆关系加入一个家庭，成为该家庭的成员，日本的家族实际淡化了"血缘"的根本重要性。这一特征在次级集团"家元"中得以继续展现，甚至有一定程度的加强。[1] 许烺光认为，正是日本的家元或人际关系，使其在19世纪中叶能够更好地适应工业现代化与民族主义。这是因为，从传统社会过渡到现代社会，日本无须进行大规模的、根本性的社会结构改造，人们无须进行心理文化上的重新定位。[2]

表2-2 日本社会中家、同族和家元的组成属性[3]

集团	属性	
	主	副
家	延续性 排他性 权威性(强化的)	间断性 包容性 自愿性(萌发的)
同族	延续性 排他性 权威性(更强化的) 自愿性	间断性 包容性
家元	延续性 排他性 包容性 权威性(更加强化的) 自愿性(非常重要)	

---

① 许烺光因而认为日本的家元制度与印度的种姓制度极为类似，见〔美〕许烺光著，于嘉雲译：《家元》，台北南天书局，2000年版，第163页。
② 〔美〕许烺光著，于嘉雲译：《家元》，台北南天书局，2000年版，序，第19页。
③ 〔美〕许烺光著，于嘉雲译：《家元》，台北南天书局，2000年版，第66页。

三 界定日本传统价值体系的核心特征

一个社会的价值体系均适应于其赖以存续和发展的社会结构，日本自然也不例外。与社会结构一样，日本的价值体系与中国传统价值体系既存在很多共同点，又存在显著差异。为与全文主题相契合，探讨日本价值体系也主要沿三个向度展开：在世界观和秩序观问题上分析其与中国的相似之处；在价值追求层次上主要探讨个人—集体关系及社会关系的本位；在价值逻辑上探讨日本社会关系的道德逻辑。①

（一）准"家—国—天下"的世界观与秩序观

政治行为、政治制度以及政治意识是深受社会结构和主流价值体系影响和塑造的。在近代主权国家观念到来之前，日本人的政治意识同中国一样，也是只认朝廷，不谈国家。由于自然地理条件的相对孤立状态，日本在16世纪之前基本上只与中国和朝鲜有交往，是不可能形成民族国家意识所需要的世界观和秩序观的。然而，孤立状态虽然不能为日本人提供主权国家体系所需具备的世界观和秩序观，但却有利于其民族和文化的统一性。日本的民族混合和高度单一的文化发展经历了一个非常漫长的过程。在这一过程中，由于有朝鲜，特别是强大的中国作参照，日本很早就自觉地将自己视为一个独特和纯正的民族，并且形成了根深蒂固的单一大家庭意识。这种意识对于日本文化主体性的形成具有十分重要的作用。6世纪日本主动引进中国文化，9世纪开始又有意识地将中国文化与其原有文化结合，创造出新的文化体制。此后，尽管依然可以清楚地看出与中国的联系，但日本文化已基本不同于中国文化，也不同于日本早期文化了。

---

① 对日本文明的相关分析可参见〔美〕埃德温·O. 赖肖尔、马里厄斯·B. 詹森著，孟德胜、刘文涛译：《当今日本人：变化及其连续性》，上海：上海译文出版社，1998 年版；Shmuel. N. Eisenstadt, *Japanese Civilization: A Comparative View*, Chicago: University of Chicago Press, 1996; Johann P. Arnason, *Social Theory and Japanese Experience: The Dual Civilization*, London: Kegan Paul International, 1997。

与自主性的文化吸纳与整合相对应的是日本国内政治体制的变迁。日本早期国家形态受神道影响明显。"非同一般的人或令人敬畏的人，很容易被当作神来加以崇拜。领导人既是最高的祭司，又是世俗的统治者。"① 日本天皇制度经早期邪马台国和大和政权的萌芽，并经推古朝改革和大化改新最终得以确立。天皇在理性上既是本国神道的宗教领袖，又是类似中国的世俗王朝君主。事实上，在日本整个历史上，天皇发挥后一种作用的时期并不多见。"七世纪时，天皇已经在很大程度上成为权威的象征，而不是个人权力的行使者了。"② 之后，日本逐渐进入封建割据的状态之中。与同时期西欧封建体制相似，中央权威受到严重削弱，甚至出现天皇将自己写的字拿出去变卖的情况。地方势力发展壮大，对侍臣和土地拥有绝对控制权，俨然一个个小王国。地方集团为寻求保护而联合起来，武士实际成为地方小贵族。16 世纪，经由织田信长、丰臣秀吉和德川家康三位军事首领的努力，日本在政治上又重新获得了统一。尽管经历了长达 7 个世纪的封建割据，但由于作为共同精神象征的天皇的存在，日本大家庭的意识并未遭到严重削弱。日本这种大家庭意识和主体性意识使其在幕末时期甚至提出了日本型华夷秩序的构想。③ 由此可见，虽然日本不像中国那样是纯粹的世俗政权，但用"家—国—天下"来概括日本的传统世界观和秩序观也是比较合适的。

（二）"个人"缺位与秩序崇拜

在论述中国传统价值体系时已提及，中国社会结构和文化传统是不强调个人的。在社会结构上，中国是一个"关系本位"的社会；在行事逻辑上，中国是一个讲究"反求诸己"、强调责任伦理

---

① 〔美〕埃德温·O. 赖肖尔、马里厄斯·B. 詹森著，孟德胜、刘文涛译：《当今日本人：变化及其连续性》，上海：上海译文出版社，1998 年版，第 41 页。

② 〔美〕埃德温·O. 赖肖尔、马里厄斯·B. 詹森著，孟德胜、刘文涛译：《当今日本人：变化及其连续性》，上海：上海译文出版社，1998 年版，第 43 页。

③ 参见陈秀武《近代日本国家意识的形成》，北京：商务印书馆，2008 年版，第 77 ~ 88 页。

的社会。如此一来，作为个体的人，在社会结构中不具有明显的主体地位，社会价值也不推崇对个人权利的追求和强调。在中国传统社会结构和价值体系中，作为个体的人没有受到较高程度的重视。在这一点上，日本与中国是极为相似的。正如埃德温·O. 赖肖尔（Edwin O. Reischauer）所言，"日本人同美国人或一般西方人之间的最大差别，莫过于日本那种更强调集体、牺牲个人的倾向了"。[①]侧重集体的日本人在家庭中体现为对父亲权威的尊重，在家庭之外的团体中体现为对某种身份的追求以及因该身份而获得的满足感，比如古时的"藩主—随从"体制、村落团体，今天的公司、行业协会、学校，以及其他各种类型的社会团体。日本人喜爱各种类型的集体活动，他们似乎天生倾向于过集体的生活。对集体观念的强调使得日本人在个人与集体、个人与个人的关系上都表现出其独特的性质。

关于个人在集体中的定位，露丝·本尼狄克特（Ruth Benedict）将其总结为"各就其位"。这一词语非常准确地概括了日本社会中个人与集体关系的性质：一方面，日本的个人在集体中获得某种身份，以此身份行事，并因此身份而获得满足感；另一方面，日本的集体是一种带有较强等级制特征的集体。如前所述，日本的"家元"是一种大金字塔式的结构。在这样的等级制集体秩序中，作为个体的每个人，所要做的是根据自己所处的地位，以适合该身份的规则来规定和约束自己的行为，各司其职、各就其位，从而谋求集体的和谐。以上仅从"个人—集体"的二元对立模式来分析日本社会价值体系对集体的强调和对个人的忽视，实际上，在日本，"在关于人与人之间的关系、人与国家之间关系的整个观念中，日本人

---

① 〔美〕埃德温·O. 赖肖尔、马里厄斯·B. 詹森著，孟德胜、刘文涛译：《当今日本人：变化及其连续性》，上海：上海译文出版社，1998 年版，第 126页。

对等级制的信赖是一种基本的信赖"。① 因此，除了"个人—集体"这一西方式的分析范式之外，还要具体考察日本社会中个人与个人、个人与小集团以及个人与大集团之间的关系。这一系列关系的运作机理便是等级秩序。在家庭中，"基于性别、辈分和长子继承权的等级制是家庭生活的重要组成部分"。② 孝道是一种崇高的家庭伦理法则。当然，日本的孝道与中国的孝道并非完全一致，日本人的"孝道"仅局限于抬头不见低头见的家庭成员之间。"孝道"只适用于一个几乎只包括父亲、祖父、兄弟以及后裔的团体里，一个人要根据辈分、性别和年龄，找到自己的位置。日本的孝道与中国的孝道相比，在纵向上仅局限于有限的几代之间，在横向上仅限于最小的家庭单位。中国的孝道对已逝先祖的祭祀和对同姓氏族的忠顺要远胜于日本。这或许源于日本社会的家元结构以及古时日本仅贵族和武士家庭被允许使用姓氏的传统。日本人在家庭中习得等级观念，然后将其运用到广泛的政治、经济、文化生活之中。在日本的封建社会时期，社会被精密地分为不同的等级。最高等级是皇室和宫廷贵族，除此之外分为士（武士）、农、工、商四个等级，在它们之下则是占人口最大比重的贱民（秽多）。当然，日本的等级制度与古代印度封闭式等级制度又存在很大不同。这是因为，日本等级制度中还存在一些变通手段使得阶级变动成为可能。一个人可以因为经济地位的提高、被收养、通婚等提升自己在等级制中的地位。这也正是日本贵族阶级和资产阶级之间没有出现明显阶级矛盾和阶级斗争的主要原因之一。

总之，在个人—小团体—大团体的序列中，日本社会价值体系同中国一样，缺少对个体人的强调，在家元式社会结构和等级制社会体系中，个人通过各就其位的行为方式来获得满足感。随着政治现代化

---

① 〔美〕露丝·本尼狄克特著，北塔译：《菊与刀——日本文化面面观》，上海：上海三联书店，2007 年版，2010 年第 3 次印刷，第 30 页。

② 〔美〕露丝·本尼狄克特著，北塔译：《菊与刀——日本文化面面观》，上海：上海三联书店，2007 年版，2010 年第 3 次印刷，第 34 页。

进程的发展，日本传统社会等级制遭到严重摧毁，但在政治领域之外等级秩序依然广泛存在。对集体观念的强调是日本人的天性使然，合作精神、通情达理、体谅别人在日本是最值得称颂的品格；相反，个人奋斗、创造性、坚强有力、个人信仰却并不为日本社会视为美德。通过微妙的语言交流、领悟彼此的信念和立场，并通过相互理解、谈判、协调，避免公开对抗而达致共同同意是日本人努力追求的一种和谐状态。这一路径又进一步强化了日本人的团结和对集体的强调。日本的等级制因其象征意义大于实际意义、按资排辈等特点避免了许多因竞争而起的冲突。因此，对集体的强调和对等级制的向往并不等同于政治上的集权和对人性的压制。事实上，之所以有这层担心，还是根源于西方"个人—集体""自由—秩序"二元对立式的思维模式，似乎只要不强调个人就是强调集体的等级制暴政、对秩序的向往就是对自由的侵蚀和破坏。实际上，个人与集体、自由与秩序本就是相辅相成的概念，不突破西方二元对立式的思维定式，是难以深刻理解日本价值体系的精髓的。

（三）报恩与报仇的平账式道德逻辑

再看日本价值体系的第三个向度，即日本社会价值体系的道德逻辑。与西方相比，日本的道德逻辑不倾向于遵从普遍性的道德准则，而是因情势而异，具有较强的相对性特征。若要追根溯源，道德逻辑的不同或许源自东西方思维方式的差异。如果说东西方均以二元论来看待世界的话，那么在对二元的界定和对其相互关系的理解方面却是非常不同的。在道德问题上，西方的二元分别指"善"与"恶"，毫无疑问，二者非此即彼，势不两立，始终进行着"生死搏斗"。东方的二元指的是"阴"与"阳"，比如东方文化习惯于将白天与黑夜、男人和女人分别视为"阳"和"阴"，与之相应，东方的二元逻辑是二者间的互补、平衡与和谐。[①] 在差异如此显著的两种思维模式下，

---

① 〔美〕埃德温·O. 赖肖尔、马里厄斯·B. 詹森著，孟德胜、刘文涛译：《当今日本人：变化及其连续性》，上海：上海译文出版社，1998 年版，第 140 页。

东西方的道德逻辑也就明显不同。西方文化的道德逻辑是界定出明确的善恶标准，进而追求"善"，抵制"恶"。人们一旦为"恶"，便会在心中产生罪恶感，因此被称为"罪感文化"。东方的道德标准带有较强的变通性，根据不同的情势，行为标准可能会出现转化。因此，东方很少以抽象的道德原则进行思考。

但是东方文化内部在道德逻辑上也存在明显的不同。如前所述，中国伦理的核心精髓是"反求诸己"，即在各种社会关系中，强调互动各方的义务，强调反省自身，对待他人要以"仁"为本。所以说，尽管中国的伦理逻辑也是带有较强的相对性，对君臣、父子、夫妇、兄弟和朋友五种关系有各自不同的伦理要求，但是中国的伦理逻辑中有一个共同的核心逻辑——"仁"。这一点又使其拥有了一定程度的普遍性。日本的道德逻辑则不同。它的核心概念是"amae"，"amae"一词很容易同中国和日本古代社会的"恩"字相混淆。二者实际代表着不同的作用方向。"恩"一般是指一方赐予另一方的好处，比如统治者、封建领主或父母所赐予的仁慈或恩惠。"amae"则指代与之相向的方向，即"表示受恩者对施恩者的无限感激之情"。① 由此看来，我们大致可以将"amae"译为"报恩"（"报恩"实际亦难以完全涵盖其意义，因为它还包含有"复仇"之意，关于这一点，后文还将提及），而日本传统的道德逻辑也大致可归纳为"报恩伦理"。

报恩伦理的核心内涵可概括为"受恩不是美德，而报恩是。美德始于你全力以赴的感激行为。"② 在日本传统社会中，所有人都认为自己受了大恩大德，为了报恩他们就毫无怨言地履行应尽的义务。报恩在日本人看来是为了消除负债感，以寻求内心的安宁。日本人在接受陌生人帮助时内心会非常不安，因为接受别人的慈善与慷慨会欠

---

① 〔美〕埃德温·O. 赖肖尔、马里厄斯·B. 詹森著，孟德胜、刘文涛译：《当今日本人：变化及其连续性》，上海：上海译文出版社，1998 年版，第 140 页。

② 〔美〕露丝·本尼狄克特著，北塔译：《菊与刀——日本文化面面观》，上海：上海三联书店，2007 年版，2010 年第 3 次印刷，第 80 页。

别人一笔人情债，需要日后竭尽全力去设法报恩。因此，日本人经常说："受恩要有天生的慷慨（意在强调其难以达到）。"①

日本人所受之恩大致包括来自天皇的皇恩、来自父母的亲恩、来自主子的主恩、来自老师的师恩，以及一生中所接触的其他各种关系的人所给予的恩德。相应地，日本的报恩伦理就依据恩德的来源而展开。报恩被分为义务报恩和情义报恩两种。所谓义务报恩，主要指无论是否获得直观的恩德，均需无条件、无限期地报恩，并且即使如此也不能完全还清恩德。义务主要包括对天皇的"忠"、对父母及祖先的"孝"，以及对自己工作所应负的"职责"。所谓情义报恩，主要是指对人情债的偿还，这种偿还要求在数量上是对等相当的，在时间上也是有限的。情义又分为对社会的情义和对自己的情义。对社会的情义主要包括对君主的义务、对姻亲的义务、对远亲的义务（因源自共同祖先而负有）、对非亲属（因受恩而产生）的义务；对自己的情义是指维护或挽回自己"名誉"的义务，比如在名誉受损时负有洗刷名誉的义务，为了维护名誉有否认自己在专业上失败或无知的义务，每个人都有遵守各种礼节及克制情绪外露的义务等。②

就日本人的道德义务而言，"忠"和"孝"是强制性的，并且是无条件的。前文已提到，中国伦理逻辑将"仁"设定为超越一切的美德，是"忠"和"孝"的条件。但是日本没有接受这一"最高道德原则"，起码没有将其视为最高道德原则。"仁"在日本遭到降格，甚至不是必备的品德。在"仁"缺位的情况下，对天皇的"忠"便成了日本道德逻辑中的最高美德，"孝"也是一项不得不履行的义务，哪怕孝行是为了掩盖父母的罪孽。不过，当"孝"与"忠"冲突时，"孝"要让位于"忠"。"忠"的最高道德地位在日本不容置

---

① 〔美〕露丝·本尼狄克特著，北塔译：《菊与刀——日本文化面面观》，上海：上海三联书店，2007 年版，2010 年第 3 次印刷，第 99 页。

② 参见〔美〕露丝·本尼狄克特著，北塔译：《菊与刀——日本文化面面观》，上海：上海三联书店，2007 年版，2010 年第 3 次印刷，第 81~82 页。

疑，这一点在 1945 年天皇宣布投降的过程中表现得极为典型：在天皇的声音上电台之前，激烈的反对派想尽一切办法力阻电台播放投降诏书。但是诏书一被宣读，就被毫无保留地接受了。"无论是在满洲里或爪哇的前线指挥官，还是在日本国内的东条英机们，没有一个站起来表示反对。"①

上述情义（即对个人名誉负有的义务）对日本道德逻辑的内在张力具有极为关键的意义。如前所述，情义既包括对社会的情义也包括对自己的情义，并且对自己的情义中包含报世仇家恨以洗清名誉的内容。可见，情义既包括报答，也包括报复。这一特征与中国道德逻辑极为不同。在中国，无论何种情势，滥用武力都是不正当的行为。在日本则不然，情义逻辑实际就是履行契约的逻辑，更直白地说就是一种平账逻辑。由于各种情义之间，以及情义和前述的各种义务之间可能会出现冲突，此时就显现了"情义逻辑"的严重弊端。它极易导致人们因"情义"所迫而践踏自己的正义感，因此他们经常说，"因为'情义'，我无法坚持正义"。② 由于日本道德逻辑中的"情义"因素（特别是对个人的情义），人们又将其称为一种"耻感文化"。③ 日本著名的《四十七士》等文学作品正是对这种价值内在张力最鲜活的展现。

最后，由于日本文化有非常烦琐的礼仪规矩，日本人总是比较腼

① 〔美〕露丝·本尼狄克特著，北塔译：《菊与刀——日本文化面面观》，上海：上海三联书店，2007 年版，2010 年第 3 次印刷，第 92～93 页。
② 〔美〕露丝·本尼狄克特著，北塔译：《菊与刀——日本文化面面观》，上海：上海三联书店，2007 年版，2010 年第 3 次印刷，第 99 页。关于日本文明的这种相对性和内在张力亦可参见 David Leheny, The Samurai ride to Huntington's rescue: Japan ponders its global and regional roles, in Peter J. Katzenstein, ed., *Civilizations in World Politics: Plural and Pluralist Perspectives*, Routledge, 2010, pp. 114 – 136.
③ 〔美〕埃德温·O. 赖肖尔、马里厄斯·B. 詹森著，孟德胜、刘文涛译：《当今日本人：变化及其连续性》，上海：上海译文出版社，1998 年版，第 140 页；尚会鹏：《"姬百合之塔"、"耻感文化"与大国梦——日本文化漫谈之三》，载《当代亚太》1995 年第 8 期，第 3～6 页。

腆、拘谨和敏感。他们在与陌生人交往时往往显得较为沉默和不自在，总担心自己做得不好和别人会怎样看待自己等问题，往往表现得局促不安。因此，日本人往往习惯于在较小的圈子内交往，并且日本文化的道德逻辑也以小圈子内人们交往的规范性约束为主，比如"孝"的适用范围就很小。这一特点导致日本人在离开圈子时往往面临道德原则缺位的尴尬。换言之，在圈子之外较为生疏的环境中，日本人相对缺乏明确的指导思想。这也解释了为什么侵华战争时期日本人在实施各种暴行时没有负罪感和耻辱感。问题的关键在于，在日本人圈子之外的陌生环境中，恶行并不会为其带来圈子内部的耻辱感和负罪感，因此道德约束力也就几近于无。圈子内部的道德约束如此严格，圈子之外的道德约束又如此虚弱，导致日本人在不同情景中道德行为表现迥异。

表 2 - 3　日本传统价值体系的核心特征

构成要素	本质特征
世界观和秩序观	准"家—国—天下"式世界观和秩序观
社会本体论	"家元"主体；"秩序"本位
伦理规则	各就其位；报恩/仇的平账式逻辑；团体内外"耻感"程度差别明显

第三节　东南亚文化的发展历程与
价值体系的总体特征

近几十年来，学者们越来越倾向于将东南亚视为一个整体，尝试重建东南亚的历史叙述。霍尔（D. G. E. Hall）曾强调，"看东南亚历史，要以其自身的观点而不能用任何其他的观点，这样才能看准"。[①] 不过，在

---

① 〔英〕D. G. E. 霍尔：《东南亚史》（上册），北京：商务印书馆，1982 年版，第8 页。

这一主张的内部又出现了两派观点，一派观点认为东南亚地区的观念主要是外来文化影响的结果，没有自己的本源文化；另一派观点则认为世界主要文明在东南亚扎根的过程中已经被东南亚原有文化改造并本土化了，因此主张从东南亚的主体性出发开展研究。将东南亚作为一个整体进行研究的观点得到了学者们的普遍认可，但关于东南亚文化的发展到底应以主体性文化为基线还是以外来文化影响为基线的争论尚未形成统一认识。这本身也反映了东南亚文化的多样性与复杂性。

不管东南亚的整体性是否显著，当"东南亚"已经成为一个明确的称谓时，它便成为一个社会事实。这一概念在世界范围内的广泛运用不可避免地会加强东南亚地区人们对这一概念的认同，进而强化地区认同。而二战后该地区以东盟为标志的国际关系实践也有利于这一认同的强化。因此，无论东南亚文化是如何的多样与复杂，尝试对其进行整体性叙述都已经成为一项必要的工作。

但是，一个难以回避的问题是：该如何看待东南亚文化的主体性与延续性？毫无疑问，仅从欧洲的视角以殖民主义的眼光来看东南亚是不可行的。东南亚既不是"扩大了的欧洲的帷幕"，也不是印度或中国文化的延伸，而是有其自身显著的文化特征的。但是，在这个问题上我们也要避免走向另外一个极端，认为历史上和当今的东南亚一直沿着自身的文化逻辑发展，外来文化都没有产生过深刻的影响。一个众所周知的事实是，古代东南亚深受印度文化和中国文化影响，后来又先后受到伊斯兰教和基督教的冲击，这些"外来文化"在东南亚社会结构和价值体系中留下了深刻的痕迹，并至今发挥着显著影响，无视或轻视这些外来文化同样会导致对东南亚文化的误解。事实上，"东南亚或许是最难以以伊斯兰或任何单一文明范式进行描述的地区"。①

---

① Bruce B. Lawrence, "Islam in Afro-Eurasia: A Bridge Civilization", in Peter J. Katzenstein, ed., *Civilizations in World Politics: Plural and Pluralist Perspectives*, Routledge, 2010, p. 159.

　　由于东南亚研究是一个相对年轻的领域，学界对东南亚的历史分期也存在争议。在国内，梁志明教授与贺圣达教授都倾向于将古代东南亚史分为三个时期：一是原始时期，从远古到公元初年左右；二是古代文化孕育期，从公元前后到 10 世纪；三是古代文化的成型和发展期，从公元 10 世纪前后至 19 世纪初。①此外，贺圣达教授还将 19 世纪中叶到 20 世纪 40 年代的时期称为东南亚历史文化的近代时期，将 20 世纪 40 年代以来的时期称为现代时期。根据本文的研究框架设计，我们需要将成型后的东南亚古代文化作为分析的起点，因此以下将简要探讨东南亚古代文化的孕育、成型及其主要特质。

一　古代早期的东南亚文化

　　从公元初到 10 世纪，东南亚一直处于早期封建社会的初级发展阶段。所谓古代早期的东南亚文化，就是指从早期国家开始出现到形成较为成熟、统一的封建国家这段历史时期内所形成的文化。

　　在该阶段，东南亚居民活动地域的中心由早先的河流上游和海岛高地迁徙至沿海或大河流域更为广阔的低平地带。总体而言，该时期的国家尚属部落国家，虽然具有了国家的雏形，但严格来说尚未迈入文明社会门槛。由于这些主要集中于大河流域或沿海地区的国家之间尚未连成一片，国家及其构成民族尚不具备稳定和鲜明的特色，流域文明和沿海文明都还没有形成具有较强整体性和自身特色的区域。因此，这段时期东南亚文化的发展是分散的而非整合的，不存在一个统一的文化中心，也没有形成统一的、普遍适用的价值体系。

　　同时，自公元前后始，东南亚的文化发展轨迹出现了一个非常大的变化。如果说此前的原始社会时期东南亚文化主要受中国影响的

---

　　① 参见梁志明《东南亚古史研究视角、分期与发展进程》，载梁志明等著《古代东南亚历史与文化研究》，北京：昆仑出版社，2006 年版，第 16～36 页；贺圣达《东南亚文化发展史》，昆明：云南人民出版社，2011 年版，第 17～26 页。

话，那么此后的东南亚早期国家的文化则受到印度和中国两大外来文化的影响。与之相应，该时期东南亚文化具有两个极为显著的特征：一是当地原始文化与本土化了的外来文化在该地区共存；二是主流文化或曰官方上层文化是在印度文化和中国文化的影响下发展起来的。① 外来文化输入后，东南亚本地的传统文化与之互相融合，有选择地吸收，逐步形成了具有特色的东南亚民族文化。具体来看，中国文化传入后，东南亚根据自身需要，经当地统治者的取舍，不断促使其与当地原有文化结合，逐渐塑造了具有东南亚地区自身特色的文化。佛教和印度教传入后也不再保持原来的形态，它们逐渐本地化、民族化，因而能在东南亚国家扎下根来。除现今越南北部地区以外，该阶段东南亚其他地区都受印度文化的影响，以致赛代斯将其称之为"印度化国家"。② 源自印度的大、小乘佛教和印度教在该时期可以并行或相继存在于东南亚。

印度文化和中国文化在东南亚的影响范围和影响方式是不一样的。由于自身的非宗教性和对文字能力的过高要求，中国文化在东南亚的传播范围并没有印度文化广泛。在早期国家时期，中国文化的影响主要集中于越南北部地区。在中南半岛的占婆、扶南、真腊、骠国、堕罗钵底以及海岛的室利佛逝等国，则主要受印度文化影响。印度在东南亚的早期影响是由民间开始的，带有较强的贸易往来性质。随着交通与贸易的发展，印度的婆罗门教和佛教得以传入东南亚。事实上，印度对东南亚最为突出的影响就表现在宗教方面。这是因为，一方面，印度文化本身就是一种宗教文化，另一方面，印度宗教传入后能够较好地吸纳和融合当地原有信仰，为其在东南亚扎根和繁荣提供了必要条件。"这些早期国家往往同时在不同程度上接受印度教和

① 贺圣达：《东南亚文化发展史》，昆明：云南人民出版社，2011年版，第43页。
② 赛代斯叙述了自公元初至1511年的东南亚历史，考察了印度文明对东南亚各国的影响。参见〔法〕赛代斯著，蔡华、杨宝筠译：《东南亚的印度化国家》，北京：商务印书馆，2008年版。

佛教，兼容这两种宗教，形成一种复合的宗教文化。"① 这一进程对于日后东南亚文化的发展变迁具有十分重要的意义。

二　东南亚古代文化的成型

自公元 10～11 世纪始，东南亚进入古代集权封建王国时期。进入集权体制国家时期后，半岛地区国家主要集中于大河中下游地带。真腊、越南、蒲甘、暹罗、老挝先后出现中央集权王国。同时，在海岛地区也先后出现了位于马六甲周围区域的室利佛逝、满者伯夷、马六甲王国，位于菲律宾的麻逸国、苏禄王国，以及棉兰老岛上的马巾达瑙苏丹王国等海上商业王国。与之相适应，东南亚国家中的主体民族趋于成熟，东南亚古代文化的基本面貌和大多数东南亚国家的民族文化在这一时期也得以形成。东南亚文化因而进入一个成型期。②

在半岛地区，该段时期文化发展的主要特征表现为随着中央集权国家体制的发展，各国家间的主体民族逐渐形成，文化—宗教信仰方面的特色也逐渐显现。越族于 10 世纪建国后继续主动吸纳中国文化尤其是儒家文化，并沿袭和发展了由中国传入的佛教，形成越南自己的教派竹林派等。在中南半岛中部，泰语语系民族大约在 8 世纪进入，并于 13 世纪崛起，先后建立素可泰、阿瑜陀耶、曼谷王朝。缅族进入中南半岛西侧，先后建立了蒲甘、东吁和贡榜这三个以缅族为主体的封建王朝。泰缅两国都以小乘佛教作为民族宗教。柬埔寨在吴哥时期曾盛极一时，受印度教和大乘佛教影响颇深，但到 13 世纪以后逐渐转向了小乘佛教。

与之相比，海岛地区在 14 世纪发生了一次剧变。印度教和佛教在室利佛逝时期曾经盛行于海岛各地，直到满者伯夷王朝前期还占主导地位。但是，随着伊斯兰教的迅速扩展，它逐渐取代了原来印度教

---

① 贺圣达：《东南亚文化发展史》，昆明：云南人民出版社，2011 年版，第 22 页。
② 贺圣达：《东南亚文化发展史》，昆明：云南人民出版社，2011 年版，第 23 页。

和佛教的地位。如此一来，东南亚地区形成了"由中国传入的儒、佛教文化在越南，由印度和斯里兰卡传入的小乘佛教在缅、泰、老、柬，以及伊斯兰教文化在马来群岛大部分地区和中南半岛南部各占主导地位这样一种格局"。① 当然，由于西班牙的入侵，18 世纪后菲律宾北部居民大多皈依天主教，而南部地区仍然信奉伊斯兰教，从而成为一个特例。这样一来，这一时期东南亚按宗教划分，主要形成了以下几个地区：小乘佛教为主的区域有中南半岛上的缅、泰、柬、老诸国；大乘佛教和儒教信仰为主的国家有越南；伊斯兰教为主的区域有马来西亚、印度尼西亚以及菲律宾南部；基督教主要在菲律宾的北部和中部。② 印度文化与中国文化早在古代早期就已经在东南亚扎根，而伊斯兰教的兴起则是这段时期东南亚文化发展中的一件大事。③

西方殖民者到来之后，伊斯兰教从反抗印度教王朝的精神武器转变为反抗西方殖民入侵的精神堡垒。"在印度尼西亚、马来西亚等国出现现代民族觉醒之前，反抗西方殖民侵略的斗争大都以伊斯兰教作为旗帜，而且往往由伊斯兰教的领袖出来领导。所以，伊斯兰教在那些国家的历史上是有反殖民主义传统的。在反殖民斗争中，伊斯兰文化常被当作维护马来民族文化的盾牌，用来抵御西方文化的侵蚀，这种情况一直延续至今。"④

到 19 世纪中叶，东南亚文化再次面临急剧转型。西方文化随殖民者到来并严重冲击当地原有文化，华人以空前规模大量进入东南亚，中国文化传统扩大了在东南亚的影响。国际上各种思潮也对东南

---

① 贺圣达：《东南亚文化发展史》，昆明：云南人民出版社，2011 年版，第24 页。

② 参见〔新〕尼古拉斯·塔林《剑桥东南亚史（Ⅰ）》，昆明：云南人民出版社，2003 年版，第440 页。

③ 有学者将伊斯兰文明视为一种桥梁式的文明，See Bruce B. Lawrence, "Islam in Afro-Eurasia: A Bridge Civilization", in Peter J. Katzenstein, ed., *Civilizations in World Politics: Plural and Pluralist Perspectives*, Routledge, 2010, pp. 157 – 175。

④ 梁立基：《世界四大文化对古代东南亚的影响》，载梁志明等著《古代东南亚历史与文化研究》，北京：昆仑出版社，2006 年版，第200 页。

亚产生重要影响。东南亚始终面临的一个问题是，原有的文化多样性特征尚未得到很好的整合，新的文化元素再度进入。同时，由于殖民程度、殖民政策、殖民母国的不同，外来文化的影响程度又各不相同，从而在一定程度上进一步强化了东南亚文化的复杂性。但是形成于古代时期的东南亚文化仍然得到了保存和发展，在19世纪之前成型的东南亚文化已经有了较强的主体性和生命力，并且增强了文化自身发展的自主性和延续性。

三 界定东南亚传统文化价值体系的总体特征

显而易见，东南亚传统文化是在外部文化轮番渗透的情况下不断向前发展的。因此，研究东南亚文化与研究中国或西欧文化相比，一个很大的困难在于界定主体文化形成的时间。东南亚没有体系化和发展完善的本土文化，因此它的成型就是外部文化不断进入，并经本土社会不断主动或被动选择的结果。强调东南亚主体性的视角的确很有诱惑力，因而也很能吸引学者的眼球，但是当回到现实之中，就会无奈地发现其难以克服的困难。不片面夸大外来文化的影响，对于东南亚地区来讲说起来容易做起来难。它的一个前提假定是东南亚存在自己的一套成熟完备的价值体系。而具体观察东南亚历史就会发现，其文化形成的过程本身就是一个开放的过程。它并不像中、印等文化那样自身形成一套价值体系之后才受到外部文化的影响，而是在受外来文化影响的背景下逐步发展形成的价值体系。因此，完全将其视为某种文化的延伸固然是不妥的，但若非要特别强调其自身文化的主体性，确也相当困难，甚至是违背历史事实的。东南亚文化在漫长的生成过程中由于特殊的生长环境而具有了独特而又复杂的特征（见表2-4）。

第一，东南亚文化缺乏原生性的价值要素。东南亚文化的生成过程同时也是外部文化不断渗透的过程。这一生成路径的特点导致了东南亚文化基本都是从中国、印度、埃及、土耳其、日本等国传播而来，自身原生性要素很少。东南亚原始居民在尚未建构起完整而有凝聚力的价值体系时就受到了中国、印度等较为成熟文化体系的强势影响。零散的价值要素在遇到系统化水平较高的价值体系时不可避免被冲击得七零八落，使得外来文化严重侵占和挤压了固有价值要素的空间。这一特征决定了东南亚原生性价值要素基本消失殆尽，只存在考古学上的意义。

第二，东南亚文化缺乏系统性的价值逻辑。东南亚文化价值体系是在中国、印度、伊斯兰世界、西班牙、荷兰、英国、法国等盘根交错的影响态势下衍生发展起来的，所以它在严格意义上不完全属于任何一个文化圈，它的价值体系也就既包含儒家文明的价值要素又包含印度文明的价值要素，既包含伊斯兰世界的价值信仰又包含基督教文明的价值信仰。这些价值要素零散而又复杂地存在于作为整体的东南亚价值体系之中，彼此之间缺乏整合。它们凌乱的分布态势决定了东南亚文化缺乏通达一致的价值叙述，这导致东南亚价值体系只能处于世界主要文明形态的边缘位置，是各大文明边缘的交集，难以有自身原生性的价值叙述和价值表达。

第三，东南亚文化体现着价值要素间的对抗、适应与融合。① 由于东南亚文化价值体系是在外来文化价值体系轮番侵蚀下衍生发展起来的，它在世界文化的结构图中处于各种文化圈的交叉地带。这给东南亚文化带来了难以进入任一文明体系核心圈的尴尬。不过，东南亚传统价值体系高度的多样性和复杂性意味着诸多不同文明的价值要素在同一时空范围内盘根交错却互不冲突，这一特征又使得东南亚文化具有了自身的独特性。

第四，东南亚文化内部的差别非常大。儒家文化、印度教、伊斯兰教、天主教等几大文化宗教拥有各自主要的影响区域，如果准确划分，这些区域均可被视为一个小的文明体系。不过，这种现象倒也正

---

① 此处借用陈衍德关于东南亚民族主义与族际关系的概括，参见陈衍德《对抗、适应与融合——东南亚的民族主义与族际关系》，长沙：岳麓书社，2004 年版。

常，也符合我们在第一章就确立的相对主义文明观。

第五，东南亚文化的另一个难以否认的特征是普遍受中国文化的影响。这既与近代以来大量华人"下南洋"的历史大迁徙有关，也与中国文化的世俗关怀有关。由于中国文化基本体现在日常生活中的行事逻辑上，而不需要专门的教会组织和正式的宗教仪式，所以在社会层面的影响力是普遍性的。中国文化关于世俗生活的逻辑规则基本可视为东南亚文化的较大"公约数"。

表 2 - 4　东南亚传统价值体系的总体特征

价值要素	缺乏原生性价值要素
价值逻辑	缺乏强势的、系统明确的价值逻辑
在各大文明中所处位置	处于各大文明的边缘，却自成一体
内部一致性程度	内部次级区域间差异明显
共享的核心价值逻辑	中国传统价值逻辑的深层影响

本章小结

综观中国、日本和东南亚传统文化价值体系，不难看出东亚传统价值体系既有其共同的特征，又存在重大差别（见表 2 - 5）。作为距离相近、历史往来相对较为频繁的地域空间，东亚地区的人们在交往互动中衍生出的关于彼此定位、价值诉求、行事规则等问题的共同理解构成了东亚传统价值要素中的共同特征。首先，东亚地区传统价值体系将人定位为"社会人""关系人"和"伦理人"，个人处于一定的社会结构之中，根据在结构中的不同位置扮演不同角色，发挥不同功能。因此，与西方现代价值体系相比，在东亚传统价值体系中个人是相对缺位的。其次，东亚传统价值体系对国家、世界的认识是"金字塔"式等级制的，这种等级制由东亚传统社会结构中的最小单元向次级单元再向国家以及地区扩展，从而形成一种对世界秩序的

"家—国—天下"式层次性理解。最后，无论是中国、日本还是东南亚，都缺乏西方那种重分析、重归纳、重推演的绝对主义形式逻辑的传统，在伦理规则、思维方式上都体现着较强的相对主义色彩，可称之为对称性逻辑。东亚地区传统价值体系决定了其政治形态和政治观念的总体特征，也决定了其很难内生出类似主权国家的概念。在本章所界定的东亚传统价值体系这一分析起点的基础上，现代主权观念内嵌于西方现代价值体系之中，随东西价值体系的竞争而传播到东亚，并逐渐为东亚各国人民所接受。

当然，文明是相对的，也是多元的和多维的。在上述这些共同特征的背后，东亚传统价值体系内部也存在明显差别。比如，在世界观与秩序观方面，传统东南亚地区（特别是海岛地区）并没有明确的天下观念，历史上的朝贡也基本是以朝贡之名行贸易获利之实，日本也时常游离于朝贡秩序之外，因此所谓天下观念的真正信仰者或许只有中国人；在社会本体方面，中国的家庭与日本的"家元"存在重要区别，"家元"因血缘的非必要性而比中国的家庭更具开放包容性；在行事规则上，中国人更注重反察自身，讲究"仁"与"义"的整合与平衡，日本人更注重报恩/仇似的平账逻辑，强调"义"而弱化"仁"。这些特点对主权规范在东亚各国的生成路径产生了重大影响，甚至影响了一定时期内的地区秩序。不过，基于本文研究任务的考虑，下文叙述中依然更多地强调了东亚传统价值体系的共性，而没有深入探讨其内部差异。

表 2-5　东亚内部价值体系的异同

国家/地区	世界观与秩序观	社会本位	行事逻辑
中国	"家—国—天下"	强调血缘的家庭	"仁""义"平衡
日本	准"家—国—天下"	弱化血缘的家元	重"义"轻"仁"
东南亚	无明确的世界观立场	双系制家庭	

第三章
竞争变量：主权观念与
西方现代价值体系

从第二章的分析中不难发现，如果仅从传统价值体系自身延续与变革的视角出发，很难想象东亚地区在较短历史时期内会衍生出现代主权观念。事实上，在东亚地区现代主权国家体系的形成过程中，西方主权观念以及整个西方价值体系是一个难以回避的、关键的外来影响因素。正是在西方现代价值体系对东亚传统价值体系构成挑战的历史背景下，主权观念得以在东亚地区衍生出来。当然，也正是因为主权观念在东亚的生成是东西价值体系竞争的一个具体体现，它在东亚地区才具有了不同于西方的一些特征。为此，本章的任务就在于讨论与传统价值体系相对应的外来竞争变量。具体来讲，本章主要分析主权观念的内在价值逻辑和西方现代价值体系中与国际政治密切相关的一组价值逻辑，并探索在东西方价值体系竞争背景下，东亚地区接受和改造主权观念的内在机理。

第一节　主权学说的三种逻辑和两个向度

主权是当今国际社会普遍接受的一个概念，对理论和实践都发挥着极为深刻的影响。在经验事实中，主权原则的全球盛行在很大程度上塑造着国际关系中各种行为体的行为方式，进而框定了国际关系的运行模式和行为体间的博弈类型，从而影响着世界秩序的形态；① 在学术研究中，主权原则的深入人心使身居其中的理论建设者们自觉地在认识和叙述上将国家原子化，在理论上将国家假定为理性和独立的行为体。既有的主流国际关系理论都是建立在这一假定基础上的，同时，受理论影响的国际关系研究方法也都自觉遵循这一信条。从这个意义上说，主权原则不但塑造和限定着当今世界政治的本质属性，也深刻影响着观察者的认识论与方法论立场。

但是，主权原则并非自古有之。如果从该原则在国际关系中被明确为基本规范算起，尚不足4个世纪。② 这与漫长的人类历史相比可谓微不足道。另外，从当今世界的现实来看，全球化进程和地区一体化趋势的发展，在功能领域和地域概念上均对这一原则提出了严峻挑战。"全球化通过经济、文化、环境等各种领域使传统的领土边界变得日益模糊"，"社会活动与社会问题已经开始全球扩散"，③ 主权原则将何去何从是人们不得不思考的一个问题。为此，学者们展开了多元化的讨论，④ 国际学术界对这一问题的探讨更是涉及了现实主义、自由主义、女性主义以及后现代主义等各种理论视角。⑤

实际上，主权是包含对内和对外两个向度的。在对外向度上，主权的主要含义是国家的独立自主和不受外来侵犯和干涉；在对内

① Jo - Anne Pemberton, *Sovereignty*: *Interpretations*, Plagrave Macmillan, 2009, pp. 188 - 211.

② 关于主权原则在国际社会中得以确立的过程可参见唐士其《主权原则的确立及其在当代世界的意义》，载《国际政治研究》2002年第2期，第15~27页；赵可金、倪世雄《主权制度的历史考察及其未来重构》，载《教学与研究》2005年第10期，第41~49页。

③ Jo - Anne Pemberton, *Sovereignty*: *Interpretations*, Plagrave Macmillan, 2009, p. 1.

④ 参见罗艳华《国际关系中的主权与人权：对两者关系的多维透视》，北京：北京大学出版社，2005年版，第10页。

⑤ 参见〔英〕约翰·霍夫曼著，陆彬译：《主权》，长春：吉林人民出版社，2005年版。

向度上，主权的含义则具有非常多样化的理论表述。虽然目前国际社会中的主权原则主要是指主权的对外向度，但对外向度与对内向度是密切相关的，并且从发生学的角度来看，对外向度是在对内向度发展到一定阶段才出现的。这种关联性决定了主权原则是主权学说发展到一定程度的产物。因此，要从根本上认识主权概念，必须充分认识有关主权对内向度的相关学说，否则对主权概念的认识将是片面的和不完整的。为此，本节大致以时间为序，分析主权学说的各种逻辑，并从对内和对外两个向度上完整理解主权概念的价值逻辑及其内在张力。

一 三种逻辑的起源

在人类历史上，权力关系古已有之。用辛斯利（F. H. Hinsley）的话说，"权威和权力是一种与社会本身一样古老和普遍的社会事实"。[1] 与权力关系相比，主权则是一个后来才出现的概念。主权（Sovereignty）一词起源于拉丁文 Super 和 Superanus 二词，Superanus 一词原意是"较高的"和"最高的"，因此 Sovereignty 一词最基本的含义就是指最高统治权。[2] 在前国家社会，人类是通过血统和部落关系联系到一起的，"政治系统是建立在宗族和部落制度的基础之上的"。[3] 宗族和部落制度是政治活动所遵循的主要逻辑。在这一历史阶段，尚不存在强制性的公共权力，但却存在相对较高的社会权威，这种权威来源于人们对大自然的敬畏、对部落图腾的崇拜以及因之导致的对自我心理和道德的约束。这种较高社会权威的存在，便是后世

---

① F. H. Hinsley, *Sovereignty*, Second Edition, Cambridge：Cambridge University Press, 1986, p. 1.

② 王沪宁：《国家主权》，北京：人民出版社，1987 年版，序言，第 1 页。

③ F. H. Hinsley, *Sovereignty*, Second Edition, Cambridge：Cambridge University Press, 1986, p. 7.

争论不休的主权观念的最初形态。① 在古典形态的国家出现之后，"国家政体与社会的分离为主权理论的发展提供了必要条件"。② 最高权威逐渐与国家结合在一起，国家与主权从此成为一对相互伴生的概念，致使学者们在讨论主权时往往自觉地与国家联系在一起，甚至很大程度上将主权理论与国家理论等同起来。

古希腊城邦国家通常被视为最早的民主政治萌芽，人们围绕最高权力的归属进行了积极的论争。在公元前 8 世纪的雅典，国家最高权力掌握在贵族院手里，而到了公元前 6 世纪，经过梭伦改革，最高权力由贵族院转向公民大会。此举使得掌控特权的贵族势力被摧毁，并且使得以地域和财产为基础的国家观念终于取代了氏族制。③ 古罗马共和国也经历了类似雅典的争夺最高权力的斗争。公元前 6 世纪，罗马国家的政治统治权掌握在富有者手中，而到了公元前 3 世纪，罗马人民大会成为国家最高政权的体现者。④ 不过，古罗马的最高权力形态并没有就此稳固下来，相反，随着恺撒以武力取得独裁权，以及屋大维获取"奥古斯都"和"祖国之父"的称号，罗马由共和制转向帝制，最高权力又集中到了最高统治者手里，成为由皇帝个人独有的特权。

政治制度和政治观念在思想领域留下了深刻痕迹。在古希腊思想家柏拉图（Plato）、亚里士多德（Aristotle）以及古罗马西塞罗（Cicero）等人的著作中，关于最高权力的思想都得到了应有体现。比较柏拉图、亚里士多德和西塞罗三者的观点不难发现，他们都认为

---

① 这种社会权威在成书于公元前 2000 年左右的史诗《吉尔伽美什与阿伽》中就有所反映，史诗中描述了吉尔伽美什在遇到政事时向长老会和年轻人征求意见的情节，反映的是公元前 2800 年左右苏美尔城邦联盟的社会。美国学者克莱默甚至在其中看到了"两院制"的雏形，长老会议就像现在一些国家民主体制中的"上议院"，而史诗中的年轻人则相当于"下议院"。

② F. H. Hinsley, *Sovereignty*, Second Edition, Cambridge：Cambridge University Press, 1986, p. 30.

③ 参见肖佳灵《国家主权论》，北京：时事出版社，2003 年版，第 16 页。

④ 参见王沪宁《国家主权》，北京：人民出版社，1987 年版，第 3 页。

政治生活中存在需要人们共同遵守的规则。这些规则也正是政治行为中的最高权威。不过，他们对最高权威性质和来源的界定有所不同。在柏拉图那里，最高权威来源于"善"，而"善"则是一种不以人的意志为转移的真理。只有那些通过努力达到了"善"的人才有资格掌握权力，管理国家。在亚里士多德那里，最高权威来源于法律，而法律又来源于臣民的同意，因此最高权威就是一种"不受欲望影响的理性"，个人无论多么圣贤，也不可能完全摆脱人性和欲望的影响，因而难以达到法律的境界。在西塞罗那里，最高权威来源于与自然或本性相符合的、适用于所有人的、永恒不变的"真法"（a true law），这种法最终来源于神明，人类本身具有的理性是从神明那里得到的，因此也可作为最高权威来源之一，但在最终意义上仍然要以神旨为至高标准。

分析三者的理论主张，可以发现他们大致开创了三种逻辑路径：柏拉图认为最高权威只能由"哲学王"参透，所以民众在国家中不可能成为权威来源；亚里士多德认为最高权威只能来源于由臣民同意的法律，因此国家在逻辑上起源于作为个体的每个人；西塞罗认为最高权威只能来源于神旨，无论国家还是个人都是神旨的现实体现。这三种逻辑实际奠定了日后主权学说主要范式的原始基础：以神旨作为逻辑起点的神权主义、以个人作为逻辑起点的个体主义以及以国家作为逻辑起点的整体/国家主义。

二　"神"的逻辑

古希腊罗马文明衰落之后，欧洲奴隶社会逐渐进入了皇权与教权斗争的时期。313 年 3 月古罗马皇帝君士坦丁一世颁布《米兰敕令》，基督教由原来受迫害的宗教逐渐演变为占优势地位的宗教。[1] 基督教

---

[1]　关于《米兰敕令》颁布的背景、过程以及影响，历史学家吉本在他六卷本的《罗马帝国衰亡史》中进行了专门论述。参见〔英〕爱德华·吉本著，席代岳译：《罗马帝国衰亡史》（第 2 卷），长春：吉林出版集团有限责任公司，2011 年版，第 116～148 页。

会的兴起，"无论就政治还是就政治哲学而言，都不无道理地可以被
描述为西欧历史上最具革命性的事件"①。此后关于罗马皇帝权力和
教廷权力孰上孰下的争论成为社会焦点问题，也成为理论家们研究的
一个重要课题。总体而言，中世纪社会政治形态严重挤压了"人"
与"国家"的逻辑，"上帝统治了所有基督教国家的法律，并且上帝
位居世界所有权威之上"。②

（一）塑神：为确立基督教地位而努力的奥古斯丁

在基督教在法律上被确定为国教以后的两个世纪中，有三个具
有较强代表性的思想家对世俗权力和教会权力进行过探讨：圣·安
布罗斯（St. Ambrose）、圣·奥古斯丁（Aurelius Augustinus）以及
圣·格雷戈里（St. Gregory）。这其中又以圣·奥古斯丁的学说最具
代表性。奥古斯丁生活在罗马帝国即将灭亡之际，作为基督教神学
教父，为了处理基督教与异端之间的矛盾，他强调人类的局限性，
将马可·奥勒留（Marcus Aurelius）早已提及的"双城区别"明确
化为以"爱上帝"为基础的"上帝之城"和以"爱自己"为基础
的"世人之城"。所谓"世人之城"，是建立在世俗、欲望和占有
欲之上的社会，充斥其中的是以肉体为中心的现世旨趣（the
worldly interests）；所谓"上帝之城"，是建立在对天堂宁静和精神
得救希望之上的社会，充盈其中的则是以灵魂为导向的彼世旨趣
（the otherworldly interests）。③ 从这个意义上说，"两个城的区分实际
是根据基督教伦理对人进行的区分"。④ 奥古斯丁并不认为教会世界
等同于上帝之城、世俗政府等同于世间之城，因为"在整个世俗的

---

① 〔美〕乔治·萨拜因著，〔美〕托马斯·索尔森修订，邓正来译：《政治学说史
（第四版）》（上卷），上海：上海人民出版社，2010 年版，第 227 页。

② F. H. Hinsley, *Sovereignty*, Second Edition, Cambridge：Cambridge University Press,
1986, p. 68.

③ 〔美〕乔治·萨拜因著，〔美〕托马斯·索尔森修订，邓正来译：《政治学说史
（第四版）》（上卷），上海：上海人民出版社，2010 年版，第 237 ~ 238 页。

④ 参见徐大同《西方政治思想史》，天津：天津教育出版社，2005 年版，第
86 页。

生活中，这两个社会是混合在一起的"，① 但毫无疑问的是，教会世界更接近上帝之城，世俗政府更接近世间之城。在奥古斯丁看来，教会的出现是对人类拯救的一个转折点，教会的历史正是"上帝在人间行走"的历史。在他的设想中，人类历史实际是一部上帝拯救人世的历史，基督教教义应该高于其他任何旨趣或利益。基督教会的出现是一个具有里程碑意义的事件，从此以后，国家注定是基督教国家，因此人类最理想的政治模式就是基督教共和国（Christian commonwealth）。显而易见，奥古斯丁将基督教教义视为高于其他任何利益和精神的人类最高权威。

（二）护神：维护基督教地位的阿奎那

由于生活的年代不同，托马斯·阿奎那（Thomas Aquinas）所面临的时代命题与奥古斯丁相比大为不同。如果说奥古斯丁时代神学政治家们的主要任务是为教会权力寻求合法性支撑的话，阿奎那时代所面临的则是世俗权力对宗教权力的严重不满。因此阿奎那需要解决的问题既包括统治者与被统治者之间的矛盾，也包括统治者内部基督教与世俗政权之间的矛盾。阿奎那在世俗权力体制方面推崇君主制政体，② 在政教关系方面则极力论证基督教权高于世俗权力，以维护基督教会的神权统治。在教会看来，他最重要的贡献也正在于对基督教欧洲的理念进行了权威论证。不过，基于处理统治者与被统治者之间矛盾的考虑，阿奎那继承亚里士多德的观点，承认国家的必要性与合理性，认为国家的目的就是要让人们"过一种有德行的生活"。③

要系统认识阿奎那的政治思想须从他的哲学体系谈起。他试图将信仰和理性结合起来，建构一种普世的综合知识体系。在这个体系中，位于最高位置的是神学，然后是哲学（理性之学），最底层的是

---

① 〔美〕乔治·萨拜因著，〔美〕托马斯·索尔森修订，邓正来译：《政治学说史（第四版）》（上卷），上海：上海人民出版社，2010年版，第238页。

② 参见《阿奎那政治著作选》，商务印书馆，1963年版，2010年印，第43～69页。

③ 《阿奎那政治著作选》，商务印书馆，1963年版，2010年印，第84页。

各种具体的学科。受他的这一知识体系设想的影响，阿奎那所描绘的自然界与社会政治生活也体现了这一特点。他认为自然界是一个由从位于最高处的上帝到最低级生物组成的等级体系，社会政治生活是自然界的一部分，也是一个等级制的体系。在这一体系中，高位者和低位者各负其责、各尽其能，扮演着不同的角色、发挥着不同的功能。正因如此，体系才得以正常运转。对于统治者来说，他从上帝那里获得了权力，他的任务是让人们过一种有德行的生活。阿奎那在关于政权合法性和反对暴政的问题上受亚里士多德影响较深，并且也未能提出比之更为深刻和新颖的观点。不过，神学精神与理性之间在逻辑上难以弥合的矛盾导致阿奎那在最高权力归属问题上陷入困惑，即政权到底来自于民众还是来自于统治者的权力上位者。从这个意义上说，阿奎那在政治权力的起源问题上并没有一套完整通达的理论。

（三）弃神：由"神"走向"人"的但丁

作为意大利文艺复兴的先驱，但丁（Dante）在政教争论的问题上站在阿奎那的对立面。他在《论世界帝国》一书中所表达的核心政治思想就是要建立一统天下的世界帝国。① 他的逻辑是：首先，人类文明的目的是实现人类智力的全面发展，达到这一目标最好的方法是实现世界的和平，而要实现和平，就必须建立一个由君主统治的统一的世界政体；其次，上帝的意志表现在历史之中，古罗马之所以能够建立帝国、统治世界，乃是遵循了上帝的旨意，受到了神意的指导，在成功整合人的理性和神的威力的基础之上，"罗马凭

---

① 从但丁的出身、教育经历及前期的政治立场分析，似乎很难理解他会成为一个拥护帝国事业的人。他出生于佛罗伦萨一个没落的小贵族家庭，受过良好的教育。他的家族属于代表市民和小贵族利益的奎尔夫党，他青年时期便参加了奎尔夫党对吉伯林党（代表封建主利益）的康帕迪诺战役，后来在奎尔夫党掌握的佛罗伦萨新兴资产阶级民主政权中担任要职，不过后来因内部派系之争被革职和放逐。需要特别说明的是，奎尔夫党是主张依靠罗马教皇统一意大利的。唯一可能的解释是但丁对意大利的爱国之情和对意大利统一的热切期望促成了他关于建立一统天下之世界帝国的政治思想。参见〔意〕但丁著，朱虹译：《论世界帝国》，北京：商务印书馆，1985年版，出版说明，第1～2页。

公理一统天下"。① 他理想中的世界帝国应由具备祖先优良品德的那些罗马人去执掌政权。最后，"尘世的君主统治权直接由上帝赐予而非来自罗马教皇"，② 上帝授权君主以人的理智治理尘世，授权教皇以圣灵引领世人进入"天上乐园"，教皇并不拥有统治帝国的权力。

尽管在政教相争的问题上但丁与阿奎那立场相左，但二者在理论依据上却又高度一致。他们的理论都依据基督教神学精神和亚里士多德的政治学原则而来，因此他们都认为权力既来自上帝也来自人民，这个世界必须由宗教的权力和世俗的权力来共同管理；他们也都认为"人类要组成一个单一的社会，而这个社会的存在则意味着只能有一个首脑"。③他们的分歧在于两种权力间的界限应该如何划分，即二者的权位是否存在上下之分，以及哪种权力居于更高的位阶。总之，基督教神学与亚里士多德政治学两套逻辑的相遇，既导致了但丁与阿奎那在理论起点上的一致，又导致了他们在立场上的对立。两套逻辑的差别是如此巨大，以致同样以二者为理论依据，却能得出云泥之别的立场；两套逻辑的分歧又如此深刻，以致理论家们在整合二者过程中都面临几乎无法逾越的鸿沟。

三 "人"的逻辑

（一）发现"人"的马基雅维利

既然"双重真理"为各种诡辩提供了如此广阔的空间和肥沃的土壤，那么抛弃"双重真理"论就成为理论进一步发展的必由之路。从这个意义上说，马基雅维利的理论贡献无疑具有里程碑意义。对

---

① 〔意〕但丁著，朱虹译：《论世界帝国》，北京：商务印书馆，1985 年版，第 26 页。

② 〔意〕但丁著，朱虹译《论世界帝国》，北京：商务印书馆，1985 年版，第 56 页。

③ 〔美〕乔治·萨拜因著，〔美〕托马斯·索尔森修订，邓正来译：《政治学说史（第四版）》（上卷），上海：上海人民出版社，2010 年版，第 313 页。

此，马克思曾评价马基雅维利及其后的一些思想家"已经用人的眼光来观察国家了，他们都是从理性和经验中而不是从神学中引出国家的自然规律"。① 关于马基雅维利的思想历来存在较大争议。有人从《君主论》的论述出发将其定位为一个集权专制主义者，也有人从《提图斯·李维十论》的内容出发将其定位为一个共和主义者，甚至还有人认为马基雅维利的思想本身就是混乱不堪的。

事实上，马基雅维利的思想大致可以从三个层面来认识。首先，他是一个世俗主义者。他将宗教教义和道德等因素从政治中剥离出去，将人视为自私的和性恶的，并在此基础上着力研究以利己主义（egoism）为逻辑的非道德（Non‑moral）政治。这一假设也决定了他经验主义的方法论，这在一定程度上是对亚里士多德的继承。其次，他是一个热切盼望意大利实现统一的爱国主义者。《君主论》的目的在于为实现意大利的统一出谋划策，认为在腐败不堪的社会现实状况下，除了君主专制制度以外没有其他可行路径。最后，他内心深处所向往的实际是罗马式的共和体制。他在《提图斯·李维十论》一书中所着重阐述和宣扬的就是古罗马的共和制政体，他所渴望的也正是罗马共和国那样的民治政府。

因此，我们基本可以这样认为：马基雅维利崇尚的是古罗马式的共和制政体，但认为在创建国家或拯救腐败国家时唯一有效的统治形式是君主制；为了达到国家统一的目的，君主应同时仿效狮子和狐狸，可以不择手段。② 简单来讲，在马基雅维利看来，古罗马共和体制是"道"之体现，而君主专制则是必要的"术"。他把独裁看作挽救意大利的临时措施，认为"在国家统一后还是应该实行共和制度"。③

（二）明确主权概念的博丹和与其对立的格劳修斯

"主权"一词在 16 世纪初已经广泛流行，但其明确的理论含义

---

① 《马克思恩格斯全集》（第一卷），北京：人民出版社，第 128 页。
② 参见〔意〕尼科洛·马基雅维里著，潘汉典译：《君主论》，北京：商务印书馆，1985 年版，第 39～49 页。
③ 徐大同：《西方政治思想史》，天津：天津教育出版社，2005 年版，第 130 页。

直到罗马天主教会统治即将崩溃之际才由让·博丹（Jean Bodin）提出。① 博丹认为，主权的出现是将国家与其他群体组织区别开来的重要标志。所谓主权，是"共同体所有的绝对且永久的权力"，② 是一种"不受法律约束的、对公民和臣民进行统治的最高权力"，③ 公民身份的内在含义就是对最高权力的服从。他进而认为，"拥有主权的君主首要的特征性权力就是为全体臣民制定普适性的法律和专门适用于个别人的特别法令"。④ 毫无疑问，博丹认为主权是绝对的。然而，博丹对主权其他方面的界定导致其理论陷入混乱。第一，他没有区分作为整体的共同体所拥有的立宪权威和具体政府机构所拥有的权力之间的不同，导致他所说的主权在很大程度上成为统治者的权力，即统治者成为主权的拥有者。第二，他认为主权是不可以分割的，即最高权力或者集中于君主，或者集中于议会，或者集中于人民，而不可能同时集中于其中两者或三者。世界上除了君主、贵族和民主外不存在其他任何形式的政治体制，只有这三种形式的政体能够产生秩序良好的国家，否则就会陷入混乱。第三，他认为主权者是受上帝之法和自然法约束的，并且也受宪法性法律的约束，而这与主权的至高无上性显然是冲突的。第四，他认为个人的私有财产权是神圣不可侵犯的，主权者征税必须征得所有者同意。这样一来，私有财产权在此处似乎又与主权平起平坐了。稍作分析便会发现，博丹理论的这四点混乱中，后三点在很大程度上都源自第一点，他将主权具体实施者与主权所有者两个概念混淆，导致其理论难以自圆其说。实际上，博丹谋求强化和巩固国王的权力地位，同时也向往恢复宪政体制，可以说他的

---

① F. H. Hinsley, *Sovereignty*, Second Edition, Cambridge：Cambridge University Press, 1986, p. 71.

② 〔法〕让·博丹著，〔美〕朱利安·H. 富兰克林编，李卫海等译：《主权论》，北京：北京大学出版社，2008 年版，第 25 页。

③ 〔美〕乔治·萨拜因著，〔美〕托马斯·索尔森修订，邓正来译：《政治学说史（第四版）》（下卷），上海：上海人民出版社，2010 年版，第 82 页。

④ 〔法〕让·博丹著，〔美〕朱利安·H. 富兰克林编，李卫海等译：《主权论》，北京：北京大学出版社，2008 年版，第 107 页。

论述为情势的考虑比为逻辑的考虑要多一些，因此混乱也就在所难免。

与博丹相比，在格劳修斯（Grotius）的定义中，主权受到神法、自然法以及国家法的制约，因此不是绝对的，并且主权也并非不可分割。关于主权的拥有者，格劳修斯认为主权可以存在于一般的主体之中，也可以存在于特殊的主体之中。所谓一般的主体是指国家，所谓特殊的主体是指政府或组成政府的人。因此，人们既可以说国家是主权者，也可以说政府是主权者。但是，他关于主权一般主体和特殊主体的分法也带来了其理论体系的内在逻辑矛盾，即国家和政府的关系应该如何界定。如果政府等同于国家，那与政府对应的民众在国家中的角色是什么？如果政府是属于国家内部的组织机构，那么政府如何能够作为主权的特殊主体？这一逻辑困难实际源自格劳修斯对主权的不同理解，即国家和政府所拥有的主权实际是主权的不同向度。但由于格劳修斯在这一问题上语焉不详，其所带来的认识混乱也是不争的事实。

（三）彻底从"个体人"出发的霍布斯与洛克

前文提到马基雅维利开启了从人出发研究政治的逻辑路径，但第一个彻底遵从这一路径的是托马斯·霍布斯（Thomas Hobbes）。霍布斯不但是从人出发的，而且是从"个体人"出发的。将"个人"作为逻辑起点是霍布斯政治哲学的一个极为重要的特点，他的这一做法开启了一个全新的政治学时代。[①] 他认为，人性是恶的，每个人都是自私自利和残暴好斗的，如果没有共同权威束缚大家，那么人们便处于一种"人人为战"的自然状态之中。为了摆脱这种自然状态，人们通过相互达成协议，自愿服从同一人或一个由多人组成的集体，这个人或集体把大家的共同意志转化为一个意志，从而把大家的人格统

---

① 无怪乎有人将《利维坦》的影响力和意义与亚里士多德的《政治学》相媲美。参见〔英〕霍布斯著，黎思复等译，杨昌裕校：《利维坦》，北京：商务印书馆，1985年版，出版说明，第8页。

一为一个人格。像这样通过社会契约统一在同一人格之中的一群人就组成了国家，受托付的个人或集体就成为主权者，其余的每个人都是臣民。如此一来，伟大的"利维坦"就诞生了。取得这种主权的方式有两种，一种是通过自然力的方式，称为以力取得的国家；另一种是相互达成协议、自愿服从的方式，称为按约建立的国家。[①] 他进而将国家类型分为由个人掌握主权的君主制、由少数人掌握主权的贵族制以及由多数人掌握主权的民主制，并认为君主制是最佳方式。[②]

洛克（Locke）的《政府论》写于 1689 年和 1690 年，其公开宣称的目的就是为 1688 年"光荣革命"辩护和进行理论概括。与霍布斯一样，洛克的理论也是从个人主义出发的，但是与霍布斯不同的是，洛克对人性的认识似乎不像霍布斯那样极端，这一先验假定上的模糊使洛克对自然状态的界定比霍布斯要温和一些。洛克定义的自然状态是一种"平等、自由和不受侵犯"[③] 的状态，这种状态唯一的缺陷是没有使正当规则生效的具体手段。为了解决这一问题，保护个人权利，社会中的所有个体就有意识地建立起了政治组织即国家。因此，国家的目的和政府的责任就在于保护私有财产。在这样的政治组织中，立法权是最高权力即主权，相应地，议会是最高权力机关。[④]由于立法机关不处理日常行政事务，行政机关在日常行政工作中也可视为最高权力机关。但是，"不论是行政机关还是立法机关，都不能看作是这个政治组织的最高权威，因为在它们后面的人民才是真正的

---

① 参见〔英〕霍布斯著，黎思复等译，杨昌裕校：《利维坦》，北京：商务印书馆，1985 年版，第 132 页。

② 参见〔英〕霍布斯著，黎思复等译，杨昌裕校：《利维坦》，北京：商务印书馆，1985 年版，第 142～152 页。

③ 参见〔英〕洛克著，叶启芳等译：《政府论（下篇）》，北京：商务印书馆，1964 年版，第 3～4 页。

④ 参见〔英〕洛克著，叶启芳等译：《政府论（下篇）》，北京：商务印书馆，1964 年版，第 83～90 页。

主权者，他们在革命时期相当活跃，在和平时期则显得很温顺"。①

如果对洛克和霍布斯思想体系进行比较分析，我们大致可看出以下几个特点：第一，如前所述，由于对人性的定位不像霍布斯那样极端，洛克界定的自然状态不像霍布斯所界定的那样紧张；第二，在社会契约生成的问题上，霍布斯所遵循的是个体自利的逻辑，而洛克遵循的则是寻求共赢的功能主义逻辑；第三，霍布斯的理论体系在逻辑上前后清晰一致，而洛克在逻辑严谨性上就比较逊色。洛克的整个理论体系是从个人及其权利出发的，但是在个人、社会、政府、立法机关这四个层次何者为根本、何者为派生的问题上却语焉不详。当然，洛克的叙述简单明了，相对温和的观点也比较容易为人们接受，因此尽管在逻辑上不如霍布斯严谨，却在人情上取得了胜利。

（四）摇摆于整体道德意志与个体理性之间的卢梭

在法国启蒙思想家中，卢梭（Rosseau）是最为卓越的代表人物之一。他的理论体系与同时期其他人存在明显区别，与霍布斯和洛克的差异也同样显著。如前所述，霍布斯和洛克在论述主权问题时是从个人出发，并以理性为逻辑路径的，卢梭则反其道而行之，他用道德意志对抗理性，并力图以整体主义摆脱由洛克提出的系统个体主义（the systematic individualism）。卢梭反对智识、科学和理性，崇尚友好、仁爱、善意和虔诚，认为"没有虔诚，没有信仰，没有道德直觉，也就既不会有人格，也不会有社会"。② 同时，他从柏拉图那里继承了整体性理念，认为个人只有在社会中才能成其为人，才能获得精神和道德的能力，从而抛弃了霍布斯和洛克的个人主义理念。卢梭的这一本体论和认识论立场决定了他反对个人财产权，也反对由下而上的主权推演路径。

然而，卢梭的本体论和认识论立场是不彻底、不坚定的，这就导

---

① 陈序经著，张世保译：《现代主权论》，北京：清华大学出版社，2010 年版，第 20 页。

② 〔美〕乔治·萨拜因著，〔美〕托马斯·索尔森修订，邓正来译：《政治学说史（第四版）》（下卷），上海：上海人民出版社，2010 年版，第 266 页。

致了他对主权问题的论述存在逻辑混乱和自相矛盾。在《社会契约论》一书中，他认为作为整体的社会具有一种法人人格，公意（general will）反映的乃是社会所独有的一个事实，也是主权的最终归属。这种公意不能化约为每个个体的私人利益，这是因为，"集体的每个成员，在形成集体的那一瞬间，便把当时实际情况下所存在的自己——他本身和他的全部力量，而他所享有的财富也构成其中一部分——献给了集体"。①所以，"个人对于他自己那块地产所具有的权利，都永远要属于集体对于所有的人所具有的权利"。② 但在具体的行文中，他一直在公意与个人权利之间摇摆不定。这就带来一个逻辑上的问题：如果在形成集体的那一瞬间已经完成了权利托付，那么社会的运行就不再需要通过公民的同意了，如此一来，作为整体的社会按照自己的逻辑运转，很有可能会导致集权专制的出现；反之，如果政体的安排仍然以公民的共同同意为基础，实施直接民主，那么作为整体的社会，其独立法人人格又将如何体现？显然，在这一问题上，卢梭偏向了个人权利一边。他在政体上崇尚直接民主制，认为最好的统治方式是民主共和国，这也就是他那被广为流传的"人民主权论"。吊诡的是，这一结论并不能从卢梭的哲学立场中严密推导出来，但却成为他最受后人推崇的政治论断。

四 "国家"的逻辑

法国大革命的指导思想是个人主义的人权理论，即人民是主权唯一合法的拥有者。但是，法国大革命本身却以血腥侵犯人权而著称，人权的革命与革命中的人权形成了鲜明的反差。因此，在法国大革命之后，欧洲政论家开始反思这场革命及作为其政治信条的契约主权理论。

---

① 〔法〕卢梭著，何兆武译：《社会契约论》，北京：商务印书馆，2003 年版，第27 页。

② 〔法〕卢梭著，何兆武译：《社会契约论》，北京：商务印书馆，2003 年版，第30 页。

（一）康德关于理论与实践的二元划分

康德在形式上接受契约理论，同意国家由契约而来这一说法。他认为，契约实际就是一种公共意志，相互冲突的个人意志只有通过这一公共意志才能得以共存。但是康德的深邃之处在于他深刻认识到理论理性与实践理性之间的鸿沟，并据此将契约分为理想的契约与现实中的契约。他认为，人们通常所说的契约并不是历史事实，而纯粹是一个理性的概念，理论理性与实践理性之间的差别决定了人们不能仅以契约理论为依据发动激进的革命。契约理论的真正价值在于可以被用作法律正当性的评判标准，即每一部公正的法律都应该与契约精神保持一致。并且，虽然公共意志来源于契约这一"理性概念"，但它只有被赋予具体的一个人或一个团体才具有现实性。因此，公共意志必须被赋予国家，国家因而成为现实中的主权所有者。

康德认为主权是绝对的，国家统治者只拥有对臣民的绝对权利而不承担任何义务。他进而对此命题进行了精彩的逻辑论证：倘若存在针对主权者的法律权利，那么这些权利必定能够对主权者强制实施，这一强制实施必须经由能够对主权者进行强制的实体来实现。但是，从定义上来说，能够对主权者进行强制的实体才能被称为真正的主权者，或者说该实体也受到另外更强大的实体的强制。如此推演，一系列的强制必定会停止在某一点，在那一点上就出现了不受限制的并且是无法限制的国家主权者。① 在此基础上，康德极力反对承认民众的抵抗权。他认为，"无论统治者的头衔是什么，无论政府的性质是什么，都必须予以服从"。"人民的福利是最高的法律，这是无疑的，但是至高的善至少在于维持一种使刑事法律居于主导地位的状态。""抵抗和革命在本质上是对法律秩序的破坏。""最微小的革命企图都是严重的背叛，而处死君主更是犯罪，如同今生和来世都不能予以宽

---

① 参见〔美〕小查尔斯·爱德华·梅里亚姆著，毕洪海译：《卢梭以来的主权学说史》，北京：法律出版社，2006年版，第32页。

恕的罪恶一样。"① 康德对契约论的改造对法国大革命学说的冲击是致命的，理想契约与现实契约的划分彻底摧毁了大革命的理论依据，因为现实与理想的差距不再是革命的充分理由。

然而，不可否认的是，康德在这一点上走得有点远了：或许源于对法国大革命以人权名义肆意破坏人权现象的深刻反思，他反对一切形式的抵抗和革命，这显然有因噎废食之嫌。同时，一个非常有趣的现象是，康德在批判大革命学说时认为其只是在理论契约的逻辑中推演，从而脱离了现实；但在拒绝承认民众抗争权时，他自己也陷入了纯粹理论契约的逻辑推演之中。当然，康德的深刻是不容置疑的。在进行理想契约与现实契约划分的同时，他认为，长远看来，现实契约会逐渐地向理想契约靠拢。他之所以极力反对民众的抗争权，或许是为极力维持这一进程的和平性，以求将人类为此付出的代价降至最低。

（二）教会、皇权势力的回潮与理论家的折中妥协

教会对法国大革命的反对主要起因于其权力遭受的严重损失，其目的也主要在于恢复教会权力。这种思潮认为，法国大革命过头行为的所有罪恶都源自16世纪宗教改革运动所蕴含的个人主义原则。他们认为，"构成新教教义和人民主权基础的都是同一谬论，即个体对权威的不服从：一种是在教会情形下的不服从，另一种是在国家情形下的不服从"。② 不难想见，他们反对强调人类意志和理性在政治活动中的重要性，认为仅靠人类的权威无法形成稳固的政治权力基础，真正的政治权威只能来源于人类社会之外。因此，主权不能根据人类的意志或理性进行解释，而必须上升为一种信仰，换成基督教的语言就是，一切政治权力都来自上帝，上帝是主权真正的也是唯一的源泉。

---

① 〔美〕小查尔斯·爱德华·梅里亚姆著，毕洪海译：《卢梭以来的主权学说史》，北京：法律出版社，2006年版，第33页。

② 〔美〕小查尔斯·爱德华·梅里亚姆著，毕洪海译：《卢梭以来的主权学说史》，北京：法律出版社，2006年版，第41页。

世袭制理论对契约主义的批判是从经验的角度出发的，其最核心的逻辑是将主权建立在对财产的"自然权利"之上。该学派的主要代表人物路德维希·冯·哈勒尔（Ludwig von Haller）认为，人类始终生活在自然状态中，但却未曾生活在霍布斯所定义的那种"自然状态"中。他强调，人类总是生活在一定的社会关系中，在这种社会关系中，人类必然有强者和弱者之分，而弱者必然倾向于依附强者。如此一来，控制和权威便得以产生。他进而认为，国家在本质上"完全无异于其他像家庭、教会或学校等形式的社团"。① 国家并没有什么独特的政治属性，也没有什么特殊的目的。在哈勒尔的理论体系中，社会区分强者和弱者的依据是财产的多寡。换言之，主权的基础实际是财产权，财产的多寡界定了权力的大小。因此，主权是一项私权，"不取决于人民的同意，不取决于对自身利害的考虑，也不取决于暴力，而是取决于自然的、由上帝赋予的、普遍盛行的对财产的权利"，② 并且由私人或私人社团为了私人目的而行使。

面对教会与王权势力的回潮，法国一批被称为"空论派"的思想家构建了一种折中的主权学说。他们认为，主权既非源自暴力，亦非源自意志，而是源自理性和正义。这种理性不是指某个个人的理性，也不是指公共理性，而是指绝对正确性。此外，正义也不等同于公共意志，即公共意志不一定就是正义的。因此，尽管他们在公共意志相对于个人意志处于最高地位的意义上承认人民主权，但明确指出该主权是受到舆论、权力制衡等诸多的限制的。按照该学派理论家对主权本源的定义，人们在现实中根本找不到所谓最终权威。这一理论特点给人带来经验分析上的难题，但却有利于调和人民和国王之间的矛盾，促使二者达成某种暂时的妥协。

---

① 〔美〕小查尔斯·爱德华·梅里亚姆著，毕洪海译：《卢梭以来的主权学说史》，北京：法律出版社，2006年版，第52页。
② 〔美〕小查尔斯·爱德华·梅里亚姆著，毕洪海译：《卢梭以来的主权学说史》，北京：法律出版社，2006年版，第56页。

（三）黑格尔对个体自然权利的批判和对整体意志的论证

黑格尔（Hegel）生活的年代，欧洲的政治风向和学术气候正在发生深刻变化。法国大革命在政治和学术领域都具有转折性意义，此前支配欧洲现代政治思想的以个人理性为核心理念的自然权利学说遭到严重削弱。黑格尔的哲学理论和政治思想正是在这一背景下，在德国政治实践的基础上发展起来的。

黑格尔对自然权利学说的批判是以个人主义为切入点的。他认为，法国大革命没有认识到公民的人格是一种社会存在，并且市民社会的各种制度是与各民族不同的道德规范密切相关的。因此，"革命哲学的根本错误就在于它所主张的抽象的个人主义（abstract individualism）；而革命政策的根本错误就是它试图在个人主义各项假设的基础之上制定成文宪法和政治程序"。①　很显然，黑格尔将卢梭（及英国的伯克）的整体主义倾向进一步明确化，并发展出一套逻辑严谨的理论。这一理论集中体现在国家与个人、国家与市民社会之间的关系上。根据他的哲学体系，国家是世界精神的一种体现，是神之理念的世俗化，是"地上的精神"②"地上的神物"。③　国家垄断了一切道德目的，只有国家才能体现各种伦理价值。

在个人与国家关系方面，他认为必须将个人置于国家之内进行理解。个人的自由是一种社会现象，是受历史上传承发展至今的语言、法律、宗教及政治制度等各种社会经济条件影响的，甚至说在很大程度上由其生存的社会经济条件所建构。因此，个人的自由不能机械地理解为满足个人自私自利的欲求，而应视为特定社会的法律制度和伦理传统赋予个人的一种地位。并且，个人只有在致力于为国家服务的

---

① 〔美〕乔治·萨拜因著，〔美〕托马斯·索尔森修订，邓正来译：《政治学说史（第四版）》（下卷），上海：上海人民出版社，2010年版，第339页。

② 〔德〕黑格尔著，范扬等译：《法哲学原理》，北京：商务印书馆，1982年版，第258页。

③ 〔德〕黑格尔著，范扬等译：《法哲学原理》，北京：商务印书馆，1982年版，第259页。

过程中才能获得道德尊严和个人自由。

在国家与市民社会关系方面，黑格尔认为，国家是上帝在世界上的行进，是绝对合乎理性的，是有道德意义的；而市民社会是实现国家目的的手段，是以功利主义为逻辑的。当然，国家与社会的关系是辩证的，市民社会受国家意志的领导和支配，国家也有赖于市民社会为其意志实现提供各种手段，二者之间是一种存有优越与卑微之分的不对称相互依存。① 对国家与社会的这种定位使得政治集权主义很难避免。在国家政体方面，黑格尔尊崇君主制。他强调，只有当一般人格在某个个体人身上得到体现时，一般人格才是存在的，而国家人格的这一承受者即是君主。当然他同时认为，君主的权力是非常有限的，他"不过是给法律加上主观的'我将要'"。②

19世纪中叶，一些理论家从自然科学意义上阐释了一种有机体国家学说。比如布伦奇利（Bluntschli）认为国家是一个有机体，国家组织是人体组织的化身。至于主权的归属，他既反对人民主权论，也反对国家（政府或君主意义上的）主权论，认为真正的主权者是"作为人的国家"。③ 将这一有机体国家主权学说赋予真实法律人格的是奥托·基尔克（Otto Gierke）。基尔克的学说是从分析人的双重属性开始的。他认为，无论何时何地，人都既是一个单独的个体，同时又是某一共同体的成员，即每个人的本质属性中都既具有"自然因素"，又具有"社会因素"。如此一来，社团不再是一个虚构的整体，而是由其所有成员的"社会元素"凝结而成的一个新的集体人格。社团不再是以往所理解的那种个体的简单相加，而是由个体"社会

---

① 参见〔美〕乔治·萨拜因著，〔美〕托马斯·索尔森修订，邓正来译：《政治学说史（第四版）》（下卷），上海：上海人民出版社，2010年版，第346~347页。

② *Philosophy of Right*, Section 280, addition. 转自萨拜因《政治学说史》，第325页。

③ 参见〔美〕小查尔斯·爱德华·梅里亚姆著，毕洪海译：《卢梭以来的主权学说史》，北京：法律出版社，2006年版，第81~84页。

元素"结合而成的一个崭新的"人"。由个人结合成了公司、城市、社区等各种各样的社团，这些社团再进一步向上组合，结合成更大的社团，直到最高层次——国家。根据这一逻辑，国家是一个整体性的并且是最高层次的有机体和人格，国家区别于个人和其他集体人格的本质特征在于其拥有最高权力，即主权权力。至此，国家摆脱了以往的虚构特征，成为真实的人格存在。[①] 这一理论路径在为国家带来真正集体人格的同时，也为后世反驳其主权学说埋下了伏笔。毫无疑问，在全球化的今天，国家间的往来日益频繁，国家间的"社会元素"自然也会相互结合，那么国家还是最高层次的有机体和人格吗？最高权力还是国家的本质特征吗？

五　主权学说的对外向度及主权概念的内在价值张力

以上沿三种逻辑演进的主权学说都有一个共同的假定，即国家是最高的分析单位，国家之外不存在权力和权威的问题。这一假定在现代国际社会显然是存在问题的。随着科技发展和生产力水平提高，国家之间的交往日益增多，国家间互动不可避免地产生权力关系，那么当一个主权遇到另外一个主权时，其内涵在经验上会出现什么变化，在理论上又该如何解释？这是主权学说发展到一定阶段之后必然面临的一个问题。

在实践中，国际关系学界普遍认为 1648 年结束三十年战争的《威斯特伐利亚和约》确定了各主权实体之间的关系原则，即今天所熟知的主权平等、独立自主、不干涉内政等原则。这一规范的意义在于削弱国际干涉的合法性基础，从而限定了国际关系的政治结构和社会形态。在理论探讨上，关于主权的对外向度问题，格劳修斯、洛克及黑格尔等人都曾提及，但并未进行专门论述。有趣的是，对这一问题的专门探讨起源于美国、德国、瑞士等联邦国家的形成时期。

---

① 参见〔美〕小查尔斯·爱德华·梅里亚姆著，毕洪海译：《卢梭以来的主权学说史》，北京：法律出版社，2006 年版，第 94～97 页。

在美国，1789 年宪法特别区分了州政府与联邦政府的权力，但却没有明确界定最高权力的最终来源。在实际政治生活中，州与国家的权力都是有限的，不存在何者处于更高位阶的情况。在此背景下，美国政治思想家在主权问题上分为分割主权学说和自主独立主义学说两派。分割主权学说认为主权是可分的，因为美国的现实经验已经非常明确地给出了答案："参议院的成立体现了各州独立原则的胜利，众议院的组成体现了国家主权学说的胜利。"[①] 自主独立主义者则认为，主权在本质上是不可分的，联邦只是各州的自愿联合，各个州拥有最高权力的全部属性，联邦权力只是各州最高权力的派生产物。当然也有人将主权分为广义主权和狭义主权，认为广义主权是绝对的、不受限制的，是不可分割的；狭义主权是指某一个人或团体在某一组织中不受更高权威控制的、独有的那些政治权力，并且是可以分割的（即主权是统一不可分割的，而政府权力则是可以分割的）。

与美国联邦主义遥相呼应的是欧洲大陆的德国和瑞士。魏茨（Waitz）认为中央政府和联盟各成员国都有各自的活动领域，在各自的活动领域中都独立地行使着最高权力。他据此提出了共存主权学说，即联邦政府和各成员国都拥有各自的主权，只不过它们行使主权的领域不同；主权的范围是有限制的，但主权的属性仍然是最高的、绝对的。[②] 耶利内克（Jellinek）认为主权国家的法律标志是其约束只能来自自身的意志，即"主权是国家所拥有的不受外界干扰的自我决策和自我约束的能力"。[③]

综合上文的分析可知，主权可分为对内和对外两个向度，对外向度主要表现为国家间的独立自主和互不侵犯，而对内向度则表现出了

---

① 〔美〕小查尔斯·爱德华·梅里亚姆著，毕洪海译：《卢梭以来的主权学说史》，北京：法律出版社，2006 年版，第 137 页。

② 参见〔美〕小查尔斯·爱德华·梅里亚姆著，毕洪海译：《卢梭以来的主权学说史》，北京：法律出版社，2006 年版，第 154～155 页。

③ Hymen Ezra Cohen, *Recent Theories of Sovereignty*, Chicago: The University of Chicago Press, 1937, p. 35.

多种逻辑（主要有"神""人""国家"三种逻辑）。当前关于主权原则的争论仍在进行之中，只是已经基本抛弃了"神"的逻辑，而主要表现为"人"与"国家"两种逻辑之间的争论。从本体论的角度看，这两种逻辑间的张力起源于对社会本质的不同认识。整体主义逻辑强调作为整体的国家（社会）所具有的人格属性，个体主义则强调个体人的权利与自由，由于出发点的本质差异，二者理论上的融合几无可能。这样一来，现代世界中人们对主权的理解就出现了一种奇妙的情景：在对外向度上，主权指的是国家间的独立、自主、平等；在对内向度上则存在个人与国家的二元价值张力（见表3–1）。

表 3 – 1　主权的两个向度

对内向度	对外向度
人是目的,国家是保障个人价值实现的工具	国家间的独立、自主、平等、互不侵犯、互不干涉
国家是目的,拥有不可划归到个体人的价值	

不同国家面对这一张力时表现出的偏好是不同的，有的倾向于个人的价值，认为国家只是保障个人价值实现的工具；有的倾向于国家的价值，认为国家本身就是目的，拥有不可划归到个体人的价值。偏好的不同导致现代国际关系中各个国家在表面都尊重国家主权的背后，对主权理解却存在明显差异：如果在对内向度上倾向于个体人的价值，那么在国际伦理取向上就会倾向于世界主义，从而对主权原则形成价值上的竞争和挑战；如果在对内向度上倾向于作为整体的国家，那么在国际伦理取向上就会倾向于社群主义，从而在价值逻辑上起到加固主权观念的作用。

事实上，主权原则只不过是西方自由主义思想在国际关系领域里的投射，这也正是鲁杰所说的内嵌的自由主义。具体而言，主权原则将国家原子化、拟人化、理性化，并将自由主义思想中关于个人是目的、个人的自由不可侵犯、人与人之间的平等关系等理念运用到国际关系领域。但是这一投射带来的问题是：在国家内部，个人是国家的目的，而在国际社会中，国家本身也是目的。这就造成了自由主义在国内政治和国际政治领域中的自身冲突：到底国家是目的还是个人是目的？自由主义在国内政治和国际政治中的同时运用所带来的这一张力，实际正是西方国际社会突破主权规范的主要价值依据。

第二节　欧洲现代价值体系的生成与核心价值特征

如前所述，主权观念在东亚的生成过程是在西方现代价值体系挑战东亚传统价值体系的背景下展开的。换言之，主权观念作为西方现代价值体系中的一个要素，是在东西方价值体系竞争的过程中传向东亚并扎根发芽的。因此，研究主权观念在东亚的生成路径，不能脱离东西价值体系竞争这个大背景。事实上，东西价值体系竞争的内在机理决定了主权观念在东亚生成的路径及其特征。为此，本节的任务是界定现代欧洲价值体系的生成与核心价值逻辑。

今天我们所理解的欧洲文明大致成形于中世纪中后期。古希望文明、古罗马文明、基督教文明、日耳曼文明共同组成了欧洲文明的源泉。[①] 现代意义上的欧洲文明综合了这几种文明的要素，在对既往文明否定和继承基础上生发出来的现代性，对近代以来欧洲乃至世界政治秩序的性质具有至关重要的影响。

一　欧洲现代价值体系的古代渊源

古希腊文明是欧洲文明最早的根源，为欧洲的"现代性"提供了最深层次的古典智慧，因此影响最为重大。古希腊文明主要包括古希腊哲学的智慧和城邦国家的政治结构。古希腊哲学开启了人类对自然世界本质属性的认识历程，认为自然世界是有其自在逻辑的，人类需要用智慧思考，理性地认识自然、揭示真理。同时，古希腊哲学也

---

① 参见周弘《欧洲文明溯源》，载《欧洲》1998 年第 4 期，第 18～26 页。

具有较强的辩证色彩，赫拉克利特、苏格拉底都有过关于"事物是变化的"这一命题的论述，亚里士多德进一步发展了辩证法，不但承认事物的变化发展，而且指出了真理的相对性。古希腊城邦的政治架构和内在特征是国家的原初形态，也是研究现代国家起源问题难以回避的要素。古希腊城邦是一些小邦寡民、自给自足的社会政治体，在政治理念上强调公民是城邦的根本，但在个人与城邦关系上又强调"城邦第一位，个人第二位"。[①] 其中雅典城邦的民主政治可谓现代民主制度的最早起源。总之，在古希腊文明那里，现代文明中的理性、民主政治、个人—国家的二元对立等现象都已经出现，并达到了比较发达的程度。

　　古罗马文明对古希腊文明的借鉴吸收主要表现为将希腊文明的理念物化为具体的政治法律条款。以古希腊哲学的自然观为逻辑依据，古罗马人认为需要用与自然法则协调一致的恒久性原则来约束人的行为，并最终发展出了一系列法律条例。罗马法体系不但力求维持社会秩序，而且有意识地在内部不同势力之间寻求平衡。比如它通过规定事务裁决权的不同归属，在平民机构和元老院之间建立了一种制衡关系。但是，罗马法在法学观念上与古希腊存在一个明显且重大的区别，即罗马法基本遵循"价值无涉"原则，这与古希腊强调将理性和智慧道德化的理念显然不符。无怪乎孟德斯鸠称之为"只是一种财政法律"，[②] 并将古罗马人视为"世界上最懂得使法律为自己的意图服务的民族"。[③] 罗马法的这种权益计算的逻辑是对古希腊道德精神的背离，致使古希腊文明中的许多积极因素遭到遗弃。当然，同样不可否认的是，这种工具理性逻辑无疑为后世资本主义精神的衍生和

---

① 杨共乐：《古代希腊城邦特征探析》，载《北京师范大学学报（社会科学版）》2008年第6期，第68页。

② 〔法〕孟德斯鸠：《论法的精神》（下），北京：商务印书馆，1987年版，第291页。

③ 〔法〕孟德斯鸠：《论法的精神》（下），北京：商务印书馆，1987年版，第120页。

发展埋下了伏笔。

　　罗马帝国的衰微为基督教文明的兴盛创造了条件。基督教文明来源于希伯来文明与古希腊文明的交汇与融合。基督教既存在对古希腊理性主义传统的背离，也存在对其中某些人文主义原则的继承和延续。首先，尽管受到古希腊哲学的深刻影响，基督教教义与古希腊哲学在理念上还是存在重要差别的。古希腊哲学认为自然存在永恒的规律（逻各斯），人类通过努力不断揭示自然规律，进而顺应规律与自然相处便能达到人与自然的和谐。基督教教义用全能的上帝代替了人类的理性和自然的规律，认为世界是上帝创造的，世界万物中只有人的形象与上帝最为接近，并且人有灵魂。它否定了人与自然可以和谐相处的观念，认为人之外的自然充满诱惑和罪恶，人是被自然诅咒而被罚出天堂的，不过上帝不会坐视不管，而是通过各种方式努力拯救人类。其次，在基督教教义中人是位于中心位置的，即人的拯救是其最终目的，为了这项伟大事业，上帝甚至不惜牺牲亲子来拯救人类。同时，基督教教义认为人由于原罪而平等地受罚，体现了在自然法则面前人人平等的思想。① 这些特征又与古希腊哲学和罗马法的人文主义思想一脉相承。

　　与上述各文明相比，日耳曼文明没有自成体系的文字表述。由于在其早期入侵时期日耳曼民族尚处"蒙昧""落后"的氏族社会，传统的观点容易忽略它对欧洲文明的形成所发挥的影响。实际上，日耳曼民族对欧洲文明的形成发挥了极为重要的作用。首先，民族大迁徙和持续战乱致使日耳曼民族传统的家庭和氏族社会结构遭到破坏，民族的混杂使得重新恢复氏族社会形态已无可能。其次，经历了日耳曼民族入侵的冲击，古罗马帝国内部曾经广泛存在的以私有制为基础的奴隶制社会结构遭到严重破坏，不但社会资源经历了重新分配，社会结构也进行了重新调整。在此背景下，封建体制得以确立，并持续主

---

① 参见陈乐民、周弘《欧洲文明的进程》，北京：三联书店，2003 年版，第 34～35 页。

宰了欧洲整个中世纪。国王将领地封赏给臣下，后来大地主们又逐渐获取了对土地的世袭权，并最终形成了封建割据状态。同时，日耳曼民族接受了基督教，并将教权与王权在组织上和空间上分开，从而形成政教分离的二元权力体系。正是在这种宗教、政治、经济及社会结构下，欧洲文明中的古希腊要素、古罗马要素以及基督教要素都得以保留，欧洲文明进入一个"休眠期"。①在这一沉寂状态中，各种文明要素不断整合，为欧洲政治、经济、社会和文化的近代转型做着坚实的铺垫。

由于集多种文明要素于一身，欧洲封建时期的文明存在一系列内在张力。统一与分裂、自治与责任、理性与蒙昧这些对立的特征同时出现在欧洲封建文明的身上。② 首先，欧洲封建文明是统一的又是多样的。一方面，由于领地的分封没有考虑语言、民族、风俗等因素，在后世欧洲人记忆中，他们曾信仰同样的宗教、拥有相同的政治制度、拥戴同一个皇帝、生活在同一个政体之中，从而形成了一个统一的欧洲概念和欧洲意象。③ 另一方面，由于地方封建势力的权力非常大，欧洲内部各个地区的经济政治生活又长期处于半封闭状态，彼此交流不多，导致各地的方言和习俗得以保留下来，没有形成完全同质的欧洲语言、文化和社会结构，从而造成了欧洲封建文化的多样性特征。其次，欧洲封建文明初步实践了权利与义务相对应的原则。在封建割据状态下，封建领主除了拥有领地所有权之外，也承担着相应的责任。一方面，封建领主们取代了日耳曼民族传统的氏族领袖地位，担起了保护属民的重任；另一方面，根据领地面积的大小，封建领主们也承担着相应的兵役义务。这种将权利与义务联系在一起的制度模式为欧洲文明的独特性增添了新要素。最后，

---

① 参见周弘《欧洲文明溯源》，载《欧洲》1998 年第 4 期，第 23 页。当然，这一说法目前正受到历史学界的广泛质疑。

② 参见周弘《欧洲文明溯源》，载《欧洲》1998 年第 4 期，第 24～25 页。

③ 参见周弘《欧洲文明溯源》，载《欧洲》1998 年第 4 期，第 24 页。

欧洲封建文明也同时表现出理性与蒙昧并存的特征。文化上相对"落后"的日耳曼民族在欧洲封建文明时期的统治地位，加之封建制度造成的各领地间的封闭与隔离状态，导致古希腊、罗马传统中的理性因素遭到严重挤压，教会顺势强化了在精神领域里的统治地位。教会垄断了神学和知识的教育，从而控制了人们的思想，致使宗教对社会的控制成为一种常态。实际上，即使是存在于基督教教义中的理性因素，也已经在很大程度上泯灭了。物极必反，当宗教中的理性因素丧失，完全沦落为政治统治工具时，深藏于欧洲人历史记忆中的理性因素便开始积蓄力量，酝酿打破这种极不正常的愚昧状态。[①]

二　欧洲现代价值体系的核心特征

中世纪后期和近代早期欧洲所发生的一系列事件对于欧洲乃至整个人类来说都具有划时代的意义。这一系列事件在精神领域表现为文艺复兴、宗教改革以及作为法国大革命前兆的启蒙运动；在政治经济制度上表现为现代国家的诞生和资本主义经济制度的发展；在科学技术方面表现为新航路的开辟以及后来的工业革命。与这一系列事件相伴随的是欧洲近代政治、经济、文化、社会的重大变革。在此过程中，个体人的价值被重新强调，现代国家制度和主权规范得以确立，以工具理性为特征的资本主义精神得以蓬勃发展。个体、国家、工具理性也便相应地成为近代欧洲价值体系和国际秩序的三个最为关键的特征。

（一）人的价值得到重新发现和尊重

人本主义的萌芽在古希腊时期就已经出现。但是受实践能力的约束，彼时的人本主义尚处自发状态，主要依据一些直觉的信念以及对这些信念有意识的坚持。在此基础上，古希腊人对人的本质进行了肉体和灵魂的二元划分，而这一划分为后来的宗教神学提供了

---

① 参见周弘《欧洲文明溯源》，载《欧洲》1998 年第 4 期，第 24 ~ 25 页。

重要的"可乘之机"，致使中世纪宗教神学凌驾于一切科学知识之上，人类行为的一切内容（比如政治制度、意识形态）均降格为神学的奴婢，世俗社会生活因受挤压而严重收缩，个体人的价值更是被严重忽略。但是，人本主义精神不可能完全泯灭，而是顽强地与宗教神学进行着抗争。当宗教神学对人类精神的控制达到极限，教会体制腐败不堪，人类便难以继续忍受，有意识地抗争也就成为历史的必然。文艺复兴和启蒙运动对反人本主义的中世纪基督教进行了彻底否定，[①]并唤醒因长期禁锢而处于隐性状态的人本主义思想。当文艺复兴、宗教改革、启蒙运动以及法国大革命等欧洲一系列重大事件唤醒人们的个人意识之时，自由主义理论也在欧洲逐渐形成。

自由主义作为一种思想和实践首先出现于英国。托马斯·霍布斯（Hobbes）阐述了一种毫不退让的个人主义哲学，对近代西方自由主义贡献重大。他将社会看作由个人简单组成的集合体，声称每个人都有使用自己的权利、按照自己的意愿保卫自己本性的自由。斯宾诺莎（Spinoza）与霍布斯有许多关于社会的类似假定，他们的分歧之处在于，霍布斯认为和平是实现人类福祉的必要条件，赞成专制政府；而斯宾诺莎认为和平与自由互为条件，自由是个体人的最高目的，实现这一目的的最优政府组织形式是民主政体。尽管如此，由于二者都没有系统阐述自由主义理论，都不相信社会进化的可能以及自由理性成为人类法则的可能，因此在传统上并不被视为自由主义者。自由主义的核心要素第一次被系统提炼为一套连贯的知识体系是在洛克的《政府论（下篇）》中。与霍布斯一样，洛克

---

① 实际上，宗教改革一定程度上也可以看作对人本主义的一种回归，这从马丁·路德与教皇辩论的《九十五条论纲》与传统教义的比较中就能够清晰地观察到。比如传统教义强调教会是通往天堂的必由之路，而《九十五条论纲》则强调人通过自我的信仰可以实现自我救赎，教会并非必由之路。当然，宗教的本质属性决定了宗教改革不可能完全否定基督教教义，因此在人本主义的方向上也不可能像文艺复兴和启蒙运动走得那么远。

学说强调个人是本源，是目的；社会、国家是派生物，是手段。不过，洛克对人性的判定要比霍布斯乐观，他对人的理性能力更为自信，因此他所设计的政府是有限政府。

到了 18 世纪，自由主义的中心转向了法国。启蒙运动和法国大革命表明，此时的法国，无论在思想理论上还是在社会思潮以及政治斗争上，自由主义都占据了极为重要的位置。孟德斯鸠对自由主义的贡献主要体现在对自由与权力之关系的论述上。孟德斯鸠总结了专制、君主与共和三种不同政体，认为专制政体对自由的侵害最为严重，并在此基础上发展出了分权制衡理论，并提出了三权分立的方案。卢梭的《社会契约论》开篇第一句便是："我要探讨在社会秩序之中，从人类的实际情况与法律的可能情况着眼，能不能有某种合法的而又确切的政权规则。"① 他认为，唯一可行的途径是采取一种独特的"社会契约"，使"我们每个人都以其自身及其全部力量共同置于公意的最高指导之下，并且我们在共同体中接纳每一个成员作为全体之不可分割的一部分"。② 在此情境中，公意是全体成员的共同意志，因此服从公意便是服从自己，个人自由不会因此而遭到破坏。③ 与孟德斯鸠分权制衡思想不同，卢梭对权力并没有太大担心，他认为只要权力属于人民，受公共意志指导，就不会去伤害人民。本杰明·贡斯当（Benjamin Constant）在对卢梭自由观批判的基础上建立了自己的自由观念。他认为卢梭理论的一个致命弱点在于他强调"每个个人将自己的权力毫无保留地完全转让给共同体"。在贡斯当看来，卢梭忽略了一个浅显而又极为重要的事实：任何权力都必须由具体的人来行使。一旦具体的权威组织或个人开始行使权力，抽象权力拥有者便把权力交给了代理人，从

---

① 〔法〕卢梭著，何兆武译：《社会契约论》，北京：商务印书馆，2010 年版，第 3 页。

② 〔法〕卢梭著，何兆武译：《社会契约论》，北京：商务印书馆，2010 年版，第 20 页。

③ 正是由于卢梭赋予社会契约如此之大的权力，他才被人们称为极权主义者。

而不复存在了。"抽象的权力也许可能是高尚的、公正的、无私的，而现世的权力必然是偏私的、压迫性的，或者说是罪恶的。"① 因此，"任何现世的权力都不应该是无限的，不论这种权力属于人民，属于人民代表，属于任何名义的人，还是属于法律。人民的同意不能使不合法的事情变得合法：人民不能授予任何代表他们自身没有的权力"。② 托克维尔（Tocqueville）是第一个明确论述自由与民主可能会发生冲突的思想家，他对自由主义的主要贡献是把对大众民主的恐惧发展为一套系统理论。③ 他认为民主实际是一种多数人的政治，"民主政府的本质，在于多数对政府的统治是绝对的，因为在民主制度下，谁也对抗不了多数"。④ 因此，民主制度最大的危险在于它有可能依据其拥有的权威扼杀个人的自由，导致多数暴政（或曰民主的暴政）的危险。他甚至认为多数的暴政比君主的暴政更为危险，因为由于民主的动员力量，多数的暴政更容易引发整个社会的暴政。

与英法两国知识分子的自由主义思想深受政治秩序或某一危机的影响不同，苏格兰哲学家们努力将自由主义的原则建立在对人类社会发展的综合性论述之中。他们尽力摒弃一时一事的影响，努力探寻适用于一般社会和经济结构的普适性解释。无怪乎哈耶克声称，"在苏格兰启蒙运动的哲学家与政治经济学家那里，我们发现了对自由主义基本原则的第一次系统的阐述"。其最具代表性的人物当属大卫·休谟（David Hume）、亚当·斯密（Adam Smith）以及亚当·弗格森

---

① 李强：《自由主义》，长春：吉林出版集团有限责任公司，2007 年版，第 69 页。

② Jack Hayward, *After the French Revolution*: *Six Critics of Democracy and Nationalism*, New York: Harvester Wheatsheaf, 1991, pp. 123 – 124. 转引自李强《自由主义》，长春：吉林出版集团有限责任公司，2007 年版，第 69 页。

③ 李强：《自由主义》，长春：吉林出版集团有限责任公司，2007 年版，第 71 页。

④ 〔法〕托克维尔著，董果良译：《论美国的民主》，北京：商务印书馆，1993 年版，第 282 页。

（Adam Ferguson）、大卫·李嘉图（David Ricardo）等人。与法国启蒙运动思想家不同，休谟的自由主义是建立在人类之不完善性的假设之上的。在《人性论》中，休谟认为由于"人类仁爱的有限性、智力的局限性以及满足人类需求之手段的无法改变的稀缺性"，[①]人类需要一些基本的正义原则，具体而言，这些原则主要包括"财产占有的稳定性法则、根据同意转让所有物的法则和履行诺言的法则"。[②]不难发现，休谟关于正义原则必要性的论证逻辑是：人类是不完善的，为了克服人的不完善性，社会秩序中要有必要的、共同遵守的正义原则，唯有如此，人类才可能不断改善自我生活状况，走向美好生活。与休谟相比，斯密的自由主义原则体系对后世的影响更大。具体来讲，斯密的思想体系中有三项原则为后世自由主义所传承：第一，斯密认为社会发展是一个不断前进的过程，经历了不同阶段之后最终达到商业体系这一终极阶段；第二，斯密与古典自由主义者一样，认为经济体系的变化会影响到政治结构的变革，相应地，贸易自由体系的需求也会在自由主义政治体系中得到体现；第三，斯密的思想体系是一种个人主义体系，在他这里，个人不但是认识社会的逻辑起点，而且是道德的最终目的。[③]除此之外，斯密的政治经济学理论更令人印象深刻。他从与霍布斯相同的前提假设（个人利己主义）出发，却得出了截然不同的结论。霍布斯从个人的利己推出的是政府的必要性，而斯密却认为个人的利己本能是人类社会不断前进的动力。他认为在"看不见的手"（市场）的调节下，每个人追求自我利益，最终带来的是公共利益的最大化，即市场可以使个人利益与公共利益实现和谐。当然，斯

---

① 〔英〕约翰·格雷著，曹海军等译：《自由主义》，长春：吉林人民出版社，2005年版，第36页。

② 〔英〕约翰·格雷著，曹海军等译：《自由主义》，长春：吉林人民出版社，2005年版，第36页。

③ 〔英〕约翰·格雷著，曹海军等译：《自由主义》，长春：吉林人民出版社，2005年版，第37页。

密并不认为市场是万能的，相反，他十分强调国家功能的重要性。在某种程度上，斯密甚至认为国家能否提供必要的公共产品是国家经济成败的重要原因。在休谟和斯密之外，弗格森在《论市民社会的历史》一书中最早研究了近代兴起的市民社会，埃德蒙·伯克则将休谟和斯密的一些原则上升到理论高度，从而对英国自由主义产生了直接的影响，直至边沁学派兴起之后才逐渐式微。

进入 19 世纪后，中产阶级力量的上升改变了英国国内的政治权力格局，商业和工业中产阶级事实上确实掌握了整个社会的发言权。同时，由于所处的社会地位，中产阶级没有太强的革命性特征。在此背景下，渐进改革取代革命成为社会的合理选择。行政、司法和具体功能部门的改革都不再借助于革命的热情，而是通过更切合实际的改革和修补而逐渐实现的。"极其自然的是，它的哲学逐渐变成了功利主义哲学，而不再是革命哲学了。"[1] 功利主义因而占据了绝对主导地位。以杰里米·边沁（Jeremy Bentham）为代表的功利主义者将功利原则（the principle of utility）视为道德与立法的根本原则。功利主义以"最大快乐原则"著称，[2] 将人的感知简单地分为快乐与痛苦两大类，认为人的基本特征就是追求快乐，而道德原则必须建立在人的感知的基础上。作为功利主义时期最为著名的学者，约翰·密尔（John Mill）尝试将功利主义与传统自由主义相结合。密尔认为，人格的价值不是一种形而上的教条，而是在自由社会的实际条件下应予以实现的东西。因此，"他所阐释的功利主义拯救了功利主义伦理学，使它不再成为人们所指责的干巴巴的教条，因为功利主义道德价

---

① 〔美〕乔治·萨拜因著，〔美〕托马斯·索尔森修订，邓正来译：《政治学说史》（下卷），上海：上海人民出版社，2011 年版，第 359 页。
② 〔英〕霍布豪斯著，朱曾汶译：《自由主义》，北京：商务印书馆，2010 年版，第 26~37 页。

值论在此之前是以快乐和痛苦的计算为本位的"。① 当然，许多自由主义学者对自由主义与功利主义之间的内在联系持怀疑态度，比如二战后的哈耶克与罗尔斯。

几个世纪以来，自由主义在西方（甚至全世界）产生了极为重大的影响。即使是不赞同自由主义的思想家或政治家，在讨论政治和社会问题时，也是通篇的自由、民主、权利、宪政等自由主义词汇。由此可见，自由主义的一系列价值观念在现代世界的大部分地方已经深入人心。保守主义和激进主义似乎站在自由主义的对立面，但实际上，保守主义是在维护和坚守过往自由主义的观念原则，激进主义则是企图用更为激烈的方式实现彻底的自由主义思想而已。② 无怪乎有学者称近代以来西方只有一套学说，那就是自由主义。自由主义理论体系非常庞杂，但仍然可以发现其内部的一些共通性特征。

总体来讲，个人主义、自由、平等、民主、宪政基本涵盖了自由主义的主要原则。不过，这些原则不是并列存在的，它们统一的出发点就是"个人主义"。自由主义理论家基本都将每一个个体人作为最终价值诉求，而其他各项原则要么以此为起点而推出，要么是实现个人主义的必要条件。从霍布斯到洛克直到当代的罗尔斯，自由主义者基本都强调个人的价值和权利，强调个人应得到最高的尊重，一切政治、经济、法律原则都应为实现这一原则服务。从这一角度出发，自由主义的其他原则要么是从个人主义推导出来的，要么是为实现这一原则服务的，而"个人"才是自由主义最为核心的原则和特征。

---

① 〔美〕乔治·萨拜因著，〔美〕托马斯·索尔森修订，邓正来译：《政治学说史》（下卷），上海：上海人民出版社，2011 年版，第 400 页。

② 参见 Anthony Arblaster, *The Rise and Decline of Western Liberalism*, Oxford：Basil Blackwell, p. 6。

（二）现代国家主权观念得以最终确定

如前所述，国家主权是随着现代民族国家的形成而出现的一个概念。[1] 今天人们对国家主权的理解包含着对内和对外两层含义：对内含义主要体现为国家内部的最高权威；对外含义主要体现为在国际关系中各国间的相互承认、相互平等和相互尊重等。需要指出的是，对国家主权的这种双重理解并不是与现代国家的诞生同步出现的，而是经历了一个不断丰富和完善的过程。

人们传统上更习惯从对内含义上来定义现代国家概念，比如约瑟夫·R. 斯特雷耶（Joseph R. Strayer）为现代国家下的定义就是如此。

---

[1]　关于现代国家的起源的探讨可参见〔美〕约瑟夫·R. 斯特雷耶著，华佳等译：《现代国家的起源》，上海：上海人民出版社（格致出版社），2011 年版。其他探讨现代国家起源问题的成果可见〔美〕托马斯·埃特曼著，郭台辉译：《利维坦的诞生：中世纪及现代早期欧洲的国家与政权建设》，上海：上海人民出版社，2010 年版；Peter Blickle, ed., *Resistance, Representation, and Community*, Oxford: Clarendon Press, 1997; Wim P. Blockmans, *A History of Power in Europe: People, Markets, States*, Antwerp: Fonds Mercator, 1997; Wim P. Blockmans and Charles Tilly, eds., *Cities and the Rise of States in Europe*, Boulder: Westview, 1994; Victor Lee Burke, *The Clash of Civilizations: War – Making and State Formation in Europe*, Cambridge, Polity, 1997; Samuel Clark, *State and Status: The Rise of the State and Aristocratic Power in Western Europe*, Montreal: McGill – Queen's Dniversity Press, 1995; Jonathan Dewald, *The European Nobility*, 1400 – 1800, Cambridge University Press, 1996; Brian M. Downing, *The Military Revolution and Political Change: Origins of Democracy and Autocracy in Early Modern Europe*, Princeton: N. J.: Princeton University Press, 1997; Jan Glete, *War and the State in Early Modern Europe: Spain, the Dutch Republic, and Sweden as Fiscal – Military States*, 1500 – 1600, London: Routledge, 2002; Philip S. Gorski, *The Disciplinary Revolution: Calvinism and the Rise of the State in Early Modern Europe*, Chicago: University of Chicago Press, 2003; Mark Greengrass, ed., *Conquest and Coalescence: The Shaping of the State in Early Modern Europe*, London: Edward Arnold, 1991; Nicholas Henshall, *The Myth of Absolutism: Change and Continuity in Early Modern European Monarchy*, London: Longmen Press, 1992; Philip T. Hoffman and Kathryn Norberg, eds, *Fiscal Crises, Liberty, and Representative Government*, 1450 – 1789, Stanford: Stanford University Press, 1994; Wolfgang Reinhard, ed., *Power Elites and State Building*, Oxford: Clarendon Press, 1996; Hendrik Spruyt, *The Sovereign States and Its Competitors: An Analysis of Systems Change*, Princeton, N. J.: Princeton University Press, 1994; Charles Tilly, *Coercion, Capital, and European States*, A. D. 990 – 1992, Oxford: Blackwell, 1992, rev. ed。

他认为现代国家必须至少满足四个标准：一是该群体必须在空间和时间上具有持续性，换言之，必须历史久远、空间固定；二是拥有相对持久的、非人格化的政治制度；三是这些制度应该被证明能够具有持久的声誉与权威；四是内部成员将忠诚从家庭、地方性团体、宗教组织转向国家，即国家取得道德上的权威力量来支持其制度结构和法律的绝对权威。① 不难看出，在斯特雷耶的定义中，现代国家既需要拥有物质性的条件，也需要有制度性因素的保证，还需要有观念性因素的支撑。并且，观念性因素还在某种程度上决定着制度性因素的权威性和有效性。因此，物质、制度、观念三位一体，缺一不可。

斯特雷耶对现代国家对内含义的认识是比较成熟和全面的，但现代国家的形成却经历了一个漫长的历史过程。现代国家起源于欧洲中世纪中后期，是在对中世纪教权、皇权二元分立结构否定的基础上逐渐建立起来的。如前所述，进入中世纪的欧洲封建文明带有较强的封闭和蒙昧色彩，基督教中的理性主义成分被削弱，思辨色彩相应弱化，最终变成了一种纯粹的"迷思"。同时，当时欧洲的封建社会政治、经济结构导致基督教的势力不断扩大，无怪乎中世纪又通常被称为欧洲历史上的"黑暗"年代。公元八九世纪，由教会杜撰的"世界宗教与世界帝国"理论开始在欧洲流行，认为基督教和罗马帝国都具有世界性，罗马教皇作为上帝代理人管理尘世事务，其地位要高于皇帝。经历了约3个世纪的不断强化，教皇制度的权威到13世纪达到历史巅峰，罗马教会成为全欧洲最高权力机构，教皇也相应地成为欧洲最为强势的、甚至可以说是处于霸主地位的"掌权者"。此后教皇的势力开始逐渐下降，世俗国王的力量又开始逐渐上升。② 现代民族国家正是在这一背景下得以兴起的，在早期最具代表性的是英

① 参见〔美〕约瑟夫·R. 斯特雷耶著，华佳等译：《现代国家的起源》，上海：上海人民出版社（格致出版社），2011年版，第2~5页。
② 参见任晓《论主权的起源》，载《欧洲研究》2004年第5期，第65~66页。

国、法国和西班牙，这其中最具影响力、更多被模仿的又数英国和法国。① 严格来说，英法两个现代国家的萌芽要早于 13 世纪。比如在 12 世纪的早期，英国政治体制中就出现了财政部，负责审计从王国各个地方向皇室上呈的财务报告。② 到 13 世纪，英国臣民的基本忠诚从家庭、团体、教会转移到了国家，③ 原来对家庭、团体及教会的忠诚依然存在，但是这些忠诚都被整合于英国国家的框架之内。法国在 12 世纪的晚期也出现了负责会计核算的中央审计，到 13 世纪，法国国王确立了他的最高统治权，同时也出现了国民的忠诚向国家转移的现象，对法兰西国王的崇拜和对国家的忠诚成为一种美德。④ 此后，"欧洲国家花了 4 到 5 个世纪来克服它们的弱点，修正它们行政管理的缺陷，并把温热的忠诚感变成白热化的民族主义"。⑤ 英国和法国整合为架构完整并富有效率的现代国家，其他欧洲政治单元也开始纷纷效仿。

与此同时，宗教改革运动的兴起对于主权国家的形成也发挥了极为重要的作用。1517 年，马丁·路德发表了《九十五条论纲》，质疑教会贩卖赎罪券的无耻行径，之后又向教皇和教会的权威发起挑战，认为人们通过自我的心灵救赎即可实现赎罪，而不是必须通过教会。路德的主张同时得到了王侯贵族和普通民众的支持，他们公开反抗罗马教廷，国王和贵族们纷纷要求获得对宗教的支配权。如 1529 年到 1536 年亨利八世执政的英国进行了一系列改革，规定本国的教会不

---

① 关于现代国家的起源，斯特雷耶以英国和法国为典型案例进行了功能主义的经典解释，参见〔美〕约瑟夫·R. 斯特雷耶著，华佳等译：《现代国家的起源》，上海：上海人民出版社（格致出版社），2011 年版。

② 参见〔美〕约瑟夫·R. 斯特雷耶著，华佳等译：《现代国家的起源》，上海：上海人民出版社（格致出版社），2011 年版，第 20 页。

③ Joseph R. Strayer, "Laicization of French and English Society in the Thirteenth Century", *Speculum*, XV, 1940, pp. 76 – 86.

④ 参见〔美〕约瑟夫·R. 斯特雷耶著，华佳等译：《现代国家的起源》，上海：上海人民出版社（格致出版社），2011 年版，第 26 ~ 30 页。

⑤ 〔美〕约瑟夫·R. 斯特雷耶著，华佳等译：《现代国家的起源》，上海：上海人民出版社（格致出版社），2011 年版，第 31 页。

再受罗马教廷控制，而直接受本国国王领导。经过各国斗争，欧洲单一宗教的局面被打破了，民族国家不断成长，西欧的政治形式逐渐转化为由主权国家组成的国家体系。教会不得不承认保卫国家的责任要高于维护教会的自由和权势，民众对国家的忠诚空前高涨。至此，现代国家的对内含义在实践上基本完成。

与现代国家的形成相适应，主权观念也逐渐形成、散布和内化。实际上，如果仅仅从最高权威的角度来理解主权观念，那么它最早可追溯到古希腊罗马时期，可以说，现代主权观念中"最高权威"的含义古已有之，即使在所谓"黑暗"时代的中世纪，也依然存在教会主权论、君主主权论和主权在民论之间的争论和分歧。从这个意义上说，现代国家的诞生及现代主权观念区别于以往的一个最为重要的特征，在于全面否定教权的地位和作用，将世俗国家作为聚集和表达权威的唯一形式。

前文已提及，马基雅维利认为意大利分裂的原因在教皇。一方面，教皇势力在某种程度上依然凌驾于世俗权力之上，为防止其他类型统治者权势上升，他有足够的能力和意愿阻止其他类型统治者统一意大利的努力；另一方面，教皇自身又没有能力完成统一意大利的任务，甚至他的一些跨国行为经常成为招致外国干涉的重要因素。因此，马基雅维利认为只有削弱教皇权力，建立起统一的集权国家，才能消除国内争斗，抵御外国入侵，维护民族独立。作为第一个明确提出主权观念的人，博丹在本质上并非一个彻底的集权主义者，[①] 但由于1562年至1594年法国所发生的胡格诺教派与天主教派之间的战

---

① 传统认为博丹是一个彻底的"绝对主义"主权论者，而这实际是对博丹过于绝对化的理解。根据一般的理解，他所定义的主权具有至高无上性、永恒性、不可转让性和不可分割性等不可改变的特征，但事实上博丹也强调了主权并不必然属于国王、主权与治权之间是不同的、主权受到自然法和神法的约束等特征。遗憾的是，由于作者叙述上的缺憾，布丹对主权的后一系列理解基本上被忽略了。参见陈序经著，张世保译：《现代主权论》，北京：清华大学出版社，2010年版，第13～15页；〔法〕让·博丹著，〔美〕朱利安·H.富兰克林编，李卫海等译：《主权论》，北京：北京大学出版社，2008年版，译序。

争，他意识到国王绝对权威的重要性，因此在行文中系统阐述了主权的绝对性。他将主权定义为"凌驾于公民和臣民之上的最高的和绝对的权力"，并且具有永久性（perpetual）特征。① 依据这一定义进行推演，主权显然是至高无上、不可分割、不可转让和永恒存在的。博丹的主权理论以一种全新的方式看待欧洲的君主集权制度，既是对法国政治现实的理论反映，也预示着世俗王权进一步强化的必然趋势。不难发现，直到博丹为止，主权观念还仍然集中于对内向度，对外向度依然没有得到专门论述。这与作家所处的时代有关，对身处彼时的博丹来说，最重要的问题是通过加强君主集权，解决不同宗教派别之间的纷争，主权观念的对内向度得到相当程度的强调也就顺理成章了。

但是，现代国家形成之后必然面临如何与他国交往的问题，这是从早期现代国家诞生时便出现，直到今天人们仍然没有找到最终答案的一个问题。不过，各国在这一问题上的实践得以逐渐衍生出国家主权的对外含义，这其中最具有里程碑意义的是欧洲三十年战争及之后签订的《威斯特伐利亚和约》。起始于波西米亚的三十年战争几乎扩展为全欧洲大战，除英国外的其他中、北、西欧国家基本都卷入了这场战争。威斯特伐利亚和会是拥有独立领土的政治实体之间的一次会议，平等、互不干涉成为处理国家间关系时需要遵循的原则，国家主权由此获得了对外向度的含义。

主权观念的衍生、发展直至完善的历程实际是世俗国家从教会手里争夺"民意"的过程。民意为现代国家提供了合法性，而现代国家为民众带来的稳定秩序又体现了其有效性。合法性与有效性的良性互动就使国家这一政治形态巩固下来，从而获得了一种额外的"天经地义"的合法性。不过，正如主权观念的发展历程所表明的那样，现代主权观念也不会是一个不可改变的概念。随着二战后欧洲一体化

① 〔法〕让·博丹著，〔美〕朱利安·H. 富兰克林编，李卫海等译：《主权论》，北京：北京大学出版社，2008 年版，第 1 页。

进程的启动和发展，加之全球化进程的不断深入，主权观念内外含义间的张力逐渐显现出来，人们不得不再次反思主权的本质内涵。①

（三）以形式逻辑为内核的工具理性成为处理国际关系的逻辑依据

理性是一个非常复杂的概念，不同时代的哲学家以及同一时代的不同哲学家都存在关于理性的不同理解。在古希腊哲学那里，理性认识能够认识理念世界，而感性认识则只能把握现象世界。不过在苏格拉底和柏拉图看来，理性主要是对流行价值的批判性思考，因此他们都把人的理性首先理解为价值理性。近代早期的哲学家（包括笛卡尔、斯宾诺莎、莱布尼茨等）都将理性视为一种高于感性的天赋认识能力，并且相信人能够建立完整一致的知识体系来反映按照一定规律有序运转的自然界。进入 18 世纪以后，哲学家们对理性的认识更为深刻。康德认为理性是一切认识和价值之源，在他这里，理性自身能够提供一套关于经验判断的系统规则和原理，人依据这些规则对感官材料进行综合分析，从而得出关于现象世界的科学认识。② 康德与之前哲学家的一大不同在于他在认识论上提出了"人为自然立法"的命题，被称为认识论上的"哥白尼式的革命"。③ 黑格尔将人类的精神意识从低到高分为意识、自我意识、理性三个层次，将理性视为人类精神意识的最高级形式，认为人类精神意识的发展历程与人类历史形态的发展历程恰好是逻辑一致的。马克斯·韦伯（Max Weber）将人的社会行为分为四类：以目的为趋向的行为；以价

---

① 有学者就主张通过强调主权的所有者是个人来消解和超越国家主权观念。详见〔英〕约翰·霍夫曼著，陆彬译：《主权》，长春：吉林人民出版社，2005 年版。

② 参见〔德〕康德著，邓晓芒译：《纯粹理性批判》，北京：人民出版社，2008 年版。

③ 陈嘉明：《理性与现代性——兼论当代中国现代性的建构》，载《厦门大学学报（社会科学版）》2004 年第 5 期，第 6 页。

值为趋向的行为；自觉或不自觉遵从风俗习惯的行为；受感情和情绪影响的"情绪化"行为。[①]韦伯认为现实中人的行为常常是多种趋向行为的混杂，但他同时认为人的行为一般是自觉的和有意识的，因此前两种行为最为重要。据此，韦伯将人的理性划分为工具理性和价值理性。按照这种划分，自启蒙运动开始，欧洲人对于理性就形成了一种工具性理解的思维定式，工具理性也因之成为现代社会的主要意识形态。

　　之后的哲学家对理性，特别是韦伯的工具理性概念进行了诸多批判。比如弗洛伊德将人的本质认定为一种性本能的冲动，叔本华和尼采将人的本质认定为意志，认为理性只是满足意志的手段。海德格尔曾将人的本质界定为生存，从而反对理性主义将主体与客体分离、对立的做法。作为后现代主义者的福柯则批评理性在本质上是一个历史性概念，因为它与权力联系在一起，表达的是强势一方的意愿。在此基础上，他否认自在、恒久理性的存在。当然，对理性的批评中持续时间最长、影响最大的要数对工具理性（技术理性）的批判。"投入这一批判洪流的，几乎囊括了20世纪西方哲学的所有主要派别，包括胡塞尔的先验现象学、舍勒的价值现象学，雅斯贝尔斯、海德格尔、马塞尔、马丁·布伯的存在主义，伽德默尔的解释学，马尔库塞、哈贝马斯等的法兰克福学派，直至当今的利奥塔、德里达等后现代主义。"[②]尽管分属不同的哲学派别，这些哲学家都认为科学技术在促进社会发展进步的同时发生了异化，科技理性"成为一种新的'意识形态'"，[③]这种科技至上的意识形态导致人的意义被忽略了，人因

---

① 参见〔德〕马克斯·韦伯著，阎克文译：《经济与社会（第一卷）》，上海：上海世纪出版集团，2010年版，第114~116页。

② 陈嘉明：《理性与现代性——兼论当代中国现代性的建构》，载《厦门大学学报（社会科学版）》2004年第5期，第8页。

③ 陈嘉明：《理性与现代性——兼论当代中国现代性的建构》，载《厦门大学学报（社会科学版）》2004年第5期，第8页。

而成为没有超越与批判能力的"单向度的人"。同时他们也都注意到人对自然的统治和掠夺造成人与自然关系的不和谐。与大部分批评者只破不立的做法不同，哈贝马斯将社会划分为一个社会功能系统和一个"生活世界"，社会功能系统遵循工具理性逻辑，而在"生活世界"中，人与人之间的互动所遵循的不是工具理性，而是交往理性（Communicative Rationality）。哈贝马斯的这一发现无疑具有重要意义，但是，就连哈贝马斯自己也承认，这一发现对于理性重构的建设性含义依然非常有限。罗尔斯也针对传统的个体理性概念提出了"公共理性"概念，力求寻求公民认识的"最大公约数"，在公民中实现一种以公共的善和根本性的正义为目标的"重叠共识"。然而，关于公共理性的内容该如何界定仍然非常困难。

尽管学者们对理性，特别是工具理性进行了激烈批判，但在近现代以来的欧洲社会（以及后来的世界社会）中工具理性仍然以不可阻挡之势强力扩展，甚至说，它已经变成社会的组织原则，渗透到社会政治、经济生活的各个方面。相应地，以工具理性定义的"理性化"已经成为"资本主义精神"的核心内涵，并因而也成为现代性的核心内涵之一。"在经济方面，这种理性化表现为精确计算投资与收益之比的'簿记方法'，在政治行为方面，表现为行政管理上的科层化、制度化，在法律行为方面，表现为司法过程的程序化，在文化行为方面，表现为世界的'祛魅'过程，即世俗化过程。"[①] 工具理性的社会主导地位实际在文艺复兴、宗教改革、启蒙运动和资本主义迅速发展等一系列重大事件发生时就已经成为一种必然趋势，人们的政治、经济、文化生活也便出现了城市化、契约化、科层化、理性化、民主化等"现代性"特征。

毫无疑问，这一系列现代性特征对资本主义的蓬勃发展和生产力

---

① 陈嘉明：《理性与现代性——兼论当代中国现代性的建构》，载《厦门大学学报（社会科学版）》2004 年第 5 期，第 6~7 页。

水平的迅速提高具有极为重要的意义。然而，正如韦伯所指出的那样，近现代理性所经历的是一个工具理性不断扩展、价值理性因受挤压而不断萎缩的过程。价值理性的萎缩，带来的是人类生活的价值虚无。一方面，人被科学技术的至高地位所统治，科技理性成为主导的应然逻辑，人被束缚于这一逻辑之中，丧失了自我超越和批判的能力，刚从"神学奴婢"的状态解放出来，却又陷入了"科学奴婢"的泥淖；另一方面，工具理性的观念在工业资本主义的社会中发展成为社会文化系统的主导观念，而这种观念宿命性地带来了科层（官僚）政治体制，人从而又受契约化和官僚化的统治，其他可能的生活方式被压制至极为狭小的空间。

遗憾的是，虽然诸多大思想家在价值理性上倾注了大量心血，但在现代性的浪潮中工具理性主导的时代精神依然难以扭转。韦伯认为资本主义精神来源于新教伦理，[①] 新教伦理为工具理性的大行其道提供了充足的合法性空间。然而，"一旦工具理性化过程展开了，其形式结构就依循自身的内在逻辑发展演进，日益摆脱价值理性的制约、驾驭，成为凌驾一切的自在目的"。[②] "理性的暴政"难以避免，人成为科技、商品和科层（官僚）制度的奴隶。随着二战后逐渐发展成

---

① 如果按照韦伯的理性二分法，新教伦理应该属于价值理性的范畴。那么，作为价值理性的新教伦理何以带来了以工具理性为核心含义的资本主义精神？这在逻辑上不是自相矛盾的吗？实际上，工具理性和价值理性是理性的不同层面，工具理性提供因果逻辑，价值理性提供适当性逻辑。因果逻辑必然对应严密推理和算计过程，适当性逻辑却可以有众多不同的价值诉求。新教伦理正是通过"天职论"对原有教义进行了"祛魅化"处理，使自身的价值理性趋向世俗化。这一特征为人的工具理性的发挥提供了极为广阔的空间，从而孕育了以工具理性为核心特征的现代资本主义精神。参见〔德〕马克斯·韦伯著，康乐等译：《韦伯作品集Ⅻ：新教伦理与资本主义精神》，桂林：广西师范大学出版社，2011年版。

② 许纪霖：《现代性的反省》，载《读书》1992年第1期，第4页。

熟的"现代化命题"① 向全球范围扩展，其有关"现代"与"传统"的二分法所暗含的"先进"与"落后"的价值判断深刻地影响和改变着人的思维方式，导致欧洲之外的人们在反思自身社会的价值观念时也不可避免地受工具理性的暗中驱使。比如在亚洲，当技术上的成功带来经济上的繁荣之后，人们开始重新思考"亚洲价值"，但这一前后逻辑关系已经在很大程度上决定了关于亚洲价值的反思主要集中在挖掘亚洲价值中有利于工具理性扩散与内化的因素，而很少涉及东亚生活的内在价值尺度等问题。现代社会的问题在于工具理性的体制化运作大量侵蚀了生活世界的领域，因此人们之间的理解与沟通被各式各样的权益计算所分割。比如遵循工具理性原则的国家体制将家庭中的各个成员看作相互孤立的个体，把血缘关系以及由之产生的家庭伦理打乱，从而破坏了原有的生活世界。

工具理性在资本主义世界的盛行及其向全世界的强势扩散，导致人们在近代欧洲国际关系和现代世界范围的国际关系实践中也宿命性地遵循工具理性的规则和原理。《威斯特伐利亚和约》、《凡尔赛条约》、国际联盟、联合国等一系列重大国际关系实践均以工具理性为

---

① 现代化理论从萌芽至成熟，大致经历了三个阶段。第一个阶段（18 世纪到 20 世纪初）可称为启蒙时代，以总结和探讨西欧国家自身的资本主义现代化经验和面临的问题为主，其中主要的学者有洛克、孔德、圣西门、斯宾塞、涂尔干、滕尼斯和韦伯等。第二个阶段是现代化理论的形成时期（从二次世界大战后至 20 世纪六七十年代），以美国为中心，形成了比较完整的理论体系，主要学者有社会学家帕森斯、政治学家亨廷顿等。第三个阶段（从 20 世纪六七十年代至今）研究的核心是如何处理非西方的后进国家现代化建设中的传统与现代的关系。参见〔美〕T. 帕森斯著，梁向阳译：《现代社会的结构与过程》，北京：光明日报出版社，1988 年版。Talcott Parsons, *Working papers in the Theory of Action*, New York：The Free Press, 1953；Talcott Parsons, *Sociological Theory and Modern Society*, New York：The Free Press, 1976；Talcott Parsons, *The Social System*, London：Routledge, 1991；Talcott Parsons, *The Evolution of Societies*, N. J.：Prentice Hall, 1977；Cril E. Black, ed., *Comparative Modernization*, N. J.：Free Press, 1976；William Hardy Mcneill, *The Rise of the West*, Chicago：The University of Chicago Press, 1991.

原则，探索维护世界和平稳定的可行路径。尽管在这些实践中人们没有刻意寻求工具理性逻辑，但它已经融入政治家的血液中，成为一种集体无意识的理所当然。这一时代特征也在很大程度上决定了当今世界政治架构的形态和国际秩序的总体特征（见表3-2）。

表3-2　西方现代价值体系的核心特征

世界观与秩序观	现代主权国家体系
社会本体	个人主义
伦理规则	以形式逻辑为内核的工具理性逻辑

第三节　主权观念在东亚的生成逻辑之一：东西价值体系竞争

自近代以来，以工具理性为核心特征的西方现代性席卷了东亚地区，东亚地区原有的社会政治结构和价值体系遭到重创。在观念领域，这一过程在宏观层面上表现为东亚传统价值体系的延续与变革，在微观层面上表现为东亚人对传统价值观念的反思和对西方现代价值观念的借鉴。这个过程无疑是漫长和艰辛的。以中国为例，自清末以来，国人一直在探索东西融合之道，"东"与"西"、"体"与"用"成为全中国思考的世纪性命题。这一思考进程直到今天依然没有结束，"古""今""中""西"依然在困扰着中国人的思想信念、政治制度以及社会秩序。不过，难以否认的是，随着全球化的深入发展，西方现代性作为外来的竞争性价值体系不可避免地在东方、在中国产生广泛而深刻的影响，不但改变着人们的思想观念，而且影响着国家政治和地区秩序的运行模式。全面地论述现代性在东亚的扩展以及东亚的吸纳与反刍不是本书的任务，所以，此处我们仅从关系本位与个人主义、伦理本位与工具理性、"家—国—天下"与民族国家三个维度来论述东亚传统价值体系和西方现代价值体系竞争的内在机理（见图3-1）。

一　东西价值体系竞争的内在机理

（一）个人主义与关系本位

如前所述，关系本位是中国文化和社会结构的一个核心特征。这一特征决定着中国社会秩序和政治制度的运作原理。虽然日本与东南亚不能完全被视为典型的儒家文化，也不能等同于中国传统社会结构，但东亚地区各国传统社会结构、政治体制、价值体系中的一个重要的共同特征就是个人的缺位。与之相反，西方文明，特别是近代以来的西方文明，尤其注重对个人的关怀。为了从教会和封建专制的束缚中摆脱出来，文艺复兴、宗教改革以及启蒙运动时期的思想家们特别强调个人是一切道德和价值的终极追求，强调天赋人权，强调个人至上，强调个人价值的实现。随着环球航海壮举的完成，以及工业资本主义的发展和东方殖民体系的建立，西方的这一价值理念开始冲击东亚传统的关系本位。这一维度的要求是唤醒东亚人对个人权利的意识。但是，个人主义对东亚人的吸引力是无法与对欧洲人的吸引力相比的。欧洲是在基督教教义强力挤压理性、教权彻底垄断价值信仰合法性叙述的情况下唤醒个体主义的，是从"神"的逻辑到"人"的逻辑的转变，因此唤醒个人权利的过程也是一个"祛魅化"的过程。与之相比，东亚传统价值体系中并没有神权对人性的严重挤压。东亚传统文化是一种入世文化，注重对世俗的关怀，鬼魅色彩较为淡薄。既然没有神权对人性的严重挤压，唤醒人性的渴求度和紧迫性也就没有中世纪末期的欧洲那样强烈。并且，关系本位是东亚传统价值体系最深层次的要素，可谓东亚传统价值体系的内核，这一特征在一定程度上决定了东亚的责任伦理和天下观念。挑战这一要素，意味着彻底推翻东亚传统价值体系，意味着要从根本上打破东亚传统社会结构、历史记忆以及经济关系，其难度可想而知。可以说，对关系本位的挑战是西方现代价值体系与东亚传统价值体系竞争时面临的最为根本的问题，自然也是最为困难的问题。

（二）权利本位与责任本位

虽然东亚地区在行事逻辑上存在诸如中国的责任伦理和日本的报恩/仇伦理之别，但二者都是以一种伦理义务的形式出现的，从根本上说都是一种责任伦理。这种行事逻辑容易忽略个人权利，强调个人的自我约束和"各就其位"。不同的身份、角色、地位赋予每个人不同的责任，要求个人以完成这一责任为价值诉求，集体因之达成分工协作和彼此和谐的目标。西方现代价值体系中的个人主义强调个人对自由、平等的追求是正当的，人人生而平等，强调个人对自身权利诉求的正当性。如果说东亚传统价值体系中个人的价值在于在社会体系中扮演恰当角色的话，那么西方现代价值体系中个人对自身权利的追求本身就是最高的价值诉求。西方现代价值体系在很大程度上将个人原子化，集体的有机协调和等级秩序不再被视为一种价值，相反，集体只是被视为实现个体价值的手段。

自由主义理念的真正内涵在于权利和责任的对等，但由于启蒙运动的历史任务在于反专制和反精神束缚，其在唤醒民众权利意识的同时，却在一定程度上忽视了责任意识。这一特点致使西方现代价值体系中的权利逻辑在一定程度上挤压了责任逻辑。当西方现代价值体系呈现在东亚面前时，权利逻辑成为其非常鲜明的特点。相应地，西方现代价值体系对东亚传统价值体系挑战的另一个维度就表现为权利逻辑与责任逻辑之间的竞争。从现实角度来讲，权利逻辑比个人主义更容易为东亚人接受，这是由东亚传统政治体制集权和专制的特征决定的。不过，在表面有吸引力的背后，也存在难以解决的困难：两种伦理规则竞争的背后是东西方行为逻辑的差异。西方权利逻辑背后的理论叙述遵循着形式逻辑的路径，即将个人价值作为起点，由此推演，得出人对权利诉求的合法性；东亚责任伦理背后的理论叙述则遵循着相对逻辑的路径，即对某一身份的 A 和另一身份的 B 进行主体间思考，重在探索实现二者和谐相处的伦理叙述，其结果是对 A 和 B 分别提出了不同的伦理要求，即伦理规则对不同人来说是相对的，权利与义务不具有西方价值体系之内的那种确定性。

可见，权利逻辑挑战责任逻辑的背后是两种行为方式的竞争，同时也是个人本位对关系本位的挑战。尽管权利说对民众具有较强的吸引力，容易获得较大程度的认可，但权利学说背后的深层逻辑却难以在民众中扎根，因此，权利观的挑战，在价值体系的表层容易取得成功，但在深层的思维方式和思维习惯上却难以取得压倒性优势。

（三）民族国家与"家—国—天下"

西方现代价值体系挑战东亚传统价值体系的第三个维度表现为两种世界秩序观之间的竞争。具体来讲，西方现代民族国家体系冲击传统上存在于东亚地区的"家—国—天下"体系，国家间关系的平行范式冲击东亚传统等级秩序范式。在这一竞争维度上，西方的世界观和秩序观较为容易取得相对东亚的压倒性优势。这是因为：第一，西方现代民族国家体系毫无疑问与人类对世界不断加深的认识相契合。环球航行用事实证明了世界的球体形状，这一空间概念上的变革为人类意识带来的变化是："世界上不存在所谓的中心，在球体上任一地点的位置都是相对的，因而都是平等的。"然而，东亚传统世界观和秩序观暗含的空间想象是"天圆地方"的空间模型，作为"中心"的中原地区在自然条件和发展水平上相比"外部"地区具有天然的优势。空间概念上的颠覆性革命一方面用事实支撑了西方现代民族国家体系的世界观与秩序观，另一方面则沉重打击了东亚传统的世界秩序观。第二，西方现代民族国家体系的秩序观是随着西方的强势地位拓展到东亚地区的。这一事实对东亚地区各个国家的寓意有共性也有区别。从共性上来看，东亚地区各国都是在受到外部强势权力这一结构性压力的背景下接触到主权国家概念的，结构地位决定了东亚各国争取独立、自主、平等地位的迫切性和积极性，民族国家、民族主义成为他们实现权力目标的合法性叙述和手段。从个性上看，在东亚传统秩序中，各国的地位一定程度上呈现出等级性特征，因此不同地位的国家在面临这一情势时心态不同。具体来讲，中国在西方强势压力下经历了巨大的心理落差，由天朝上国变为受人欺凌的国家，救亡图存成为中国近现代史的主题，而以民族国家争取平等国际地位成为国民的共同目标；日本在东亚传统秩序中一直处于半游离状态，并且国内民族构成单一，因而在外部势力渗透、中国晚清政权颓势日显的情况下很容易接受西方现代民族国家概念，并以之挑战中国传统霸主地位，争取与西方列强平起平坐的地位；东亚其他中小国家在历史上一直处于准等级秩序的中下层次，民族国家体系所暗含的"万邦林立"的平等逻辑对其吸引力之大可想而知。虽然各国的核心关切不尽相同，但从中不难发现，建立现代民族国家对于东亚各国来讲都具有现实吸引力，这一情势就决定了主权国家体系在挑战"家—国—天下"世界观时必将取得压倒性优势。

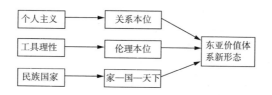

图 3 - 1　西方现代价值体系挑战东亚传统价值体系的三个维度

二　价值体系竞争与主权观念在东亚的生成

如前所述，主权概念实际由对内和对外两个向度组成，在对外向度上表现为主权规范，即各国互相尊重彼此的独立、自主和平等地位；在对内向度上则存在个人与国家两种不同的价值取向，或者将个人视为目的，将国家视为手段，或者将国家本身视为目的，强调国家拥有无法划归到个人层面的价值。东亚主权观念的生成，是在东西方价值体系竞争的大背景下展开的。东西价值体系竞争的内在机理决定了东亚主权观念生成过程的独特性。换言之，东亚主权观念的生成实际是在上述关系本位与个人主义、责任伦理与权利伦理以及"家—国—天下"与民族国家三个维度的竞争中逐渐衍生的（见图 3 - 2）。这一事实决定了东亚主权观念的地区性特征。

受结构压力和对世界认识深化的驱动，东亚各国广泛地接受了国家主权的独立、自主等观念，对主权观念对外向度含义的接受较为积极主动。与之相比，东亚各国对主权对内向度含义的接受则受到价值竞争的深刻影响。正如本节第一部分论述的那样，在三个维度的价值竞争中，个人主义对关系本位的挑战是极为困难的，权利伦理对责任伦理的挑战也受到思维方式和思维习惯的严重制约，在这两个维度上，西方价值逻辑短时期内难以取得较大的成功。价值竞争上的困难在现实中的反映就是个人主义理念在东亚难以扎根。因此，在主权的对内向度上，东亚地区缺乏个人价值与国家价值间的张力关系，各个国家纷纷倒向了整体主义的国家观念（见图3－2）。

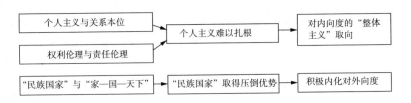

图3－2　东西价值体系竞争与主权观念在东亚的生成

本章小结

虽然主权是一个近代以来形成的概念，但关于主权的学说却有着非常久远的历史。在漫长的发展历程中，主权学说实际存在"神""人""国家"三种截然不同的逻辑，只是到了近代，主权才被赋予了对外向度的含义。主权的对内向度与对外向度不可避免地结合在一起，并且对内向度上的不同逻辑对于主权对外向度含义的影响是不同的。目前来看，"人"和"国家"两种主权逻辑学说占有更为显要的位置。"人"的逻辑在国内层面本身就与作为整体的国家的价值存在二元张力，同时"人"的逻辑在国际伦理中的反映就是对主权价值构成极大挑战的"世界主义"。而"国家"的逻辑无论在国内层面还是国际层面与主权观念都不存在明显的逻辑冲突，因而起到加固主权观念的作用。

　　西方的主权概念是在东西方价值体系竞争的大背景下来到东亚的。西方现代价值体系与国际政治密切相关的三层内涵分别是对个人价值的发现、民族国家的生成以及以工具理性为主要特征的现代性的大行其道。西方现代价值体系这三个向度上的含义分别挑战着东亚传统价值体系中对人之定位的"关系性"、在国际秩序观上的"家—国—天下"模式以及在行为逻辑上的责任伦理。从以上三个向度理解两种价值体系竞争时需要注意，这三个向度并非单纯的并列关系，对人的定位处于价值体系的核心层，对行为逻辑的偏好与对人的定位紧密相连，而国际秩序观则处于价值体系相对外层的位置。并且，如前文所述，东亚传统国际秩序观自身是存有内在逻辑矛盾的。因此，在三个向度的竞争中，主权国家体系在与"家—国—天下"观念的竞争中取得了绝对性优势，但个人主义和权利伦理这两个向度却难以获得同样程度的成功。个人主义不易在东亚扎根，这在一定程度上导致了东亚在主权对内向度上的整体主义（国家）取向。

第四章

过程变量：近现代东亚权力结构
变迁及其对主权观念的塑造

在认识东亚地区近代以来国际体系变迁之前，有必要从整体上界定现代世界历史的分期。为更系统地展现现代世界政治的演进路径，我们借鉴布赞和利特尔的标准，将公元 1500 年作为划分历史阶段的界碑。这是因为，在这一时期，作为现代国际体系主要行为者的现代国家在欧洲已经诞生，同时，远洋帆船的出现和新航路的开辟也为国际体系迅速向全球扩展提供了必要条件。[①]

进入现代以后，人类历史的发展仍然经历了几次重大转折（或曰标志性事件）。1648 年的《威斯特伐利亚和约》在欧洲确立了以现代国家为主导单位的现代国际体系，并且，伴随着欧洲经济上优势地位的确立，这一体系逐渐向全球扩展。19 世纪中叶的工业革命大大加强了国家之间互动的能力；随着资本主义的发展，自由资本主义思想开始挑战并最终取代重商主义，扫除了各国间社会互动深入发展的一大障碍；同时，由于西方势力的全球扩张，"一个完整的军事—政治国际体系延伸到全世界，随着中国和日本被西方列强击败，地理上的封闭消失了"。[②]

---

① 〔英〕巴里·布赞、理查德·利特尔著，刘德斌主译：《世界历史中的国际体系》，北京：高等教育出版社，2004 年版，第 354 页。

② 〔英〕巴里·布赞、理查德·利特尔著，刘德斌主译：《世界历史中的国际体系》，北京：高等教育出版社，2004 年版，第 354 页。

如果说 19 世纪中叶的重要意义在于消除了地理上的封闭，并且国际体系得以延伸到全世界的话，那么到了 20 世纪初，列强已经将殖民地的所有领土瓜分完毕，从而完成了列强间利益边界的闭合。这一闭合的意义在于，列强之间的扩张由一个正和游戏向零和游戏转移。这意味着列强间矛盾和冲突的加剧，以致布赞和利特尔将 20 世纪的第一次世界大战、第二次世界大战以及冷战均视为这一情势的后果。经历了两次世界大战，1945 年之后的世界政治主要有三大特征。第一，长期存在的世界多极结构转向了美苏对抗的两极结构；第二，各殖民地国家纷纷以民族解放为旗帜开展了大范围的去殖民化（decolonization）运动；第三，核武器的出现使得列强间出现直接和大规模冲突的可能性大为降低，世界局势维持了近半个世纪的"冷和平"。

1989 年开始，世界政治体系似乎进入一个新的历史时期。首先，两极体制结束，代之而起的是美国一国独大和以中国为代表的新兴经济体开始进入快速发展轨道。其次，在一些学者看来，意识形态进入了"历史的终结"，自由资本主义意识形态全面压倒了社会主义意识形态，社会主义话语体系受到前所未有的挤压。最后，随着去殖民化浪潮的发展，亚洲新独立各国的经济迅速发展，逐渐侵蚀和弱化西方优势地位，以致人们通常认为世界政治重心正在由西方向东方转移。

与世界政治发展阶段相吻合，东亚地区自近现代以来也主要经历了西方殖民入侵、日本的强大及其对外扩张、美苏两强争霸与东亚各国摆脱殖民统治的斗争，以及冷战后中国崛起与东亚其他各国在中美之间实施对冲战略等各具特色的历史时期。为了叙述的方便，本章分别简要回顾中、日和东南亚的历史经历，并在最后分析归纳东亚地区近现代史的特征及其对国际政治体系的影响。①

---

① 笔者在行文过程中将非常注意叙述的详略。

第一节　中国的历史经历与权力地位变迁

1500 年以前，东亚地区（特别是中国近周边地区）可视为一种集"朝贡"经济体系、"宗藩"政治关系和"华夷"文化格局为一体的综合性秩序，习惯上称为"朝贡体系"。在新航路尚未开辟、欧洲现代国家亦未建立之时，中国周边"朝贡秩序"与欧洲"基督教秩序"和中东"伊斯兰秩序"同时存在，构成了人类的三种主要秩序模式。但是，随着西方航海技术的发展和环球航行的实现，各秩序体系再也不可能彼此隔绝、相安无事了。东亚地区开始进入政治、经济、文化均受到西方强烈冲击的时代。从此，东亚一直处于一种政治、经济和文化上的弱势地位，导致了该地区政治上的破碎、经济上的依附和文化上的分裂与迷失。

一　西方殖民者早期的贸易要求与清政府的闭关政策

1511 年葡萄牙攻占马六甲，之后开始不断侵犯中国东南边境。明朝曾于 1523 年在广东新会海面击败葡萄牙商船，缴获其佛朗机炮，严禁与葡萄牙人进行贸易，并封锁了所有通商口岸。葡萄牙人并没有因此退却，而是于 1553 年获准在澳门居住，之后在澳门的葡萄牙人逐渐增多，以致"筑室千区"，"夷众万人"。① 随后来到东亚的是西班牙。西班牙 1571 年侵占了吕宋岛。荷兰殖民者 1601 年率舰队来到东方，1603 年和 1624 年侵袭澎湖地区未果，后于 1624 年侵入台湾，建立赤嵌城，搜刮财富、掠夺和贩卖人口。1662 年郑成功将荷兰殖民者赶出台湾。英国商船在 1637 年已到达中国广州沿岸，随着英国国内纺织工业的发展，其与中国的贸易很快便跃居首位。法国在 1660 年也派船到中国，不过法国的重点不在商业而在传教。1784 年

---

① 《万历南海县志》卷二十，庞尚鹏：《抚处濠境澳夷疏》，转引自翦伯赞主编《中国史纲要》（下），北京：人民出版社，1994 年修订版，第 232 页。

美国与中国有了贸易关系，到 19 世纪，美国到中国的船只数目已经超过了其他国家船只的总和。[①] 由于担忧外国商人与沿海居民往来会"滋生事端"，甚至挑起本国臣民的反叛意识，清王朝基本采取了闭关锁国的政策。虽然在康熙年间曾开关允许对外贸易，但对外国商船活动的防范极为严格。清政府的闭关政策使西方商人在中国的贸易行为受到严重束缚。为了改善这种处境，英国曾多次派使臣到北京交涉，均未得到清政府同意。到 1883 年，英国东印度公司的专卖权被取消，重商主义经济模式开始让位于自由主义经济模式，已经掌握政权的资产阶级对外贸易扩张的需求更为强烈，为达目的，不惜采取武力。

二　战场上的接连失利与国际地位的持续下降

1840 年 2 月，英国内阁决定发动对华战争。同年 6 月，英国驻华商务总监义律（George Elliot）统率四千士兵抵达中国，正式发动鸦片战争。1942 年 8 月 29 日，中英两国签署《南京条约》，战败的清政府付出了赔款、割地和开放广州、厦门、福州、宁波、上海五个通商口岸的沉重代价。1844 年 7 月，《中美望厦条约》签订。1844 年 10 月，《中法黄埔条约》签订，比利时和瑞典·挪威（联合王国）也都在"利益均沾"名义下享受类似英国的特权。中国从此进入了半殖民地的历史阶段。1856 年，英法两国发动第二次鸦片战争。1857 年 12 月，英法两国侵略军攻陷广州。1858 年 5 月，英法两军攻陷大沽、天津，情势压迫下清政府与英、法、俄、美四国签订了《天津条约》。侵略军撤出天津，并约定于第二年到北京换约。1859 年 6 月，按照约定前来换约的英法公使拒绝按照清政府指定的路线在北塘登陆进京，而以军舰攻击大沽炮台。美国军舰也加入进来，但几国联军并未取得成功。1860 年，英法联合组织

---

① 参见翦伯赞主编《中国史纲要》（下），北京：人民出版社，1994 年修订版，第 304 页。

更为庞大的侵略军北上进攻。8月攻陷大沽、天津，9月下旬侵略军攻至北京城外，清政府与侵略者签订了《北京条约》。与此同时，北方的俄国于1858年迫使清政府签订了《瑷珲条约》，侵占了黑龙江以北大片土地。1860年又通过《中俄北京续增条约》，将乌苏里江以东的大片土地侵吞。

1894年，朝鲜发生农民起义，朝鲜统治者向清政府乞援。6月初，清朝将领叶志超率军开抵朝鲜。同月9日，日军在仁川登陆，并于次日进攻汉城（今首尔）。李鸿章力图借英、俄对日本施压，未果。8月1日，中、日两国开战，"甲午战争"爆发。经平壤之战和黄海海战，辽东半岛全部陷落，威海卫北洋水师全军覆没，清政府败局已定。1895年4月17日，李鸿章与伊藤博文签订《马关条约》，规定朝鲜完全"自主"，中国割让了辽东、台湾、澎湖列岛；清政府赔偿日本军费二万万两白银；允许日本资本家在通商口岸开设工厂；开放沙市、重庆、苏州、杭州为商埠，允许日本商船驶至上述各地。在此后的两三年中，英、德、俄、法通过租借地和划分势力范围等新的方式对中国进行瓜分。中国沿海的主要港口都被外国侵占或控制，主要铁路干线的"筑路权"也都落入列强之手。事实上，正如前文所提到的，到1900年左右，西方列强已将世界大部分地区瓜分完毕，并在中国展开了激烈争夺，都想在瓜分中国的浪潮中分得一杯羹。但是，由于中国的政治、经济和文化发展水平毕竟与亚非拉其他小国不同，列强对中国的瓜分也相对谨慎。它们改变两次鸦片战争期间的态度，转而寻求通过支持清政府从而获取"租借地""筑路权"等方式来攫取利益。作为后来者，美国在争夺中国利益的竞争中处于劣势。为了打破列强在各自势力范围之内实行垄断的态势，美国1899年提出了与列强分享权利的"门户开放"政策。1900年，英、美、日、俄、德、法、奥、意八国联军以清政府对义和团镇压不力为由，打着保护使馆的旗号由塘沽登陆，向北京强力开进。八国联军强占北京、天津，沙俄则占领了东北三省的重要城市。但是列强无力彻底瓜分中国，正如八国联军统帅瓦德西所言："无论欧美日本各国，皆无此脑力与兵力可以统治此天下生灵四分之一。……故瓜分一事，实为下策。"[1] 1900年7月，美国再次向列强发出"门户开放"通牒，提出"保护中国领土和行政的完整"，其实质是想建立对中国的共管，从而实现利益均沾。1901年9月，清政府与各国签订《辛丑条约》，用史学界的传统表述，"中国从此陷入半殖民地的深渊"。

《辛丑条约》签订后，列强通过控制中央政府，以新开通商口岸，掠夺矿权、路权以及控制财政、金融等方式继续深化对中国的殖民掠夺。1904年2月，日本在美国"门户开放"政策掩护下，借助英日同盟，在中国东北发动了对俄战争，将沙俄势力逼退到东北三省北部。1903年12月英国入侵西藏，1904年8月攻陷拉萨，1906年与清政府谈判，将江孜、噶大克开为商埠。1907年清政府在西藏实施"新政"，1910年派军进驻西藏，十三世达赖喇嘛潜逃印度。1911年辛亥革命爆发，1912年英国将十三世达赖喇嘛送回西藏行使政权。1914年7月，英国与西藏地方代表私自签订所谓"西姆拉条约"，中国政府没有在这个条约上签字。

三　从民国政府到新中国成立前的救亡图存历程

1914年8月，第一次世界大战爆发。日本加入了英、法、俄等国组成的协约国集团对德宣战，派遣军队占据青岛和胶济铁路，夺取了德国在山东的权益。日本的野心不止于此，事实上，日本是想趁列强战争无暇东顾之机实现对中国的独占。1915年1月，日本向袁世凯政府提出了二十一条要求，如果这些要求得到满足，中国将沦为日本的附属国。鉴于国内外压力和个人权势的考虑，袁世凯选择答应除第五条之外的全部要求。1915年5月25日，中日两国在北京签订了关于二十一条的"民四条约"及换文，日本在中国的势力进一步扩

---

① 转引翦伯赞主编《中国史纲要》（下），北京：人民出版社，1994年修订版，第427页。

大。一战结束后，进行战后安排的巴黎和会在山东问题上站到了日本一边，中国代表严正抗议。加之国内发生五四运动，中国代表最终拒绝在和约上签字。在 1921 年 11 月召开的关于限制海军军备及太平洋与远东问题的华盛顿会议期间，中日两国在会议之外进行了关于山东问题的直接会谈。1922 年 2 月 4 日双方签订了解决山东悬案条约及附约，规定条约实施后 6 个月内将胶州湾归还中国，日本驻青岛及沿胶济铁路的军队亦于 6 个月内撤出，胶济铁路归还中国。日本同时保留了一些苛刻的要求。1931 年 9 月 18 日，日军大举进攻沈阳，到 1932 年初，整个东北三省全部被日军占领。1932 年 3 月 1 日，日本扶植溥仪成立了所谓"满洲国"。1937 年"七七事变"标志着日本开始全面侵华。1945 年日本无条件投降，中国自近代以来受侵略的历史宣告结束（见表 4-1）。到 1949 年，中国的独立外交进入一个新的历史时期。

表 4-1　近代以来中国经历的重大事件及其影响

时间	事件	影响
1840 年	中英鸦片战争及《南京条约》的签订	天朝上国的幻想破灭，开始平视西方国家
1895 年	中日甲午战争及《马关条约》的签订	历史上首次败给日本，中日权力易位
1901 年	《辛丑条约》的签订	陷入半殖民地半封建社会的深渊
1931 年	九一八事变，日本侵占中国东北	在东亚的传统大国印象荡然无存，开始了艰苦的抗战历程
1945 年	日本投降，抗日战争结束	东亚大国形象得以恢复，中日政治地位再次易位

第二节　日本的历史经历与权力地位变迁

日本在丰臣秀吉与明朝的战争之后，实际处于以中国明、清王朝为中心的朝贡体系之外，甚至通过将琉球和朝鲜作为"通信之国"组建了一个以自己为中心的小型的"朝贡体系"。从18世纪中叶开始，欧美各资本主义国家与日本的接触逐渐增多。根据信夫清三郎的统计，从1764年到1854年间，欧美国家与日本共接触了52次，其中俄国17次，英国19次，美国14次，法国2次。① 这其中最具标志性意义的是美国佩里将军1853年率东印度舰队到日本"叩关"，迫使日本放弃自1633年开始实施的锁国政策而被迫开国，史称"黑船事件"。19世纪50年代，日本被迫与欧美列强签订一系列不平等条约。1854年3月3日与美国签订《日美亲善条约》；1854年8月23日与英国签订"亲善条约"；1854年12月21日与俄国签订"亲善条约"；1855年12月23日与荷兰签订"亲善条约"。英法发动第二次鸦片战争后，日本迫于压力，1858年6月19日又与美国签订《日美修好通商条约》；1858年7月10日又分别与荷兰、俄国、英国签订"修好通商条约"；9月3日与法国签订"修好通商条约"。1858年日本与美、荷、俄、英、法五国签订的上述条约，又被称为"安政五国条约"。② 经过这一系列不平等条约的签订，日本成为半殖民地国家。

一　开国与修约以争取平等国际地位

在外部强大压力下，日本国内下级武士起初认为社会混乱的原因在于外国入侵，因而不断发动袭击外国人的"攘夷行动"。不过，下级武士很快意识到"攘夷"并不可行，他们的立场很快由"尊王攘夷"转向了"尊王倒幕"。1866年明治天皇即位。1867年，迫于倒幕派武装讨幕的压力，第十五代幕府将军德川庆喜提出"大政奉还"，将统治权交给天皇。1867年年底，明治天皇颁布"王政复古大

---

① 〔日〕信夫清三郎编，天津社会科学院日本问题研究所译：《日本外交史》（上册），北京：商务印书馆，1980年版，第36~37页。

② 臧运祜：《近代日本亚太政策的演变》，北京：北京大学出版社，2009年版，第16页。

号令"，废除幕府，成立新政府。1868 年，明治天皇开始推行对日本命运具有转折意义的"明治维新"。经过大约 20 年的改革，日本政治上完成了国家统一，经济上实现了近代产业的发展，逐渐走上了西方资本主义道路。

明治政府时期，日本通过与中国签订《日中修好条规》第一次在两国关系中获得平等地位，并通过入侵台湾、吞并琉球、涉足朝鲜等侵略活动，逐渐打破传统上以中国为中心的"朝贡体系"。日本兴起后外交上的主要假想对手就是中国，这从日本在处理琉球问题（对手是中国）与处理库页岛争端（对手是俄罗斯）上的不同风格就能窥豹一斑。①

除了对中国表现出明显的"进攻性"外交态势之外，自明治维新初期开始，日本就积极争取修改与欧美各国的不平等条约。历经副岛种臣、寺岛宗则、井上馨、大隈重信、青木周藏、榎木武扬、陆奥宗光、小村寿太郎等多任外相与欧美各国的反复交涉，1910 年日本通告欧美各国，宣布废除同这些国家缔结的条约。到 1937 年，日本同有关国家就废除土地永久租借制度相互交换了公文。"至此，经过多年努力，日本终于实现了自己的目标，修改了之前同欧美国家缔结的条约。在这个过程中获得了巨大的发展，同时也改变了远东地区的国际关系。但是，与此同时，日本也成长为一个新兴的帝国主义国家。也就是说，日本的近代化发展伴随着另外一个侧面，具有双重性。"②

二 甲午、日俄战争与日本国际地位的上升

在争取与欧美国家平等国际地位的同时，日本在东亚地区则开始实施扩张政策。1872 年，日本新政府将琉球国王尚泰封为琉球藩王，1874 年，日本为琉球问题出兵台湾。1879 年，日本将琉球藩改为冲

---

① 〔日〕大畑笃四郎著，梁云祥等译：《简明日本外交史》，北京：世界知识出版社，2009 年版，第 31 页。

② 参见〔日〕大畑笃四郎著，梁云祥等译《简明日本外交史》，北京：世界知识出版社，2009 年版，第 48 页。

绳县，命令尚泰交出琉球统治权，迫使其移居东京，从而完成了对琉球的吞并。除琉球问题外，朝鲜问题是日本在明治维新前期东亚外交政策中的最大课题。1875年，日本借"江华岛事件"向朝鲜施压，通过实施军事威胁，迫使朝鲜签订《日朝修好条约》，率先打开朝鲜国门。此后，日本以实现朝鲜的独立自主为名，不断扩大其对朝鲜的政治和经济影响，与清政府展开角力，侵蚀朝鲜作为清政府附属国这一事实。在这一过程中，日本的"大陆政策"也逐渐明晰，为了争夺朝鲜，对清战争已经势在必行。[①] 1894年朝鲜发生东学党起义，朝鲜政府请求清政府出兵帮助镇压。清政府出兵时，日本也决定出兵以在朝鲜问题上取得与中国的势力均衡，中日之战已不可避免。1894年8月1日两国开战。经9月17日黄海海战，日本获得制海权，10月开始进攻中国东北，11月占领旅顺和大连。1895年1月20日，日本占领威海卫，2月16日清政府北洋舰队战败。4月17日，中日两国签订《马关条约》，日方迫使清政府承认朝鲜完全独立，割辽东半岛、台湾、澎湖列岛给日本，赔偿日本白银两亿两，同意签订新的通商航海条约并给予日本最惠国待遇，开放港口和市场，承认日本人在中国进行商业活动的自由，日本对威海卫进行军事占领。后来，在德、俄、法三国干涉下，日本将辽东半岛返还中国，清政府向日本支付三千万两白银。甲午中日战争（日清战争）标志着日本在远东"西欧式新帝国"地位的确立，标志着中日两国在东亚地区权力地位的易位。日本利用从中国获得的巨额战争赔款，"一方面进行以扩充军备为核心的产业革命，另一方面获得了采用金本位制的资金，拿到了参加以伦敦为中心的国际金融市场的通行证。日本资本主义依靠地理上靠近中国和拥有较多的专管租界，取得了比欧洲列强更为有利的条件，登上了开拓中国市场的新旅程"。[②]

---

① 参见米庆余《日本近现代外交史》，北京：世界知识出版社，2010年版，第60~69页。

② 〔日〕信夫清三郎编，天津社会科学院日本问题研究所译：《日本外交史》（上册），北京：商务印书馆，1980年版，第293页。

随着清政府统治力的日渐衰弱，日本开始担心中国被西方列强逐渐吞食而导致自己的大陆政策落空，因此在国内出现了一种强调中日合作、主张援助中国革命的"保持中国完整论"。在美国向各国提出中国门户开放及利益均沾的原则之后，日本积极响应。在英德签订有关保证中国领土完整及门户开放的《英德长江协定》后，日本很快宣布加入。日本积极宣扬"保持中国领土完整"显然不是为了维护中国利益，而是为了更好地抑制西方国家在中国的利益，从而为自己的大陆政策做铺垫。在这一战略考量上，日本感受到的最大压力来自俄罗斯。为了与俄罗斯争夺在中国的利益，1902 年日本与英国建立了一种军事性同盟关系，其矛头指向俄罗斯的意图显而易见。1904年 2 月 8 日日俄战争爆发，日本在战场上取得节节胜利。1905 年 9 月 5 日，在美国斡旋下，日俄两国签订《朴茨茅斯和约》，俄罗斯承认日本在朝鲜半岛的权益，并将其在辽东半岛的权利及关于中东铁路南满段的各项权利都让给日本，在库页岛等问题上也做出了一定的让步。

甲午战争和日俄战争在日本的对外扩张史上具有十分重要的意义。日本接连战胜东亚传统宗主国和距离最近的帝国主义强国，标志着其已经成为东亚唯一的资本主义强国。如果说甲午战争前后日本形成了针对朝鲜和中国的大陆政策的话，日俄战争后日本最高统治集团已经就维持并继续扩张在亚洲大陆和太平洋地区的权益和势力达成了一致，近代日本亚太政策基本形成，并在此后逐步实施。① 此后不久，日本就彻底走上了与西方争夺殖民地利益的帝国主义道路。1910年 8 月 16 日，日本驻韩国统监兼陆军大臣寺内正毅交给韩国首相李完用一份关于吞并韩国的备忘录。8 月 23 日，日韩两国签订《日韩合并条约》。"韩国皇帝将韩国的统治权'完全且永久地交给日本天

---

① 参见臧运祜《近代日本亚太政策的演变》，北京：北京大学出版社，2009 年版，第 41～58 页。

皇，韩国被合并成为日本帝国的一部分。'"① 日本又与俄国签订四次《日俄协议》，对中国东北进行了利益划分，日本将朝鲜半岛、中国东北南部、内蒙古东部作为自己的势力范围，俄罗斯则将中国东北的北部、内蒙古西部、外蒙古作为自己的势力范围。

三　军国主义的膨胀与对外侵略扩张

1914 年第一次世界大战爆发，8 月 9 日，日本应英国要求对德宣战，主要负责打击德国在远东的势力。8 月 23 日，日本正式对德宣战，并很快出兵山东，11 月 7 日攻陷了青岛，同时也占领了德国此前在太平洋上占领的岛屿。1915 年 1 月 8 日，日本向袁世凯政府提出 "对华二十一条"。1915 年 5 月 9 日，中国政府接受了除第五条外的其他所有内容。在战后的凡尔赛会议上，日本最为关注的问题是："获得德国在中国山东的权益，得到赤道以北德国所属的南洋群岛，将人种平等原则明确写入国际联盟盟约，以及要求废除由日美移民问题而出现的美国及其他国家的种族差别制度。"② 就凡尔赛会议本身而言，日本除了将人种平等原则写入国际联盟盟约的目标没有实现之外，其他两项目的均已达到。中国代表拒绝在对德和约上签字。在两年后的华盛顿会议上，美、英、日、法、意五国签订了《关于限制海军军备条约》，规定美、英、日、法、意五国主力舰吨位保持 5∶5∶3∶1.67∶1.67 的比率，并对舰载大炮口径做出限制。在远东及太平洋分会议上，中国提出了恢复主权的多项要求。在英、美斡旋下，中日就山东问题进行了直接谈判，1922 年 2 月 4 日双方签订《中日解决山东悬案条约》，日本承诺将山东的德国旧租借地交还中国。日本还声明废除 "二十一条" 中的第五号文件，放弃在满蒙地区的投资优先权。不过，由于对华盛顿体系严重不满，日本很快走上大规模

---

① 〔日〕大畑笃四郎著，梁云祥等译：《简明日本外交史》，北京：世界知识出版社，2009 年版，第 90 页。

② 〔日〕大畑笃四郎著，梁云祥等译：《简明日本外交史》，北京：世界知识出版社，2009 年版，第 112 页。

军事扩张的道路。

在中国问题上，日本军部势力与内阁出现了较大分歧，且内阁没能有效控制军方行为。1928年6月4日，日本关东军在内阁不知情的情况下制造了"皇姑屯事件"。1931年9月18日，日军发动了"九一八"事变，1932年1月28日又在上海与中国军队发生冲突，引发"淞沪事变"。1932年1月，日本政府决定在"满蒙"建立一个由日本负责防务和治安的新国家，以维持日本在该地区的利益。1932年3月1日，伪"满洲国"建立。对于"九一八"事变和伪"满洲国"，国联组建"李顿调查团"进行实地调查，并最终认定中国拥有对满洲的主权，希望日本尽早撤军。日本对此表示反对，并于3月27日退出国联。走上战争车道的日本已经很难停下其侵略的脚步了。1937年9月27日，日本与德国、意大利在柏林签订了《德意日三国同盟条约》。

在推行对中国的"大陆政策"的同时，日本也力图在所谓"南方问题"上有所突破。其主要举措包括积极推进与荷属东印度当局的谈判，调停泰国与法属印度支那边界纠纷以及1940年9月30日之后进驻印度支那北部。1941年12月7日，① 日本海军向珍珠港发动袭击，并发布对美国和英国的宣战诏书，太平洋战争爆发。战争初期，日本的战争形势发展顺利，1941年12月8日，② 日本还入侵了泰国和马来半岛，1942年2月占领新加坡，1942年1月侵菲日军占领马尼拉，3月迫使美国从菲律宾撤军，1942年4月攻克巴丹半岛。1942年5月控制缅甸的主要地区。同时，日本还占领了荷属东印度的各个岛屿，并逐步控制了荷属东印度的整个地区。之后日本战争形势由盛而衰，并最终于1945年8月15日宣布无条件投降。

1945年8月26日，以美军为首的盟国联军开始进驻日本，日

---

① 此处采用的是日本计时标准，由于世界日期变更线的存在，按照美国的计时标准应是1941年12月7日。

② 此处采用的是日本计时标准。

本进入被占领期。由于占领军中除少数英联邦国家军队外其余全是美军，因此，投降后的日本最终实际由美国一家占领。占领初期，听命于美国政府的盟军总部对日本进行了去军国主义化与民主化改造，制定了新的宪法。但是，随着反法西斯同盟内部的分裂和冷战的爆发，美国逐步改变了初期的对日政策。朝鲜战争爆发后，美国加快了对日媾和的步伐，1951 年 9 月 8 日，日本与 48 个国家签署《对日和平条约》，同时与美国签署《日美安全保障条约》，按照条约，美军继续驻扎在日本。1956 年日本加入联合国。1960 年 1 月 19 日，日美签订了新的安保条约，即《日美相互合作及安全保障条约》。[①] 日本通过经济外交恢复和改善了同一些国家的关系。随着自身经济的恢复和快速发展，20 世纪 80 年代日本又提出了走向政治大国的口号。不过，总体来看，二战后的日本外交从来没有摆脱美国的制约，即使到了冷战结束之后的今天，其政治大国之路依然漫长（见表 4 - 2）。

表 4 - 2　近代以来日本经历的重大事件及其标志性意义

时间	事件	意义
1853 年	黑船事件	迫使日本打开国门，开始探索应对西方之策
1868 年	明治政府成立，开始了维新历程	在东亚率先走上了西方式资本主义发展道路
1895 年	甲午战争获胜	历史上第一次打败中国，中日权力易位
1905 年	日俄战争获胜	打败西方国家，进入列强行列
1945 年	第二次世界大战战败	进入被占领期，政治大国地位丧失，中日政治地位再次易位

---

① 关于修订日美安保条约的过程可参见〔日〕吉泽清次郎主编《战后日美关系》，上海：上海人民出版社，1977 年版，第 31~60 页。

第三节　殖民与反殖民进程中
东南亚权力地位的变迁

　　布赞和维夫在《地区安全复合体与国际安全结构》（*Regions and Powers：The Structure of International Security*）一书中将冷战时期东亚地区的安全结构划分为东北亚安全结构和东南亚安全结构，并认为东北亚安全结构与东南亚安全结构在冷战之后正逐渐整合为一个统一的安全结构。① 事实上，如果以更长的历史刻度来看，东亚地区不仅在冷战时期，而且自近代西方势力扩张以来，就一直处于一种地区安全结构相对分裂的状态。具体而言，在古代朝贡体系时期，东亚地区秩序主要体现为以中国为中心的宗主国和位于其周边的附庸国之间的关系。批评者说中国的势力并没有远及东南亚的所有地区，且东南亚的文化并非以中国文化为唯一的，甚至主要的文化形态。这些批评是有道理的，但我们此处想强调的是：第一，虽然中国的统治力远没有遍布整个东南亚地区，但在中国势力未到达之处，强大完整的统治政权也尚未出现；第二，虽然社会层面的文化不完全甚至不主要受中国传统文化的影响，但由于没有建立起以该地区某种主导文化为政治逻辑的强大政权，各个政权在政治层面仍然承认与中国中原政权的朝贡关系。因此，东南亚地区原有体系需要到当时的历史中去理解。从总体上来说，将东亚地区古代传统的秩序概括为朝贡体系还是能立得住脚的，起码到现在为止，人们还没有发现比这种描述更为贴切的说法。随着西方势力的到来，东南亚和东北亚被分裂为两个基本独立的安全结构（除日本发动太平洋战争的短暂几年时间）。因此，对于东南亚安全结构的发展历程，我们基本可以独立于东北亚安全结构进行回顾。

---

　　① 〔英〕巴里·布赞、〔丹〕奥利·维夫著，潘忠岐等译：《地区安全复合体与国际安全结构》，上海：上海人民出版社，2010 年版，第 123～171 页。

从 15 世纪后半期开始，欧洲人为了满足对物质财富的需求开始走向外部世界。在这一潮流中，欧洲人来到了东南亚。此前，中国、日本和印度已有大量的人口到达东南亚。不过，虽然欧洲人到达的时间较晚，但其背后却有国家力量的积极支持。受重商主义思潮的影响，欧洲各国的国家图强与商人求富完美结合、良性互动，相互强化对外扩张的动力。[①] 因此，欧洲人在东南亚的影响逐渐增大并很快超越了中国人、日本人和印度人。这是自 1500 年以来东南亚历史变迁的一条逻辑主线。相应地，自 16 世纪初到第二次世界大战结束后的一段时期内，东南亚的权力结构变迁主要包括两个主题：其一，西方列强在东南亚的贸易竞争和争夺殖民地的斗争；其二，东南亚各国人民对西方殖民者的反抗和斗争（见表 4 - 3）。

一　西方列强的贸易竞争与殖民地争夺

（一）从早期的商业殖民到列强对殖民地的瓜分殆尽

最先来到东南亚的是葡萄牙人和西班牙人。1509 年，葡萄牙人迪奥戈·洛佩斯·德·斯奎拉率 5 艘船到达马六甲，要求与马六甲通商。斯奎拉的要求获得马六甲苏丹马哈茂德的同意，但在泰米尔商人的贿赂下，首席大臣郭·穆塔希尔策划了一场逮捕葡萄牙人的行动。斯奎拉提前得知这一消息，成功化解危机返回葡萄牙。1511 年 7 月 1 日，亚伯奎率约 1200 名士兵乘坐 18 艘船只来到马六甲，要求马六甲苏丹释放被俘的葡萄牙人并赔偿损失，协议未能达成。7 月 24 日亚伯奎开始进攻马六甲城，到 8 月 24 日，葡萄牙人攻入马六甲城。由于此时葡萄牙的目的是在东南亚建立贸易基地而非领土扩张，他们的统治仅限于马六甲城，而没有向马来半岛的其他地方扩张。1521 年，西班牙船队横渡大西洋和太平洋之后到达菲律宾群岛，并在之后的几年里与葡萄牙就马鲁古群岛统治权展开争夺。尽管两国在此之前订立

---

① 参见张宇燕、高程《美洲金银和西方世界的兴起》，北京：中信出版社，2004 年版。

了关于新发现土地归属问题的《托德西拉斯条约》，但由于葡萄牙人是沿印度洋—太平洋的路线到达马鲁古群岛的，而西班牙是沿大西洋—太平洋的路线到达马鲁古群岛的，《托德西拉斯条约》在面对"地球是圆的"这一命题时显然无能为力。① 他们各自组织联盟与对方展开争夺，最终葡萄牙击败西班牙。两国于1529年签订《塞拉戈萨条约》，马鲁古群岛成为葡萄牙的势力范围。

1564年，西班牙派遣米格尔·洛佩斯·德·黎牙实比率船队真正占领了菲律宾群岛，并建立了西班牙在东南亚的第一个殖民地。西班牙占领初期的主要企图也是贸易和宗教传播，但由于葡萄牙占据着马鲁古群岛（香料主要产地），西班牙在东南亚的获利并不可观。不过，西班牙传播天主教的活动对菲律宾的历史产生了重要影响，它阻止了伊斯兰教在菲律宾群岛中北部的传播。在西班牙占领初期，菲律宾群岛的总人数不过几十万人，到1622年，菲律宾仅天主教徒就已超过50万人，天主教对西班牙在菲律宾进行殖民统治所发挥的作用可想而知。

16世纪末，荷兰殖民者也来到东南亚。1596年，胡特曼率领荷兰第一支远征船队到达西爪哇"万丹"，"1598年，有分属5家荷兰公司的22艘船只涌向东南亚，其中14艘回到本国。1599年，一支荷兰船队首次抵达马鲁古群岛，荷兰人从运回国的香料中获得了4倍的利润。1600年，安汶岛统治者同意荷兰人在岛上修建城堡，并垄断当地的丁香贸易。1601年，又有14支船队从荷兰开往爪哇等

---

① 1493年5月西班牙和葡萄牙签订了划分殖民地分界线的《托德西拉斯条约》，规定以亚速尔群岛和佛德角群岛以西100里格的子午线为分界线，以西的一切土地都划归西班牙，以东的一切土地归葡萄牙。1494年，两国又缔结托德西拉斯条约，把这条线向东移动270里格。这一条约显然是建立在"大地是平的"这一想象之上的，并认为两国在殖民地归属问题上不会再发生冲突。但是，当人们确认"地球是圆的"这一命题时，葡萄牙向东的扩张行为与西班牙向西的扩张行为必定再次相遇，该条约的局限性就显现出来了。参见梁英明《东南亚史》，北京：人民出版社，2010年版，第60页。

地"。① 为了避免公司间的恶性竞争，从而获取最大利润，荷兰于1602 年成立了荷兰联合东印度公司。公司在好望角和麦哲伦海峡之间拥有 21 年的贸易垄断权，拥有自己的武装力量，并有权在亚洲发动战争、修建城堡和订立条约等。1619 年，荷属东印度公司将西爪哇的查雅尔达改名为巴达维亚（今雅加达），并占领了这座城市。之后，荷兰在爪哇以外的地方发动了一系列侵略战争。到 17 世纪末，荷属东印度公司逐步打败了其在印度尼西亚的所有对手。到 18 世纪末，荷兰已经直接或间接统治了印度尼西亚的大部分地区。荷属东印度公司在不断侵占印度尼西亚群岛的同时也积极地向马来半岛扩张。1641 年，荷兰从葡萄牙手中夺取马六甲城，同时与柔佛、彭亨、亚齐等签订一系列条约，争夺各项贸易权。至此，荷兰不仅占领了马六甲城，而且在马来半岛其他地方设有若干商站。

16 世纪末，英国开始在马来半岛进行殖民活动。1600 年，英国东印度公司成立后，陆续在爪哇的万丹、安汶岛、暹罗南部的北大年和苏门答腊岛北部的亚齐等地设立了商站。之后，英国的殖民活动转向了北婆罗洲和苏禄群岛。1786 年，英国占有了槟榔屿，到 1824年，新加坡完全成为英国的殖民地。

法国的活动主要集中在印度支那半岛，而且其宗教活动要多于贸易活动，并没有太多的商品贸易站点。在印度支那半岛，阮福映建立阮朝后将国名定为越南。在阮福映统治时期，基督教在越南得到了迅速发展。但是，到了他儿子阮福皎统治时期，越南改奉儒教而抵制基督教。到绍治时期（1841～1847）及嗣德时期（1847～1883）更是进一步实行反基督教政策，镇压基督教传教活动。1857 年法国派使团到越南，要求保证基督教传教自由，允许法国在顺化设立领事馆及商务代表处。越南拒绝了这一要求。1858 年 8 月，法国和西班牙联合舰队开往岘港，强行登陆未果后转战南部，于 1859 年占领西贡。1861 年，法国遣军占领了美荻、嘉定、边和等地，并在当年扩及整

---

① 梁英明：《东南亚史》，北京：人民出版社，2010 年版，第 78～79 页。

个交趾支那和昆仑岛等岛屿。1862 年法国与越南签订《西贡条约草案》，法国取得了交趾支那南圻东部的边和、嘉定、定祥三省和昆仑岛。后来法国又占领了越南南圻西部的永隆、安江、河仙三省。南圻六省全部被法国占领，成为法属交趾支那殖民地。

随着欧洲国家间权力结构的变更，它们在东南亚的殖民统治体系也经历了重新划分。起初，为了排挤葡萄牙和西班牙的利益，英国和荷兰曾经携手合作。英国东印度公司刚刚到达苏门答腊岛和爪哇岛时，荷兰还通过自己的控制力为其提供了很大的方便。但是，当葡萄牙和西班牙这样的共同对手不复存在时，之前的朋友又演变成了对手。并且，成为竞争对手的英国与荷兰之间，也正经历着二者间权力地位的变更。伴随这一进程，英荷两国在东南亚势力范围划分问题上的矛盾也日益激化。17 世纪时，英国在东南亚总体处于较为弱势的地位。1619 年英荷两国签订了针对葡萄牙和西班牙的联合防御条约，双方各提供 10 艘战舰，用于在东方挑战葡萄牙和西班牙。但是，由于两国公司不愿承担军费，英荷双方的合作并不成功。1623 年荷兰人将英国人逐出班达群岛，英国公司被迫迁往印度，并关闭了在巴达维亚的商站。1685 年，英国在苏门答腊岛的朋库连开设新的商站。1780 年英国对荷兰宣战，荷兰战败，荷兰在印度、锡兰和苏门答腊的商站全部被英国人夺取。1784 年，英荷签订和约，荷兰承认英国在东南亚获得贸易自由权。荷兰保留了部分殖民地，但其在东南亚的贸易垄断地位被打破。之后，荷兰又重新占领了东印度殖民地，但由于国力不支，它已没有能力继续对英国采取强硬姿态。1824 年，荷、英签订了《英荷伦敦条约》，重新划分了两国在东南亚的势力范围。英国放弃了对东印度领土和商业特权的要求，荷兰则答应退出马来半岛，两国由此完成了殖民地利益的划分。

1826 年，英国将槟榔屿、马六甲和新加坡合并为海峡殖民地，首府起初设在槟榔屿，后来又迁到新加坡。1867 年，海峡殖民地与印度殖民地分离，归英国殖民部直接管辖，首府新加坡设立了行政会议和立法会议等科层机构。到 19 世纪 80 年代，加里曼丹岛的沙捞越和北婆罗洲也都成为英国殖民地。同时，1824～1885 年，英国通过发动三次侵略战争占领缅甸，并于 1886 年 2 月将整个缅甸合并为英属印度的一个省。

（二）19 世纪西方列强殖民统治的真正确立和强化

随着资本主义的快速发展，特别是工业革命带来的机器大工业的突飞猛进，西方资本主义国家对外部原材料供应和产品销售市场的需求越来越高，对殖民地的控制能力也越来越强。在此背景下，西方资本主义国家不但将殖民地划分殆尽，达成了世界体系的"闭合"，[1] 而且在明确的界线之内加强了对殖民地的政治统治。到 19 世纪末 20 世纪初，西方大国在完成分割的基础上，基本实现了对各地完全的殖民统治。

1883 年，法国围攻顺化并向北方进军，威胁中国边境，清政府出兵抗击法军。1885 年，法国宣布将越南南部、中部和北部及柬埔寨合并组成印度支那联邦。1899 年，法国又将老挝并入印度支那联邦，从而确立了法国对印度支那地区完全的殖民统治。[2]

1867 年，英国将英属海峡殖民地升格，直接隶属英国殖民部。这实际就暗示了英国继续向马来半岛及北婆罗洲进行殖民扩张的野心。果不其然，英国随后在马来半岛各邦推行驻扎官制度，使各邦都成为英国的保护邦。1895 年，海峡殖民地总督又与霹雳、雪兰莪、森美兰和彭亨签订成立四国联邦的协定。1896 年 7 月 1 日，马来联邦宣告成立。未加入的吉打、吉兰丹、丁家奴、玻璃市和柔佛王邦称为马来属邦。1933 年，英国政府将海峡殖民地、马来联邦、马来属邦合并组成马来殖民地，制定统一的关税和贸易政策。英国因而确立了在马来半岛和北婆罗洲的殖民统治。[3]

为满足国内资产阶级扩大贸易领域、丰富经济形式的要求，加之

---

① 参见〔英〕巴里·布赞、理查德·利特尔著，刘德斌主译：《世界历史中的国际体系》，北京：高等教育出版社，2004 年版，2005 年印刷，第 358 页。

② 参见梁英明《东南亚史》，北京：人民出版社，2010 年版，第 135 页。

③ 参见梁英明《东南亚史》，北京：人民出版社，2010 年版，第 135～138 页。

担心别国家抢占其他岛屿，荷兰人开始采取措施，实现对印度尼西亚群岛的真正统治。1859 年荷兰占领了婆罗洲南部的马辰，1846 年、1849 年两次进攻巴厘岛，获得了宗主国地位。1859 年，荷兰出兵西里伯斯岛（今苏拉威西岛），1885 年攻占苏门答腊岛的占碑，1886 年又攻占楠榜，1873 年出兵亚齐，1895 年将龙目岛划为其直接统治区。1906 年攻占巴厘岛的占巴塘（登巴萨），将巴厘岛南部划为一个行政区。"到 1913 年，荷兰殖民者在廖内岛废黜了最后一位苏丹，从而在整个印度尼西亚群岛确立了荷兰的全民殖民统治。"①

1898 年，美西战争结束后，美国与西班牙签订巴黎条约，菲律宾成为美国的殖民地。受重商主义及其发展阶段的影响，西班牙在菲律宾推行的是垄断贸易制度。美国则不同。19 世纪末的美国已经是一个较为发达的资本主义国家，因此其在菲律宾推行的是自由资本主义制度，为的是将菲律宾打造成美国的一个海外原材料产地和产品销售市场。同时，美国按照自己的模式对菲律宾的政治制度进行了改造，控制了其国防和外交等核心权力。

到 20 世纪初，东南亚地区已基本被瓜分完毕，只有暹罗是个例外。1782 年，军队领导人却克里夺得政权，在曼谷建立了延续至今的却克里王朝。暹罗经过三代经营，经济社会获得较大发展。国力强大的暹罗不仅击退了缅甸的进攻，而且迫使老挝、柬埔寨及马来半岛北部成为他的附庸国。事实上，分别控制着暹罗东西两侧的法国和英国早就对暹罗觊觎已久。不过，由于内外的原因，暹罗没有被殖民者直接统治。一方面，自拉玛四世开始的"朱拉隆功改革"对暹罗进行了行政、司法、立法、财政、税收以及各种经济制度的改革，从而开始步入现代化进程；另一方面，法国和英国在东西两侧形成了一种相互牵制的态势。英法两国为维护各自在东亚地区的殖民利益，避免直接对抗，同意将暹罗作为缓冲国。在中间起缓冲作用且制度上已与西方没有太大冲突的暹罗从而得以躲过了被殖民的命运。

---

① 梁英明：《东南亚史》，北京：人民出版社，2010 年版，第 140 页。

（三）日本对东南亚的军事侵略

时至此时，东南亚和东北亚还仍然是各自相对独立的安全体系，彼此基本没有太大的安全牵连。第二次世界大战对这一格局进行了影响重大的重塑。日本对东南亚实际觊觎已久，只是在 20 世纪 30 年代，日本国内尚存在"北进"还是"南进"的争论。"北进论"者主张向中国中原地区步步逼近，企图全面占领中国；"南进论"者主张向南方海洋（即东南亚地区）扩张发展。二战爆发后，战争局势不断发展，到 1940 年时，法国与荷兰被德国占领，英国已经感受到强大的压力，他们因此都无暇东顾，为日本的"南进"政策提供了难得机遇。与此同时，由于德国在与苏联签订了互不侵犯条约后加强了欧洲战场上对英国的斗争，日本在中国感受到苏联的强大压力。因此，南进战略在日本军部逐渐占据了主导地位。"1940 年 6 月，日本陆军参谋部制定了军事进攻东南亚的方针。7 月 26 日，日本近卫内阁提出以皇国为核心，建设以日满华坚强团结为基础的大东亚新秩序。8 月 1 日，日本外务大臣松冈洋右宣称，日本外交的任务就是确立'大东亚共荣圈'。"[①] 日本南进计划的目的一方面在于夺取殖民地、抢占战略资源，另一方面在于通过占领缅甸和越南切断美国向中国提供抗战物资的交通线，为其在中国的侵略行动争取战略主动。

1939 年，日军先后攻占中国的海南岛、南沙群岛和广西南宁等地，1940 年 9 月占领印度支那北部，1941 年 7 月通过与法国签订"共同防卫印度支那议定书"实际统治了印度支那三国。1941 年 12 月 8 日，日本偷袭珍珠港，太平洋战争爆发。战争初期，日本的速战速决战略取得了明显成效。美国被打得措手不及，而英国又忙于应对德国无力东顾，日本在东南亚的战争进展非常顺利。由于摧毁了美国太平洋舰队的生命力并占领了英国在远东的军事基地香港，到 1941 年底，日本的海空军在太平洋地区已经取得了压倒性的优势。此后，在不到半年的时间里，泰国向日本投降，马来半岛、新加坡、缅甸、

---

① 梁英明：《东南亚史》，北京：人民出版社，2010 年版，第 161 页。

菲律宾、荷兰的东印度殖民地军队以及澳大利亚军队或被击溃或向日军投降。日本在侵略东南亚的过程中，总体而言并未遇到强有力的抵抗，整个东南亚地区被日本侵略者轻而易举地取得。在日本占领期间，印度支那共产党、自由泰国运动抗日组织、缅甸德钦党、菲律宾共产党及其他爱国组织、新加坡和马来西亚的华侨抗日武装、印尼的共产党及社会党，各自通过各种方式动员、宣传和组织抗日，这些组织不但在抗日战争的过程中起到了非常积极的作用，而且对战后各国民族独立运动和政治发展道路都发挥了决定性影响。

二 东南亚人民反抗殖民侵略的斗争

不可否认，自西方势力到来之后，东南亚的权力结构态势主要由西方列强决定，但是，处于弱势地位的东南亚人民并非坐以待毙。如果不了解当地人反对殖民统治的斗争，对东南亚权力结构的理解将是不全面的。

（一）早期自发式的反殖民运动

早在西方侵略者在东南亚开展早期侵略活动时，当地政权就开始了反抗殖民势力的斗争。葡萄牙占领马六甲之后，马六甲苏丹马哈茂德逃往彭亨王国，并继而南逃至柔佛，建立柔佛王国，积极开展袭击葡萄牙人的斗争，寻求复国。与此同时，在苏门答腊岛北部新兴起的亚齐王国也开展了对抗葡萄牙侵略的斗争。但是，柔佛和亚齐并非团结一致，而是各有所图。二者在马六甲利益上的相互冲突导致它们在对抗葡萄牙人上的合作是极其脆弱的。从16世纪中前期到17世纪中前期，柔佛、亚齐与葡属马六甲开展了长达一个世纪的"三角战争"，由于柔佛和亚齐并不能真正合作，葡萄牙人采取分而治之、各个击破的策略，柔佛和亚齐最终未能将葡萄牙人赶出马六甲。西班牙人来到菲律宾之后，当地不断爆发反抗西班牙殖民统治的起义。到1800年，菲律宾各地发生的反抗西班牙殖民统治的起义达80多次。不过，这些反抗都是自发组织、分散进行的，没有对西班牙殖民当局构成实质性威胁。荷兰人到达印度尼西亚群岛，其初期的殖民统治原本非常倚仗勤劳俭朴又熟悉当地语言和习俗的华人。但自 1690 年起，荷属东印度公司"一方面限制中国新移民入境，另一方面通过居留证制度，将公司认为'无用'或'过剩'的华侨送到锡兰和南非好望角充当契约劳工"。[①] 1740 年，因不满荷兰公司的规定，在巴达维亚约 5000 名华人发动起义，但终因装备落后和计划败露而失败，近万名华人惨遭杀害。除华人之外，印尼当地居民也举行了抵抗荷兰殖民者的起义。1825 年，爪哇爆发了有几万农民响应的蒂博尼哥罗起义，直至 1855 年蒂博尼哥罗病逝。苏门答腊的西部在 1821 至 1837 年间也爆发了反抗荷兰殖民统治的武装斗争，这些起义最终也都以失败告终。

（二）民族民主革命走向自觉和组织化

到 19 世纪末 20 世纪初，东南亚各地的民族民主革命逐渐由自发走向自觉，由零散走向集中化和组织化。随着民族主义意识的觉醒，通过武装革命获取民族独立、建立民族国家逐渐成为各地反抗殖民统治斗争的目标。

1890 年黎萨尔在马尼拉创立了意在以和平方式争取改善菲律宾人民生活的"菲律宾联盟"。几天后，黎萨尔被西班牙当局逮捕并被流放，"菲律宾联盟"宣告瓦解。1892 年 7 月 7 日，一个名为"卡蒂普南"的群众革命组织成立，并于 1896 年发动起义。阿奎纳多掌握起义组织政权后宣布解散卡蒂普南。1898 年，流亡香港的阿奎纳多再次组织起义，并获得了美国的支持。同年 6 月 12 日，阿奎纳多发表《独立宣言》，西班牙在菲律宾的殖民统治宣告终结。1899 年菲律宾宣布成立摆脱西班牙统治的独立的菲律宾共和国。不过，菲律宾在赶走了西班牙殖民者之后却迎来了实力更为强大的美国殖民者。美国接手后开始镇压独立的菲律宾共和国，1901 年阿奎纳多向美国投降。1904 年 9 月，一些抗美武装联合成立了由马卡里奥·沙凯为总统的

---

① 梁英明：《东南亚史》，北京：人民出版社，2010 年版，第 85 页。

他家禄共和国，后在美国的镇压下失败。另外，由菲利普·萨尔多瓦领导的圣教堂运动也被美国镇压。

在印度尼西亚，1908 年 5 月 20 日，第一个民族主义团体"至善社"在中爪哇日惹市成立，之后各种民族、商业、工人组织开始大量出现。1920 年东印度共产主义联盟成立，1924 年更名为印度尼西亚共产党。1926 年 11 月，印度尼西亚共产党发动武装起义，但各地起义没有统一的领导，行动缺乏组织协调，在一个多月的时间里即被荷兰殖民当局分别镇压下去。1927 年苏加诺组织成立印度尼西亚民族联盟，第二年更名为印度尼西亚民族党。1929 年苏加诺被荷兰殖民当局逮捕，印尼的民族运动陷入低潮。

在越南，受中国晚清康有为、梁启超等人的影响，也出现了维新运动。1912 年潘佩珠将越南维新会改组为越南光复会，并发动反法起义，但遭到法国镇压。1930 年，胡志明将越南国内存在的印度支那共产党、印度支那共产联盟和安南共产党合并为越南共产党（印度支那共产党）。但到 1931 年之后，越南的反法运动陷入低潮。

在缅甸，1906 年第一个民族主义团体缅甸佛教青年会成立。1905 年，《雍籍牙王朝史》出版，1908 年《琉璃宫史》出版，民族主义精神高涨。1920 年佛教青年会更名为缅甸人民团结会。1920 年 12 月仰光大学学生举行罢课。1921 年 10 月，人民团结会举行 10 万人大会庆祝国民教育运动的胜利。1930 年底，人民团结总会的成员赛耶山发动农民起义，1931 年 8 月被逮捕，起义遭到镇压。缅甸青年学生在仰光成立"我缅人协会"（德钦党），1936 年初又组织学生罢课。1938 年新党领导石油工人举行大罢工，在全国形成民族独立运动的高潮，但没有取得实质性成果。1939 年 2 月遭到殖民当局镇压，民族独立运动遭受挫败。

未被西方殖民者统治的暹罗，由于经历了国内经济的发展和资产阶级的壮大，1932 年发生政变，暹罗的君主专制主义宣告终结，到 1933 年终于确立了君主立宪制。政变后的暹罗为抵御西方力量，与日本建立了紧密的经济联系，并在太平洋战争初期站到日本一边。

（三）二战后东南亚各国的民族解放运动

在越南，1945 年 3 月，日本推拥原顺化王朝皇帝保大为皇帝，建立越南政权，宣布越南摆脱法国控制，恢复独立地位。同年 4 月，日本成立以陈重金为首的越南傀儡政府。印度支那共产党则希望通过武装起义推翻日本的法西斯统治，实现越南真正意义上的独立自主。1945 年 5 月，印度支那共产党组成了统一领导的越南解放军，并在越南北部六省的解放区建立了越北抗日地方政权。日本投降后，印度支那共产党发动总起义。到 8 月 30 日，保大宣布退位，9 月 2 日，胡志明代表民族解放委员会宣布越南民主共和国成立，越南与法国脱离殖民关系，废除与法国签订的条约，取消法国在越南所享有的一切特权。但是二战后的法国仍想继续统治印度支那，1946 年 12 月越南抗法战争爆发。到 1948 年，战争陷入僵持阶段。法国仿效之前日本人所采取的手法，将保大立为越南的"立宪皇帝"。1949 年 3 月，法国与保大签订协议，"越南国"成为法兰西联邦内的"独立"国家。新中国成立后，越南还成为西方资本主义国家阻止共产主义势力扩张的前沿阵地。此时，印度支那共产党获得中、苏两国的支持，而美国则加入支持法国的行列，力图以此遏制中国。1951 年 3 月 11 日，越南国民联合阵线、高棉伊沙拉克阵线和老挝伊沙拉阵线共同宣布三国的任务是共同驱逐法国殖民者和美国干涉者，建立独立国家，并决定组建越南—高棉—寮国人民联盟委员会。

1954 年 3 月 13 日，越南人民军向奠边府发动进攻，经过近两个月的战斗取得胜利。之后，法、英、苏、美、中及印度支那三国在日内瓦召开会议，7 月 20 日，除美国外的各国共同签署了停止敌对行动的协定和最后宣言。然而，没有签署协定的美国扶植原保大朝廷的大臣吴庭艳在越南成立"越南共和国"，越南在会议后没有真正实现和平。

在印度尼西亚，日本统治期间争取独立的运动此起彼伏。在日本尚未投降之前，苏加诺、哈达等人就与日本统治者积极周旋。1945

年 3 月，日本当局宣布成立印度尼西亚独立准备调查会，8 月 7 日宣布成立印尼独立筹备委员会，苏加诺任会议主席，哈达任副主席。8 月 15 日日本宣布投降后，苏加诺与哈达在国内青年代表的强大压力下，迅速起草并宣读了独立宣言。日本投降后，荷兰与英国达成协议，企图重建东南亚殖民地。1946 年英军撤出印度尼西亚群岛，宣布由荷兰军队接管。1947 年和 1948 年荷兰发动了两次大规模的侵略战争，并将苏加诺、哈达等内阁重要成员逮捕。1948 年 12 月 24 日，联合国通过决议，要求荷兰和印度尼西亚停止敌对，荷兰立即释放苏加诺、哈达及其他领导人。此后的一段时间内，国际社会对荷兰施加了很大的压力。荷兰释放了印度尼西亚领导人，双方同意参加圆桌会议。圆桌会议为印尼设计的国家结构是联邦制，并且是荷兰联邦的成员。印度尼西亚并没有按照圆桌会议的这一要求去做，而是成立了独立的印度尼西亚共和国。1949 年 8 月 15 日，苏加诺宣布统一的印度尼西亚共和国成立。

此外，1946 年 7 月 4 日菲律宾共和国成立；1948 年英国与缅甸举行政权移交仪式，缅甸独立；1957 年 8 月 31 日，马来联邦成为独立国家，并于 1959 年举行大选；1959 年新加坡自治政府成立。东南亚民族解放运动取得了重大胜利，东南亚甚至东亚地区国际关系迎来了新的时代。

表 4 - 3 　近代以来东南亚经历的重大事件及其标志性意义

时间	列强的殖民行为	东南亚的觉醒与反抗
16 世纪 ~ 19 世纪中叶	贸易竞争和争夺殖民地	早期自发式反殖民运动
19 世纪中叶 ~ 20 世纪初	瓜分殖民地，强化对殖民地的政治统治	民族民主革命由自发和零散走向自觉和组织化
1940 ~ 1945 年	日本对东南亚的军事侵略	反抗日本侵略的斗争
1945 ~ 1959 年	列强的新殖民主义	民族解放与去殖民化

第四节 东亚主权观念的生成逻辑之二：
权力变迁与战略诉求

　　人类社会的发展是一个过程，所有政治、经济、社会行为都是在特定的时空范围内发生的，并且深受特定时空背景的影响。同样，社会观念的发展变迁不能回避其所处的时代背景，不能忽视物质性力量对观念逻辑的塑造。事实上，不同的权力结构和权力变迁模式会为行为者设定不同的利益诉求，进而沿不同方向塑造他们在观念竞争中的观念偏好。权力结构及其变迁模式不会改变价值观念竞争的内在机理，但却会或大或小，或轻或重，或积极或消极地影响行为者对相互冲突价值的配置方式和偏好程度。

　　东亚的主权观念是在东西方价值体系竞争的背景下生成的。在本质上来讲，这一生成过程就是东西方价值体系竞争的过程，它所带有的地区性特征就是东西价值体系竞争的阶段性结果。但是，这一过程不是在真空中进行的，而是在近代以来的东亚历史进程中发生的。近代以来东亚地区的权力结构及其变迁模式作为干预变量影响着两种价值体系竞争的过程，对当前东亚地区主权观念特征的形成具有不可忽视的作用（见图4-1）。

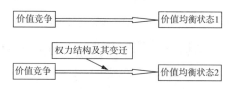

图4-1 权力结构对价值竞争之均衡状态的影响

　　具体而言，近代以来东亚地区的权力结构和内部各国在权力结构中的位置既有共同特征又有明显差异。共同特征是整个地区在全球权力结构中处于弱势地位，这一特征在西方世界兴起并向全球扩展的过程中逐渐形成，直到今天仍然没有彻底改变。它赋予东亚各国的共同利益诉求就是争取独立、自主、平等的国际地位。除了这一最根本的共同特征之外，东亚地区内部各国间的权力地位也存在明显的差别，并且在近代以来的历史进程中经历了相对地位的升降。具体而言，在西方对东亚的侵蚀过程中，东南亚地区一直处于权力结构的底层，相对地位一直没有出现大的升降，而中国和日本之间则经历了几次东亚首强的权力易位（如图 4 - 2 所示）。1895 年甲午战争标志着日本在历史上第一次超越中国的权力地位，1945 年二战的结束则标志着中国的国际政治地位再次超越日本。冷战时期日本经历了经济腾飞，中日两国出现政治、经济地位的交错状态：中国国际政治地位高于日本，而日本的经济地位高于中国。随着改革开放以来中国经济的迅速发展，中国正在政治和经济上全面超越日本的国际地位，① 东亚地区正在经历又一次的内部权力转移。②

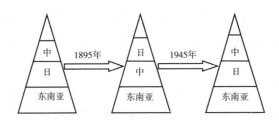

图 4 - 2　近代以来东亚权力结构的变迁

近代以来的东亚地区权力结构及其演变历程构成了影响地区主权观念生成的过程变量。东亚在总体国际结构中的弱势地位决定了各国对独立、自主、平等之国际地位的珍视，国家的独立、民族的解放无疑是对内唤醒民众反殖民意识、对外争取国际平等地位的最好的合法性表述。并且，在这一问题上国家层面的诉求与个人层面的诉求恰好

---

① 以 GDP 来衡量，中国已经于 2010 年超越日本成为世界第二大经济体。

② See A. F. K. Organski, *World Politics*, New York：Alfred A. Konpf, Inc. 1968；朱锋：《日本为什么对中国这么强硬》，载《现代国际关系》2006 年第 4 期，第 34 ~ 36 页。

一致，得以形成一股合力。这样一来，权力结构压力与国际地位就赋予国家和个人一个共同的历史使命：救亡图存。在这一历史理性的驱使下，主权原则（主权对外向度）在东亚较为迅速地传播可谓一种必然。

与此同时，在主权的对内向度方面，权力结构和互动经历并没有使东亚国家从正向上为西方的"个人主义"注入活力。换言之，在"个人主义"挑战"关系本位"的过程中，西方优势的权力地位并不能在现实中为"个人主义"带来明显的战略优势。甚至可以说，由于"救亡"压倒了"启蒙"，东亚各国更大程度上将"个人主义"视为实现救亡图存、民族复兴的工具，而其作为价值理念的一面则在很大程度上被忽视了。更何况，个人主义挑战关系本位本来就属于价值体系竞争的内核部分，因此也是受外层经验事实塑造作用最弱的部分。在以上这些要素的共同影响下，东亚地区各国在主权对内向度上基本倒向国家主义一侧。

不过，东亚各国也都有各自不同的特色。由于历史记忆和现实权力结构对东亚地区各国的寓意不完全相同，它们在观念吸收和观念重塑上的表现也各不相同。比如，日本在东亚传统权力结构中处于仅次于中国的第二位，没有中国"天朝上国"式的意象，因此在西方势力来到东亚之后，日本与中国相比更易于接受西方列强内部的行事规则。另外，日本此举在现实权力博弈中也可用以制衡中国。不过，特定时代的塑造作用使得日本在追求自我独立、自主的同时，却仿效西方，走上了殖民扩张的道路。反观中国，由于传统"天朝上国"意识的影响，放弃传统金字塔顶的权力想象、接受西方平行式的国家主权理论显然不会太积极。只是到了民族存亡的时候，中国才彻底从"天朝上国"的自负走向"救亡图存"的自省，积极接受主权观念，并以之作为争取民族独立和解放的观念武器。历史发展到今天，当中国再次超越日本成为东亚地区最大权力实体之时，时代已经发生了重大变化，殖民主义体系已经彻底瓦解，主权观念盛行全球。在这一情势下，中国的主权观念与日本近代主权观念相比，内涵更为均衡。具体而言，中国的主权观念除了独立、自主的内涵之外，也包含平等、互不侵犯、互不干涉等精神要素。当然，这些差异不只表现在主权的对外向度上，在对内向度上，随着东亚各国经济社会的不断发展，社会结构正在经历着由传统向现代甚至向后现代的转型。社会结构的转型，必然冲击和重塑原有的价值观念，也冲击着西方的价值观念。这一由下而上、由内而外的社会基础的变化，势必从根本上挑战和重塑原有的观念，此处不再赘述。

本章小结

如果说价值体系竞争的原理对东亚主权观念的生成方式具有决定性的影响，那么近代以来东亚地区权力结构的变迁则对其起到了一定的塑造作用。东西方价值体系竞争不可能在真空中发生，而是深受时代战略环境的影响。虽然这种物质性因素不会从根本上改变东西方价值体系竞争的内在机理，但却可以影响特定历史条件下东亚地区主权观念的时代特性。权力结构塑造东亚各国在诸多价值中进行选择时的偏好，而这种偏好又会影响两种价值体系竞争过程中的态势。

近现代东亚地区总体性的弱势权力地位决定了各国对争取独立、自主、平等之国际地位的诉求。这一权力结构特征对东西价值体系竞争过程的塑造作用在于，它使得东亚各国最为关注民族独立和国家解放的问题，进而在政治话语中表现为对"国家逻辑"的极力强调，在价值体系中则反映为对国家层次意象的强化。这一情形对东西价值体系竞争过程拥有截然不同的含义。首先，弱势的权力地位为东亚各国带来了"救亡图存"的历史使命，并成为从国家到个人所有层次的共同追求，西方价值体系中亦真亦假的"主权原则"正好满足东亚各国的这种诉求，因而被各国采用为争取平等地位的理论工具。如此一来，西方"主权国家体系观"这一向度就进一步获得了对"家—国—天下"秩序观的优势。其次，争取民族独立和国家解放有一个难以避免的"副作用"，它会挤压人们对个人价值的思考和探讨。在"救亡图存"这一历史最大合法诉求的塑造下，对主权对外向度含义的强烈诉求严重挤压了探讨主权对内向度含义的空间，导致主权观念对内向度上的不同逻辑为东亚各国所普遍忽视，并基本倒向了整体（国家）主义一边。如此一来，东亚地区近现代权力结构的变迁就进一步强化了东亚各国对主权对外向度含义的接受，并进一步弱化了"个人主义"对"关系本位"的冲击，从而形成强化一方而忽视另一方的奇妙情景。当然，虽然"主权国家体系"的国际秩序观可能跟东亚传统价值体系在逻辑上不相容，跟关系本位的社会本体定位也存在逻辑冲突，但却没有影响二者在现实中的共存。事实上，如前所述，观念体系本身就是存在相互竞争的价值要素的，这些要素的存在也正是观念体系变迁的内在动力。

第五章
主权观念在东亚的生成路径：案例分析

　　西方的主权概念作为现代性的要素之一伴随西力东渐的大潮传入东亚。如前文所述，如果我们将主权划分为对内和对外两个向度，对内体现为个人与国家之间的张力，对外体现为本国与他国之间的张力，那么东亚地区各国对主权概念的接受主要体现为主权对外向度的内化。从价值体系本身的逻辑来看，东亚传统价值体系中"个人"的缺位和对整体的强调导致个人与国家之间张力的模糊。这使得东亚地区在主权的对内向度上天然地偏向了整体主义的国家学说，而较为忽视个人在价值体系中应有的地位。从权力结构的演变来看，自西方势力的到来直至今天，东亚地区在世界整体的权力结构中一直处于相对弱势的地位。尽管东亚地区内部各国之间也存在权力大小排序的变动，但总体上讲，相对弱势的地位是东亚各国对地区处境的共同认知。这种相对弱势的地位给东亚各国带来了追赶西方、追求独立平等地位的共同诉求。价值体系间的竞争和权力结构的行为意涵共同塑造了主权观念在东亚的形态。这种形态的总体特点就是：主权的对外向度获得了最大程度的认可和接受，而对内向度则未能得到充分的讨论。传统价值体系的整体主义倾向使东亚各国在接受主权概念时默认了对内向度上的国家主义倾向，而西方讨论热烈的个人与国家间张力的问题在东亚未能得到如对外向度那般高度的认可和充分的接受。中国和日本的近代历史经历有力地印证了这一理论命题。

第一节　日本民族国家形成过程中
主权内外向度的不同命运

　　东亚诸国，最早接受主权概念并形成近代国家意识的非日本莫属。有学者认为，"如果说清朝的'近代国家'演练始于 1880 年以后，那么江户日本的'近代国家'建设则早于中国一个世纪左右"。[①]尽管关于这种表述的准确性存在争议，但在传统"朝贡体系"中处于弱势地位的日本，的确一直想追求与中国平起平坐的地位。比如据《隋书·倭国传》记载，607 年第二次遣隋使携带的国书有"日出处天子致书日没处天子无恙"云云；《日本书纪》记载，第四次遣隋使带往中国的国书首云"东天皇敬白西皇帝"等措辞。[②]公元 894 年，日本废止遣唐使制度，游离出以中国为中心的东亚"朝贡体系"，直至 1404 年明成祖时期中日签订《永乐勘合贸易条约》，日本才重新回到朝贡体系之中。但随着自身经济实力的逐渐增强，日本脱离甚至挑战东亚传统朝贡体系可谓必然。

　　日本对朝贡秩序的挑战和对近代主权观念的接受是在西方资本主义不断发展并对东亚产生巨大影响的背景下进行的。西方资本主义世界一系列现代性概念的涌入、附庸国的历史记忆以及在权力结构中相对弱势的地位共同塑造着日本近代主权意识的形成。比如，当西方力量的影响仍集中于民间，尚未体现到政治层面时，幕末日本曾经力图组建以日本为中心的日本型华夷秩序。[③]日本的这种努力始于幕府与明朝断绝关系、游离于华夷秩序之外之时，且在明朝灭亡后得到很大程度的强化。传统上的慕夏崇华思想因明朝被少数民族满族所灭而受

---

① 尚侠：《代序：近代日本国家意识的历史思考》，载陈秀武《近代日本国家意识的形成》，北京：商务印书馆，2008 年版，序言，第 4 页。

② 参见陈秀武《近代日本国家意识的形成》，北京：商务印书馆，2008 年版，第 3 页。

③ 这也可以作为观念对行为影响的一个例证。

到了极大的冲击，寻求"日本主义"的日本型华夷秩序观得以兴起。当然，受自身实力和禀赋所限，日本的这种秩序观只是一种虚构，并未在政府政策层面真正建立起来。此后西方的影响逐渐增强，日本国家意识和主权观念的形成既增加了物质性变量，又增加了观念性变量。

从理论上分析，西方主权概念的对内向度和对外向度在日本会经历不同的境遇。由于日本传统价值体系中个人的缺位，加之价值体系相遇时在权力结构中所处的地位，日本在接纳主权对内向度时会天然地倾向于"整体主义"和"国家主义"立场，而个体主义则不会得到足够的讨论。与此同时，主权的对外向度则较容易被接受。如果将主权的对外向度分为"吾之主权不容侵犯"和"吾亦不侵犯他之主权"两层含义的话，那么前者在日本近代国家意识形成的初期更深刻地被接受，后者则未能得到充分的认识和讨论。近代日本接受主权概念时的这些特点，决定了其主权概念的不完满性。这种不完满性在对内向度上体现为个人与国家之间的张力未能得到充分讨论，在对外向度上体现为"我国"与"他国"之间的张力及应有的行事规则未能得到充分的重视。这种不完满性为日本后来仿效西方走上军事扩张道路直至军国主义路线埋下了伏笔。日本近代初期在形成国家意识过程中的历史经历可以印证这一特征。①

一　从尊王攘夷敬幕到尊王开国倒幕

在幕末时期的日本，随着农业生产力的提高和商品经济的快速发展，社会结构逐渐发生变化。新兴地主通过抵押、垦荒等形式占有了全日本大约1/3的土地，资本主义性质的家庭手工业和手工工场开始出现，城市商人的经济实力不断增强。与此形成鲜明对比的是，作为

---

① 江文汉也关注过这一过程，但本文与其文明观立场及对被动接受者的地位的界定存有重大差别，参见 Gerrit W. Gong, *The Standard of "Civilization" in International Society*, Oxford: Clarendon Press, 1984, pp. 164 - 200。

传统统治阶级的幕府、大名、直参、陪臣以及所有武士，都陷于经济穷困，"昔日的武力、权力，也都显得有名无实了"①。为了维护自己的统治，幕藩领主一方面通过禁止土地买卖、禁止农民荒废本业、禁止工厂主招聘"机织下女"以及向城市商人征缴额外税赋"御用金"等形式抑制新生社会力量的上升；另一方面通过不断削减下级武士的俸禄来转嫁财政危机。幕藩领主的这些做法令新生社会力量和传统社会结构的中下层阶级都极为不满，从而为体制革新准备了内部动力。不过，从幕末时期数以千计的农民暴乱来看，暴乱发动者大部分是为了改善自身的生活境遇而不是改革政治制度，其力度也尚未达到摧毁幕府统治机制的水平。换言之，单靠内部动力，日本的"幕末维新"可能并不会在19世纪60年代发生。事实上，外部势力的渗透对日本幕末维新起到了直接推动作用。1853年的"黑船事件"，特别是之后《日美亲善条约》《日美友好通商条约》的签订以及"安政五国条约"体系的最终形成，引起日本国内政治、经济、社会的巨大震动。被迫开国给日本的经济体系带来了极大的冲击，入超严重和黄金外流造成了经济体系的混乱，并进而激发了国内本已存在的社会矛盾，推动日本进入了"幕末维新"时期。

幕末维新是作为政治斗争而展开的。"靠何种政治势力以及用何种形式来抵挡西欧的冲击，由谁以何种方式创立与万国对峙的集权体制，换言之，由何种政治势力来承担创立集权国家，这便是政治斗争的中心课题。"② 如果将明治维新的任务界定为建设国家和造就国民两项课题，那么幕末维新和明治初期的改革所解决的主要是建设国家的课题。在维新运动开始前，幕末日本的近代国家意识开始萌芽，先后出现了日本型华夷秩序论、海洋国家论以及尊王攘

---

① 〔日〕坂本太郎著，汪向荣等译：《日本史》，北京：中国社会科学出版社，2008年版，第307页。

② 〔日〕信夫清三郎著，吕万和等译：《日本政治史》（第三卷），上海：上海译文出版社，1988年版，序，第4页。

夷论等各种形态的国家学说。① "黑船事件"之后，由浪士、乡士、豪农、豪商、学者、神官以及一般农民组成的"草莽志士"成为维新运动的主力军。起初，"草莽志士"将前期水户学派提出的"尊王攘夷"思想发扬光大，以此为口号发动了一系列的"攘夷"行动，并作为各藩藩主的追随者进入政治舞台，发挥对体制的影响。1858 年彦根藩藩主井伊直弼就任德川幕府的大老，表现出强化幕府权力和权威的强硬立场，制造了"安政大狱"事件。② 1860 年来自水户、萨摩藩的 18 名志士刺杀了井伊直弼，幕府的权威受到极大的打击，尊王攘夷派的士气因之大振。不过，在初始阶段，尽管都打着"尊王攘夷"的旗号，各藩藩主及下级武士并不秉持共同的政治理念。以萨摩藩的岛津久光为首的、当时处于政治结构上层的一些强藩大名主张尊王、攘夷、敬幕，力图通过幕府与朝廷的联姻，寻求"公武合体"体制；而以长州藩为中心的、当时处于政治结构下层的"草莽志士"则既强调"尊王攘夷"，也反对"公武合体"，力图通过强化天皇的权威向幕府施压，从而在天皇的名义下打击外部侵略势力。1863 年 8 月，"公武合体派"发动政变，将朝廷中以长州藩为首的"尊王攘夷派"赶出京都，1864 年，长州藩的攘夷运动遭到了幕府联合英、美、法、荷等四国的镇压。此后，"草莽志士"更深刻地意识到攘夷的不可能性，也更深刻地认识到幕府的存在对体制革新的阻碍，思想进一步由"尊王、攘夷、敬幕"转向"尊王、开国、倒幕"。与此同时，英国意识到幕府的统治难以长期延续，因此开始接触倒幕派势力。在此背景下，"开国"成为长州

---

① 参见陈秀武《近代日本国家意识的形成》，北京：商务印书馆，2008 年版，第 76~110 页。

② 所谓"安政大狱"事件是指井伊直弼于 1858~1859 年下令逮捕吉田松阴、桥本左内等带头横议的中下级武士，并判处死刑或其他处分的事件。据统计，在此事件中受镇压和被牵连的公卿、大名、幕吏、处士多达 100 余人。参见宋成有《新编日本近代史》，北京：北京大学出版社，2006 年版，第 80~81 页。

藩和萨摩藩下级武士的共识。在土佐藩的坂本龙马和中冈慎太郎的
积极推动下，1866年1月，萨摩藩的西乡隆盛和长州藩的木户孝允
（桂小五郎）组成了相互支援的"萨长秘密攻守同盟"。6月，幕府
发动第二次征长战争，7月，德川家茂病亡，幕府第二次征长战争
以长州藩的胜利和幕府军的彻底失败而告终，从而揭开了武力倒幕
的序幕。同年12月，与幕府结成合作关系的孝明天皇病逝，太子
睦仁即位，开启了明治天皇时代。倒幕派敏锐地捕捉到了国内政治
变动的这一契机，开始积极筹备，力图征讨幕府，建立新型政权。
1867年6月，萨摩藩与土佐藩订立以促进大政奉还为目的的《萨
土盟约》，9月，萨摩藩又与长州、安艺藩订立了武力倒幕的《萨
长艺盟约》。尽管以土佐藩为代表的公议政体派强调用和平改造幕
府的方式推动体制革新，而以长州藩为代表的武力倒幕派主张通过
武力征讨消灭幕府势力，但他们都同意拥立天皇为共主，用新的政
治体制来取代幕藩体制，尽快克服民族危机。[①]正是在这一共识的
基础上，1867年的"大政奉还运动"才得以成行。1867年10月
14日，德川庆喜向朝廷呈交了《大政奉还上奏文》，同一天，朝廷
给长州藩和萨摩藩下达了"讨幕密敕"。10月24日，德川庆喜向
朝廷递交"征夷大将军"辞职书，天皇欣然接受。不过，大政奉还
后，倒幕派继续策划并着手准备武力讨幕。1867年12月9日，明
治政府成立，新政府成立后颁布的第一份文告《王政复古大号令》
宣布废除幕府，成立由总裁、议定、参议构成的新政府，并经会议
讨论，命令德川庆喜将军"辞官纳地"。德川庆喜自然不会甘心，
在会津、桑名两藩的支持下，他于1868年1月1日发布《讨萨
表》，并于2日坐镇大阪，指挥约15000人的幕府军向京都进发，
"戊辰战争"爆发。历经1年5个月的战争，新政府军取得了最终
的胜利。

---

① 参见宋成有《新编日本近代史》，北京：北京大学出版社，2006年版，第84
页。

由攘夷敬幕到开国倒幕的思想转变体现了日本内部社会结构的变化和对外部势力的无能为力。此时日本的国家意识还主要受内部因素影响，外部观念性因素尚未发挥实质性作用。传统价值体系和"神国"观念引导着民众将不满最终发泄到了幕府的身上，所主张的天皇统一制并没有超出传统的价值观念范畴。在倒幕逐渐具有了"共识"特质之后，各藩间的联合就具备了必要的"观念"条件。这其中，萨摩藩与长州藩的联合具有标志性意义。

二 从自由民权运动到天皇统一制——整体主义的完胜

1868年3月，明治政府颁布《五条誓文》，确立了施政方针，其具体内容为"广兴会议，万机决于公论"；"上下一心，盛行经纶"；"文武以至庶民各遂其志，俾人心不息"；"破旧习，基于天地公道"；"求知识于世界，大力振兴皇基"。① 4月，新政府又颁布了带有政府组织法性质的《政体书》，确定了中央集权式政治体制。此后，明治政府实施了一系列改革措施，通过版籍奉还、废藩置县等措施进一步巩固和加强了以天皇为中心的中央集权政治体制；通过改革身份制度、土地制度、教育制度以及征兵制度等措施破除了制约经济发展和社会进步的制度障碍；力图通过"殖产兴业""富国强兵""文明开化"最终达到"与万国对峙"的目标。明治维新的举措将"广兴会议，万机决于公论""求知识于世界"与"大力振兴皇基"结合到一起，手段与目的间的冲突显而易见。换言之，向西方学习的"文明开化"政策与以天皇为中心的集权政治体制之间存在明显的冲突。这种冲突在现实中的一个具体表现就是自由民权运动的兴起。

任何一场政治运动都是政治斗争和理论碰撞掺杂在一起的，自由民权运动自然也不例外。从政治斗争的角度来看，自由民

---

① 〔日〕坂本太郎著，汪向荣等译：《日本史》，北京：中国社会科学出版社，2008年版，第363页。

权运动始于因精英分裂导致的"明治六年政变"。1871 年明治政府为修改与欧美各国签订的不平等条约，派遣以岩仓具视为正使，木户孝允、大久保利通、伊藤博文等为副使的大型使团前往欧洲和美国。在使团访问欧美期间，国内留守政府的西乡隆盛、板垣退助等人在朝鲜再三拒绝建立邦交后主张以武力迫使朝鲜开国。岩仓具视、大久保利通等人认为日本的当务之急是向欧美学习先进的生产技术和社会制度，因而对所谓"征韩论"坚决反对。1873 年 10 月 24 日，明治天皇接受岩仓具视的意见，决定无限期推迟向朝鲜派遣使节，并延缓"征韩"。留守派的西乡隆盛、副岛种臣、后藤象二郎、板垣退助、江藤新平等先后辞职，造成明治政府成立以来的第一次政府危机。辞职后的"征韩论"者以不同的方式向大久保利通等人把持的政权挑战，江藤新平和西乡隆盛选择了武力，副岛种臣、后藤象二郎、板垣退助等人则高举"天赋人权"的大旗，向政府提交《设立民选议院建议书》，要求设立民选议院，切实赋予人民选举权，并通过建立立志社（后升格为"爱国社"）在民间宣扬"天赋人权""人人生而平等"等理念，为自己的行为造势。

从理论碰撞的角度看，随"文明开化"而传到日本的西方自由、民主、人权思想无疑是这次运动的理论依据。具体来讲，约翰·斯图亚特·密尔（John Stuart Mill）、让·雅克·卢梭（Jean Jacques Rousseau）和赫伯特·斯宾塞（Herbert Spencer）等人的作品被翻译为日文，备受读者欢迎。他们的自由民主理念、权利意识、天赋人权、社会契约论、人民主权论等政治理念在日本引起了强烈反响。同时，以福泽谕吉、加藤弘之、中村正直、中江兆民、田口卯吉、植木枝盛等人为代表的本土思想家也通过著书立说、创办刊物等方式对民众思想的启蒙起到了非常重要的作用。总之，西方自由、民主、人权等思想的引进与统治集团内部的精英分裂相结合，为自由民权运动的开展做了思想和物质上的准备（主要运动见表 5-1）。

表 5 - 1　自由民权运动简略年表（1874 ~ 1887 年）①

时间	民权派的行动	政府的对策
1874 年 1 月	建议设立民选议院	
1874 年 4 月	土佐成立立志社	5 月　在左院设置国宪编纂挂（小组）
1875 年 2 月	在大阪会议上妥协（坂垣重新出任参议）	2 月　在大阪会议上妥协
1875 年		4 月　设立元老院、大审院 发表诏书,表示要逐步建立立宪政体
1875 年	爱国社在大阪成立（未发展便解散）	6 月　第一次地方官会议。制定诽谤律和新闻条例
1875 年		9 月　修改新闻条例
1876 年		9 月　元老院起草宪法（1880 年定为《日本国国宪按》）
1877 年 6 月	立志社建议	
1878 年 9 月	爱国社重建大会	7 月　制定三新法（府县会规则等）
1880 年 4 月	国会期成同盟组成	4 月　制定集会条例
1881 年 8 月	开拓使事件	10 月　明治十四年政变
10 月	自由党成立	10 月　发布开设国会的敕谕
1882 年 3 月	立宪改进党成立	3 月　伊藤赴欧洲。立宪帝政党成立
4 月	岐阜事件（坂垣遇刺）	6 月　修改集会条例
11 月	坂垣赴欧洲	
12 月	福岛事件	
1883 年 3 月	高田事件	6 月　修改出版条例
6 月	坂垣回国	9 月　立宪帝政党解散
1884 年 9 月	加波山事件	3 月　设立制度调查局
10 月	自由党解散。秩父事件	7 月　发布华族令
12 月	大隈脱离改进党	

①　参见〔日〕依田熹家著，卞立强等译《简明日本通史》，上海：上海远东出版社，2004 年版，第 235 页，略有改动。

续表

时间	民权派的行动	政府的对策
1885 年 11 月	大阪事件	12 月　确立内阁制度
1886 年 6 月	静冈事件	3 月　发布学校令
1887 年 10 月	大团结运动	这一年开始起草宪法（至 1888 年）
12 月	三大事件建议运动	12 月　制定保安条例

在开始阶段，自由民权运动的成员主要来自士族知识分子，其主要活动形式为建立社团和开展理论论战。比如，1874 年 1 月近代日本第一个政党爱国公党成立，4 月，板垣退助等人创建立志社，九州、四国等地随之建立了相爱社、岳洋社、尚志社、南山社、合立社、公共社等奉行自由民权思想的政治团体。1874 年 2 月，针对自由民权派的《设立民选议院建议书》，加藤弘之发表了《建立民选议院质疑》一文，阐述了其著名的"尚早说"，大意是日本与欧美国情不同，日本国民尚未完全开化，不适宜立即设立民选议院，当务之急是兴办学校、发展教育、开启民智、培养人才，待国民完全开化之后再设立民选议院、制定宪法更为妥当。针对加藤弘之的这一"尚早论"，自由民权派发起了猛烈的反击。比如古泽兹等人的《答加藤君书》认为，由维新始到废藩置县的优秀政绩正是依靠群众公议而取得的，而废藩置县后的政治流弊也正是因为大权集中于少数有司而造成的。马城台次郎（大井宪太郎的笔名）也发表了多篇文章，猛烈抨击加藤弘之的"尚早论"。面对这些批评，加藤弘之也连续给予回应，一时间自由民权派的"即行论"与加藤弘之的"尚早论"激烈交锋，形成了一场思想大论战，引起社会的高度关注。在社会舆论的压力下，1875 年 4 月，天皇发布《渐次确立立宪政体诏书》，表示要渐进地组建立宪政体。

随着自由民权派力量的不断壮大，19 世纪 70 年代末到 80 年代初的运动形势得到进一步发展。人员构成由士族知识分子扩展到富农豪商，开始逐步由社会上层精英向下层渗透；运动的形式也由思想论战向具体的政治斗争扩展。这些特征集中体现在立志社及后来的国会期成同盟的活动上。1877 年，立志社的总代表片冈键吉向天皇递交《立志社建议书》，以天赋人权论为依据猛烈批判了大久保利通政府的八项罪证，并站在自由民权派的立场上要求开设国会、建立宪政体制、减轻地税以及修改不平等条约。① 以这一建议书为标志，自由民权运动由思想论战和理论宣传进入政治斗争阶段。在政府拒绝了该建议书后，片冈键吉组织立志社成员向全国宣传散发建议书，猛烈抨击政府，林有造等人甚至想通过组织敢死队武力推翻政府。由于行动败露，立志社放弃了武力斗争的路线，将精力重新集中到政治斗争上。1878 年 4 月，立志社倡导重振因经费不足而处于瘫痪状态的爱国社，9 月，数十名自由民权派的代表在大阪讨论重建爱国社的问题，次年 1 月发表了《爱国社重建协议书》。1879 年 3 月和11 月又分别召开了第二次和第三次代表大会，将"伸张国权"排除在外，把"自由民权"设定为唯一目标。1880 年 3 月，第四次代表大会上，爱国社更名为国会期成同盟。4 月，片冈键吉、河野广中等29 名代表向政府递交《允许开设国会请愿书》，再次遭到政府拒绝。片冈键吉等人将请愿书被拒的过程编辑成书向全国散发，激发民众情绪，借机扩大国会期成同盟的实力。到 1880 年 11 月，国会期成同盟召开第二次代表大会时，成员数量已经增加到 13 万。与此同时，各地的其他民权团体也积极活动，纷纷向政府递交开设国会的请愿书。这些活动也得到了民众的积极响应，据统计，各种请愿书上签字的人数在 1880 年达到了 24 万人。国会期成同盟"二大"后，各地方加盟团体掀起一股"私拟宪法"运动，共拟定了 20 多个版本的宪法草案（见表 5 - 2）。

在自由民权运动高涨的压力之下，明治政府内部出现了以伊藤博文为首的渐进派和以大隈重信为首的急进派之间的分歧。急进派主张

① 参见宋成有《新编日本近代史》，北京：北京大学出版社，2006 年版，第 138页。

尽快举行大选、召开国会，渐进派认为急进派的方案"实为近乎荒唐之过激论调"，[①] 并给出比急进派晚 7 年的立宪日程表。最终，渐进派在"明治十四年政变"中战胜了急进派，大隈重信被逐出政府，伊藤博文成为主持国政的核心人物，进而得以明确政府的改革方针。1881 年 10 月政府颁布了《召开国会诏敕》，宣布"兹以明治二十三年（即 1890 年）为期，集合议员，召开国会，以遂朕之初志"。

表 5 - 2　自由民权运动时期主要"私拟宪法"一览表[②]

草案名称	起草人或发表的杂志	起草的时间
私拟宪法意见	嘤鸣社	1879 年末 ~ 1880 年初
大日本国会法草案	樱井静	1880 年 1 月
大日本国宪法大略预见书	筑前共爱会	1880 年 2 月
大日本帝国宪法概略预见书	筑前共爱会	1880 年 2 月
大日本国宪法草案	中立政党政谈记者	1880 年 10 月 3 日 ~ 31 日
国宪意见	福地源一郎于《东京日日新闻》	1881 年 3 月 30 日 ~ 4 月 16 日
私拟宪法案	交询社	1881 年 4 月 25 日
日本帝国宪法	千叶卓三郎	1881 年 4 月下旬 ~ 9 月中旬
日本宪法预见案	立志社	1881 年 5 月
私考宪法草案	交询社	1881 年 5 月 20 日 ~ 6 月 4 日
私草宪法	永田一二	1881 年 7 月 10 日 ~ 9 月 10 日
日本宪法预见案	内藤鲁一	1881 年 8 月 18、19 日
日本国宪法	植木枝盛	1881 年 8 月 28 日
日本国国宪条(东洋大日本国国宪条)	植木枝盛	1881 年 8 月 28 日以后

① 宋成有：《新编日本近代史》，北京：北京大学出版社，2006 年版，第 143 页。
② 参见陈秀武《近代日本国家意识的形成》，北京：商务印书馆，2008 年版，第 224 ~ 225 页，略有改动。

草案名称	起草人或发表的杂志	起草的时间
日本国宪法草案	村松爱藏	1881 年 9 月 29、30 日
各国对照私考国宪案	土居光华、山川善太郎等于《东海晓钟新报》	1881 年 10 月 1 日 ~ 11 月 24 日
大日本帝国宪法	菊池虎太郎等 3 人	1881 年 10 月 25 日
宪法试草	井上毅	1882 年 4、5 月
宪法草案	山田显义	1881 年 9 月? 1882 年 9 月?
宪法草案	西周	1882 年秋
宪法私案	壬午协会 小野梓	1883 年 5 月 29 日 ~ 6 月 1 日
国会组织要论	星亨	1886 年 11 月
私草大日本帝国宪法案	田村宽一郎	1894 年 7 月 1 日

此后，自由民权派的活动强调组织的牢固性和可持续性，进入组建和巩固正式政党的时期。为了在即将成立的国会中争夺议席，国会期成同盟内部的各地方民权团体纷纷独自组建政党，国会期成同盟迅速瓦解。自由党、立宪政党、九州改进党等民权派政党纷纷成立，一时呈群党并立之势。后来经过激烈的角逐，产生较大影响的只有自由党和立宪改进党。明治政府方面则通过"明治十四年政变"除掉大隈派势力。新组建的政府机构里，萨长藩占了 12 名要员中的 8 位，为渐进政策的明确化奠定了基础。此后政府一方面进一步加紧对民权运动的控制，另一方面通过离间政策在民权派之间制造矛盾，以对其逐个分化、消解。政府的分化、收买政策在强化其统治基础的同时，也导致下层民众被迫走上了武装斗争的道路。1882 年 11 月到 1884 年 12 月共出现 7 次反政府的暴力事件。巧合的是，自 1882 年开始日中关系因朝鲜半岛事务而日趋紧张，这为政府转移国民注意力、转嫁国内危机提供了绝好的机遇。实际上，与其说是政府转嫁危机的能力出众，不如说"国权论"本来就潜藏在自由民权派的政治理念之中。只不过，当没有外部危机时，"国权论"的迫切性下降而"民权论"的紧要性上升；当面临外部危机时，"国权论"便会迅速上升为主流

意识形态，"反政府的民权论者也纷纷转变为国权论者"。① 国权论的迅速膨胀严重挤压了"民权论"的生存空间，1884 年 12 月，自由党不复存在，立宪改进党名存实亡，自由民权运动在经历了激烈的理论和政治斗争之后却因外部危机的到来而黯然消寂，甚至都没有留下足够的悲壮元素。

在自由民权运动消亡的同时，明治政府加快了组建近代日本天皇制度的步伐。1885 年 12 月废止太政官制，建立内阁制。1889 年 2 月11 日颁布《大日本帝国宪法》，天皇总揽统治权，凌驾于各官僚机构的博弈之上，标志着近代日本天皇制的确立。自幕末开始的关于政体的各种争论至此告一段落。

三　修约外交——不完满的主权观念

从幕末到明治时期，日本在面临国内政治理念的困惑与纠葛的同时，更面临着外交理念和实务的困难。随"黑船来航"及《安政五国条约》的签订而被迫开国的日本面临的首要任务就是修改与西方列强的一系列不平等条约，争取与列强的平等地位和"独立不羁"的国家行为自主性。但与此同时，日本在对待其周边后觉醒国家时却仿效了西方势力对待日本的行为逻辑。因此，该阶段日本主权的对外向度中，更为强调和注重"吾之主权不容侵犯"的含义，而忽略了"吾亦不侵犯他之主权"的内容。因此，该段时期日本的修约外交应分为与西方列强的修约和与周边邻国的所谓"修约"。

（一）与西方列强修约以争取"独立不羁"和"万邦对峙"之国家地位

同列强与东亚其他国家签订的条约一样，根据《安政五国条约》的规定，日本几乎丧失了关税自主权和独立司法权等国际关系中的重要权力，而欧美列强则在日本享受着片面的最惠国待遇。任何政治行为体，无论其政治行为能力是否强大和有效，对于这样的不平等地位

---

① 宋成有：《新编日本近代史》，北京：北京大学出版社，2006 年版，第 151 页。

都是难以接受的。对于从传统朝贡体系向现代国际体系转换的日本来说，欧美国家间的关系模式无疑具有极大的吸引力。传统朝贡体系中次强地位的历史记忆和受欧美列强剥削的现实都促使日本以西方国家间关系准则为合法性叙述，积极谋求与列强的平等地位。明治政府成立之后，迅速将修约问题提上议事日程，企图按照西方的所谓国际惯例来处理与列强的关系，不过当时还只是处于提出概念阶段，并未做好修约的具体准备。不难预想，这一努力被欧美各国拒绝了。不仅如此，明治政府初期还同瑞典、挪威、西班牙、北德意志、奥匈等国继续签订了一些不平等条约。自此以后，日本历届内阁都为修约付出了艰辛的努力。

在明治政府初步提出修约之时，欧美列强拒绝谈判，他们给出的理由中非常重要的一条是日本的法律体制尚不完备。日本国内对这一点也是认可的，从岩仓使团出访欧美的《事由书》中可以明显地感受到这一点。从岩仓使团所携带国书的内容来看，日本此行目的主要是"努力采择开明各国先行诸法，使之适合我国实行者，逐渐改革政俗，以求一致……及使臣归朝之后，议及改正条约时，已达到朕所期望之地"①。基本可以认为，日本这次派岩仓使节团出访的目的，一方面是考察学习各国政治法律制度以进行国内体制变革，从而为将来的修约扫清国内制度障碍；另一方面是了解欧美各国关于修约问题的意向。因此，日本对欧美国家改约的要求仍然只是"期望"性的②和较为委婉的。寺岛宗则担任外务卿时期，日本与欧美各国正式展开了修约谈判。该时期的修约谈判主要集中在收回关税自主权上，但欧美各国意见消极。虽然美国因美日贸易额不足 300 万日元而同意签订名为《吉田·艾伯茨条约》的新条约，但

---

① 渡边几治郎：《日本近世外交史》，千仓书房，1937 年版，第 43～44 页；大久保利谦：《岩仓使节研究》，宗高书房，1976 年版，第 179 页。转引自米庆余《日本近现代外交史》，北京：世界知识出版社，2010 年版，第 43 页。

② 米庆余：《日本近现代外交史》，北京：世界知识出版社，2010 年版，第 43 页。

英国等欧美国家根本不愿进行真正的修约谈判，这一条约也未能实施。井上馨任外务卿后，力求争取部分收回关税自主权和列强在日本所享有的领事裁判权。他认为，"修改条约现在已经成为日本外交政策的中心课题，其目的并不单是修改不平等条约，恢复日本的独立，而是要创造条件，以应付正在进入帝国主义时代的国际政治局势"。① 从 1882 年开始，井上馨与各国代表举行预备会议，1886年在东京召开修约会议，以"鹿鸣馆"外交②的方式与欧美各国进行正式交涉。井上馨的修约草案遭到欧美各国反对。英德两国提出了关于司法管辖条约的草案，同意废除领事裁判权，但要求日本完全开放内地，必须任用外国人担任法官和检察官，涉及外国人的民事诉讼案件要由外国法官占多数的法庭审理，刑事案件的预审要有外国法官参加。会议没有承认日本的关税自主权，只是同意将平均关税由 5% 提高到 11%。日本政府同意了英德草案和会议关于提高关税的决定，但井上馨极端欧化的政策引来了元老院和舆论的严厉批评。修约会议在进行了 27 次各种形式的会谈之后于 1887 年 7 月宣布无限期延迟，井上馨被迫辞职。

井上馨辞职后大隈重信继任外务大臣，他没有像井上馨那样与欧美各国就修约问题召开多边国际会议，而是试图通过一系列双边谈判实施各个击破。1888 年 11 月，大隈重信提出了新的修约方案企图收回法权和税权，在法权方面只同意在大审院（最高法院）中任用外国法官，承诺日本将于两年内完成重要法典的编纂，否则各国可将废止领事裁判权的日期延长至完成法典编纂的三年以后；在税权方面提

① 〔日〕信夫清三郎编，天津社会科学院日本问题研究所译：《日本外交史》（上册），北京：商务印书馆，1980 年版，第 214 页。
② 鹿鸣馆建成于 1883 年，是一座呈意大利文艺复兴风格并兼具英国韵味的建筑。井上馨等外交官为了专门招待欧美高级官员，经常在鹿鸣馆举行有首相、大臣和他们的夫人小姐们参加的晚会、舞会。鹿鸣馆是近代日本欧化主义的象征，其理念在于将日本改造成"欧化新帝国"，以与世界先进国家立于平等地位。人们把这一时期称为"鹿鸣馆时代"，把这时的日本外交叫作"鹿鸣馆外交"。

出了通商航海条约草案，明确了有条件的最惠国待遇。在这一原则下，大隈分别与美国、德国、俄罗斯成功缔结了友好通商航海条约。由于有条件的最惠国待遇会严重冲击英国的利益，所以英国对此仍然反对。不仅如此，由于日本国内各党派为1890年召开的议会相互竞争，加之民众反欧浪潮高涨，这个草案仍然引起了激烈的反对运动。1889年10月，大隈遇刺，同年12月辞职，由其主导的第三次修约谈判无果而终。青木周藏继任外务大臣后对大隈的修约草案进行了进一步改动，拒绝在大审院中任用外国法官，规定5年后收回法权，6年后收回税权，废除大隈草案中关于修订和公布法典的条款。青木周藏将新版草案的内容通告欧美各国。此时的英国欲以日本的崛起牵制俄罗斯在亚洲的力量，因此对这次修约草案表现出超乎意料的积极姿态。不过，青木周藏因"大津事件"辞职，已经走上轨道的修约谈判再次中断。

1892年，陆奥宗光出任伊藤博文第二届内阁的外务大臣。他基本继承了青木周藏的方针，继续与列强交涉，并根据国际局势的发展，将重心集中到英国身上。如前所述，英国为了防止俄国在远东扩张，改变了以往对日本的态度，对修约表现出较为积极的态度。1894年7月16日，日英两国签署《日英通商航海条约》，尽管税权仍未完全收回，但提高了税率并做出协定税率的规定。之后，日本相继同其他欧美国家签订了类似条约，并都从1899年开始生效。到20世纪初期，特别是赢得了日俄战争之后，日本国际地位进一步上升。1910年，外务大臣小村寿太郎通告欧美各国，宣布废除同这些国家缔结的条约，重新开始谈判。1911年2月21日，日本同美国签订了新的通商航海条约，随即又与英国等相关国家签订类似条约，从而基本上获得了关税自主权。日本的修约运动取得最后成功（见表5-3）。

表 5-3　日本修改条约相关事件一览表①

时间	相关事件
1870 年 1 月 11 日	外务卿泽宣嘉致函外国公使要求修改条约
1871 年 3 月	外务卿泽宣嘉致函驻日英国公使
1871 年 9 月	三条实美下"条约改正欧美遣使咨询书"
1871 年 11 月	岩仓使节团出访欧美
1873 年	寺岛宗则继任外务卿,尝试与外国商谈改正条约事宜;与美国的交涉比较顺利,并于 1878 年 7 月签订《日美新通商条约》,但迫于英国的压力与责难,没有实施
1879 年	取消治外法权的社会舆论高涨,12 月井上馨继任外务卿,鹿鸣馆时代开始。条约改正案得到各国的认可,第一次会议于 1886 年 5 月 1 日召开,1887 年 4 月 22 日,新通商条约、友好条约草案大体达成共识
1887 年	鹿鸣馆的假面舞会引起众怒,7 月井上馨不得已通告各国条约改正延期,9 月辞去外相职务
1888 年	2 月大隈重信就任外相,1889 年与主要大国交涉事宜大体完成,后因恐怖爆炸事件失去了一条腿,与首相黑田清隆一起辞职,条约改正运动受挫
1889 年 12 月 24 日	山县有朋组阁,青木周藏任外务大臣,为废除领事裁判权而努力奋斗。青木周藏的条约改正案与以前的有所不同,关于治外法权,主要以"对等合意"为目标。其主要内容:"大法院不采用外国法官;如果不取消领事裁判权的话,就不承认外商的不动产。"在新条约即将签署之前,因大津事件(1891 年)辞任外相
1894 年	时任外务大臣的陆奥宗光和英国缔结了《日英通商航海条约》,成功废除了不平等条约中的治外法权、领事裁判权,提高了关税率,取得了相互对等的最惠国待遇权
1911 年	时任外相的小村寿太郎与美国签订了《日美通商航海条约》,恢复了关税自主权,完成条约改正任务。与此同时,签订《日俄协约》,合并韩国,推进了大陆政策

---

① 引自陈秀武《近代日本国家意识的形成》,北京:商务印书馆,2008 年版,第 181~182 页。

（二）与邻国修约却摒弃诸国平等的理念

在明治时期，日本政府的另一项外交任务是经营周边关系。与日本政府针对欧美列强的修约外交不同，在经营周边的议题上日本效仿了欧美列强的做法。日本学者井上清认为，明治政府对外政策的基本方针是"屈服和侵略"，即一方面对欧美列强采取屈辱外交，另一方面对周边邻国实施进攻方针。① 实际上，日本对欧美也并非屈辱外交，而是积极学习吸纳西方列强的游戏规则，以便平等地参与"万邦对峙"的博弈。为此，日本一方面以西方国家间关系原则为旗号，努力争取与欧美列强平等地位；另一方面却以"开国""通商"为名侵扰和剥削周边国家，外交理念本身显示出明显的冲突与分裂。

1871 年，日本与中国在天津签订《日清修好条规》，并于 1873 年 4 月 30 日举行换约仪式。通过这一条约，日本在东亚地区第一次获得了与中国平等的地位。1874 年，日本以琉球居民遭台湾人杀害为由派兵入侵台湾，同年 10 月 31 日，两国签署《北京专条》，清政府被迫支付白银 50 万两，日本从台湾撤军。中国将琉球船民称为"日本国属民"，称日军的侵台行为为"保民义举"，《北京专条》的签订使清政府在法理上丧失了对琉球的主权。恰如当时法国法学家巴桑纳（Boissonade, G. E）所称："1874 年日清两国缔结的条约，最幸运的成果之一，就是使清帝国承认了日本对琉球岛的权力"，这是因为中国将遇难的琉球船民"称作日本臣民"。② 1875 年 3 月，大久保利通要求琉球改变其"两属"③ 的情形，6 月，日本政府派松田道之到琉球传达意在废除琉球与中国藩属关系的命令，琉球政府强烈反对，清政府与日本进行交涉。1879 年日本单方面决定废除琉球藩，改琉球为冲绳县，清政府再次进行交涉。为了修改与清政府签订的

---

① 〔日〕井上清、尚永清著《日本的军国主义》（第二册），北京：商务印书馆，1958 年版，第 14～34 页。

② 〔日〕信夫清三郎编，天津社会科学院日本问题研究所译：《日本外交史》（上册），北京：商务印书馆，1980 年版，第 154 页。

③ 指既隶属中国清政府又隶属日本的情形。

《日清修好条规》以攫取之前尚未得到的一些在华权益，日本曾提出将琉球问题与对话修约问题挂钩的所谓"分岛改约方案"。两国议定《球案专条》，后因国内压力，清政府对此予以否决。之后因中日矛盾主要集中于朝鲜，关于琉球问题的交涉不了了之。甲午战后，因台湾割让，日本进一步巩固了对琉球的吞并。

在传统朝贡体系下，朝鲜一直被视为中国的附庸国。在清朝，朝鲜除保持与清政府的朝贡关系之外，基本上采取的是锁国政策。日本主要由对马藩同朝鲜保持比较有限的通商和交通关系。明治政府成立后，要求朝鲜与日本新政府建立外交关系，但朝鲜以日本国书的语言与历来格式不符为由，一直拒绝正式接待日本使节。朝鲜的这一态度在日本国内引发"征韩论"思潮，只是由于岩仓使节团回国后主张内治优先而反对征韩，主张征韩的西乡隆盛等人失势，"征韩论"才暂时受到压制。不过，随着日本国力上升，加之历来对由中国主导的朝贡秩序的复杂心态，其对周边国家的政策逐渐变得强硬，"征韩论"以某种方式再现几乎只是时间早晚的问题。1875 年 2 月，日本开始同朝鲜谈判，并借"江华岛事件"（亦称"云扬号事件"）向朝鲜施压。在日本的军事威胁下，朝鲜接受了日本大部分要求，于1876 年 2 月 26 日缔结了《江华条约》（亦称《日朝修好条约》）。根据条约，日本获得了在开放港口地区的领事裁判权，并迫使朝鲜放弃关税自主权，从而打开了朝鲜的大门。此后日本不断加强对朝鲜政治、经济和社会各方面的影响。1882 年 7 月，朝鲜发生史称"壬午之变"的反日暴动，清政府应朝鲜要求派遣了军队，日本政府也以保护公使馆和在朝公民为由派军队前往。8 月 30 日，日本利用军事压力迫使朝鲜签订《济物浦条约》和《日朝修好条约续约》，惩罚事件中的暴民，并扩大日本在朝鲜开放港口（元山、釜山和仁川等地）的活动范围。1884 年 12 月，受日本支持的金玉均、朴泳孝等人发动政变（史称甲申之变），并邀请日本出兵，而王妃闵妃则邀请清政府出兵，日本军队最终战败。1885 年 1 月 9 日，日本又以武力施压，迫使朝鲜签订《汉城条约》，朝鲜向日本道歉，惩罚杀害日本人的凶手，给予死伤补偿，并重建日本公使馆。此时的日本尚不想完全与中国对立，因而想通过政治手段调整与中国的关系，并巩固在朝鲜的利益。1885 年 4 月 18 日，两国签订了《天津会议专条》（日本称《天津条约》），两国从朝鲜撤军，并规定以后向朝鲜派遣军队需相互通报对方。

1894 年 2 月，朝鲜东学党发动起义，6 月 3 日，朝鲜向清政府求援，希望清政府出兵镇压。清政府同意了朝鲜的请求，并按照《天津会议专条》的规定告知日本政府。日本则再次以保护公使馆和在朝公民的安全为由出兵，并且投入了超过清军的庞大兵力。7 月 25 日，甲午战争爆发，清军战败，两国签订《马关条约》。

四　日本近代国家意识形成的机理分析

回顾日本近代国家意识的形成过程，我们发现，在初始阶段，其对主权对内向度与对外向度的理解各有特色。从共性上来讲，日本与之后其他国家一样，在主权意识形成过程中率先形成的是主权概念对外向度的含义，即对本国独立、自主、平等地位的诉求，而在主权概念对内向度的理解上则基本倾向于整体主义和国家主义。不过，日本主权意识的生成过程毕竟与其他国家所面临的外部权力结构和时代背景有所不同，这些结构和过程要素的不同塑造了日本主权观念异于东亚其他国家的一些特征。首先，由于日本在东亚传统地区秩序中处于次强地位，赶超和取代中国一直是近代日本的心理诉求；其次，日本主权观念生成的时代正是西方列强疯狂争夺殖民地的历史时期，西方列强通过对外扩张增强国力的示范效应与主权观念同时展现在日本面前，导致日本在国力逐渐强盛之后仿效西方走上了殖民扩张的道路。这两点使得日本对主权对外向度的理解具有其自身的特色，一方面强调自身的独立、自主和平等并以此为依据开展指向西方列强的修约运动；另一方面在与邻国修约过程中却忽略了诸国平等的原则而表现出了较为明显的"进攻性"特征。通俗地讲，日本对主权对外向度的理解更为强调"吾之主权不容侵犯"，而忽略了"吾亦不侵犯他之主权"的内涵。近代日本主权观念对内偏重国家主义、对外强调权利忽略责任的特征为其日后对东亚地区国家的侵略行径埋下了观念上的伏笔。①

第二节 清末民初中国主权观念形成 过程中内外向度的不同命运

中国主权观念形成的过程与日本颇为类似，但又存有重大差别。相似之处在于，二者都身处东亚，具有较为相近的传统价值体系，又都受到西方物质力量和观念力量的强力冲击，在接受主权观念时都具有相对被动的特点。不同之处在于，日本由于在很长时间里游离于朝贡秩序之外，且长期以来对中国中原政权不完全顺服，因此对西方价值体系的学习和接受远较中国积极。中国由于在传统东亚朝贡体系中一直处于中心地位，对主权观念蕴含的国家之间地位平等的权力状态难以接受，因此对主权观念的接受相对更为困难。如果说日本在学习吸收西方知识和价值的问题上有借机赶超长期处于高位的中国中原政权的考虑，那么中国则完全是在相继遭受西方和日本的沉重打击之后，才逐渐痛苦地意识到传统体制和意识的不合时宜，以及接受主权概念等西方观念的必要性。事实也的确如此。简要回顾晚清以来的近代历史就会发现，中国主权观念的形成在时间上比日本要晚，在速度上比日本要慢，并且日本的政治体制一度成为晚清政府体制改革的主要参照。

如前文所述，中国传统社会结构和价值体系的核心特征可概括为关系本位的本体论立场、强调责任的伦理逻辑以及"家—国—天下"的世界观。西方的到来，带来的是个人主义的本体论立场、强调权利的伦理逻辑和主权国家体系的世界观。与之相应，关于西方现代价值

---

① 日本之所以由自由民权回归国权，参见宋成有《新编日本近代史》，第135页和第204页。

体系对中国传统价值体系的冲击，可以从三个维度进行理解：一是个人主义冲击关系本位；二是权利伦理冲击责任伦理；三是主权国家理念冲击"家—国—天下"理念。历史事实表明，西方的这一系列现代性概念对中国的影响程度是存有差别的。这种差别既与西方概念体系内部的冲突有关，也与特定时代的权力结构和利益诉求有关。可以说，权力结构、利益诉求和价值竞争相结合，共同决定了这些概念在中国所经历的不同命运。

应该说，主权概念的对外向度被中国接受并内化的速度和程度要远远高于主权的对内向度。当西方现代国际体系向东亚扩展，冲垮东亚原有国际秩序之后，处于弱势地位的中国较为快速地习得了"万邦林立"的世界观原理，却未能同步学习吸纳西方的个人本位的本体论立场和强调权利的伦理逻辑。从对二者的比较分析中，可以发现价值体系、权力格局及利益诉求在观念传播过程中所发挥的重要作用。

一　从"家—国—天下"到"万邦林立"——对主权概念的接受

西方人大规模来到东亚，标志着人类活动范围彻底突破地域的限制。不过，活动范围在空间上完成全球全覆盖并不代表人类整合的完成，相反，它仅仅标志着人类走向观念整合的开端。这一整合在初始阶段必然表现为一系列的误解和冲突，这些误解和冲突在今天人们看来或许会显得幼稚和无知，但若回到当时的历史语境中去理解，就会发现那是两种异质文明相遇时必然付出的代价。并非中国人无知，也并非西方人先觉，中西各方只是代表着不同的文明。文明之间只是存在观念和价值逻辑的差异，无所谓孰优孰劣。① 当两大文明相遇时，因文化传统而导致的对彼此行为的误读是正常的和

---

① 西方学者在这一点上的中心意识俯拾皆是，可参见 Gerrit W. Gong, *The Standard of "Civilization" in International Society*, Oxford: Clarendon Press, 1984. Specially, Gerrit W. Gong, "The Standard of 'Civilization' and the Entry of China into International Society", in the book above, pp. 130 – 163。

不可避免的，这是不同文明逻辑间的冲突，与人的素质无关。当然，由于西方在物质力量上的优势地位，西方文明也进而占据了优势地位，但这仍然不能成为我们嘲笑当时人们面临全新话语体系而显得无所适从的理由。因为，这对晚清中国上下来讲，是一个千年未遇的历史命题。在这样宏大的历史命题面前，有谁能保证可以表现得恰如其分、完全得体呢？

在面临西方的物质和观念力量时，清朝（特别是晚清）时期的中国人确实表现出了极大的不适应。这种不适应的例子可谓俯拾皆是。我们不妨在此举出两例。

案例之一是顺治时期荷兰东印度公司遣使到中国。从其向清廷递交的表文可以看出，正处鼎盛时期的荷兰此次派团前往中国的目的是要求与中国通商。表文内容既礼貌又不失国体，对顺治皇帝既尊重又不卑躬屈膝，可谓不卑不亢，颇为得体。但是，清廷的回应却并未按照荷兰表文所蕴含的"万国分立、彼此对等"的欧洲国际规范的逻辑，而是根据以往的经验，认为荷兰是地处偏远的一个藩属国。因此，顺治皇帝给荷兰驻巴达维亚总督的"谕旨"沿用了与周边藩属国一致的语气和模式：

> 敕谕曰，惟尔荷兰国墨投为也甲必丹物马绥掘，僻在西陲，海洋险远。历代以来，声教不及，乃能缅怀德化，效慕尊亲。择尔贡使杯突高啮、惹诺皆色等赴阙来朝，虔修职贡，地逾万里，怀忠抱义，朕甚嘉之。用是优加锡赉。大蟒缎二匹，糚缎二匹，倭缎二匹，闪缎四匹，蓝花缎四匹，青花缎四匹，蓝素缎四匹，帽缎四匹，衣素缎四匹，绫十四匹，纺丝十四匹，罗十四匹，银三百两，以报孚忱。至所请朝贡出入，贸易有无，虽灌输货贝，利益商民。但念道里悠长，风波险阻，舟车跋涉，阅历星霜，劳累可悯。若贡朝频数，猥烦多人，朕皆不忍。著八年一次来朝。员役不过百人，止今二十人到京。所携货物，在馆交易，不得于广东海上私自货卖。尔其体朕怀保之仁，恪贡藩服，慎乃常职，祗承

宠命。①

但是，当这一"谕旨"译呈给荷兰驻巴达维亚总督时，其语气、姿态和逻辑发生了非常大的变化。在翻译者的译笔之下，一套话语体系巧妙地转变为另一套话语体系：

> 国王送此书给荷兰巴达维亚总督约翰·马绥掘。我们两国远隔东西，难以沟通联系。自古以来，我们从未见过荷兰人。但你现在派遣侯叶尔和凯赛尔以你的名义来看望我，并馈赠礼品，足见你的智慧和品德。你的国家与中国远隔万里，但你仍表示了惦念我的诚意，我在此表示非常欣赏。因此我赠送你两匹绘龙缎……（以下礼品名称略）。你们请求在我们国家进行贸易，互通有无，大家得利。但虑及你们国家是如此遥远，你的人民如果来中国，要历风波之险，霜雪之寒，我心不忍。如果你们愿意来，就每八年来一次，每次不过百人，其中二十人到皇宫，你可将货物带到你的寓所，不要在广州海面上交易。我的诚意你将会理解，而且相信你会满意。顺治十三年八月二十九日。②

从中不难看出两种秩序观、世界观分歧的不可调和，也不难想象适应西方国际秩序观对于清廷上下来说会是何等的艰难。习惯于"天朝上国"想象的中国人不愿被外来者打破这一神话，朝廷内部的等级体制又促使王公大臣们有意无意地忽视外来者言行举止中所透露的不同观念和价值立场，以及关于世界的不同表述方式。处于下位的臣民或沉浸于千百年来编织的美梦，或为了讨好皇帝，不约而同地按

---

① 《明清史料》丙编（第四册），上海：商务印书馆，1935年版，第377页。转引自庄国土《略论朝贡制度的虚幻》，载梁志明等著《古代东南亚历史与文化研究》，北京：昆仑出版社，2007年版，第104~105页。

② 转引自庄国土《略论朝贡制度的虚幻》，载梁志明等著《古代东南亚历史与文化研究》，北京：昆仑出版社，2007年版，第105页。

照传统的价值观念解读西方使者的言行举止，用中国传统的世界观和方法论去"格义"西方的文本和行为。事实上，对于身处权力下位的臣民来说，最优的政治选择是讨好上级以谋得更好的权位和差事，至于外部事实到底是什么却无关紧要。身处下位的臣民或囿于知识的有限的确不了解外部世界，或基于谋求自身政治利益的考虑故意不提关于外部世界的洞见（这种洞见必然会触动自古以来关于帝王合法性的叙述，因而极有可能不受欢迎）。如此一来，等级体制下，皇帝和臣民都自我陶醉地编织和传承着"天朝上国"的美丽传说，在体制内部严重缺乏戳破"皇帝新装"谎言的动力。体制上下就这样满足于自欺而又欺人的"一团和气"之中。

案例之二是马嘎尔尼谒见乾隆事件。[①] 1792 年英国国王以补贺乾隆八十寿辰为名派使臣马嘎尔尼（George Macartney）访华，力图趁机与清廷展开谈判，以扩大对华贸易，并向清廷派驻使节。根据史料记载，乾隆皇帝对这次英使来访非常重视，要求以"款待远人之道"，"不卑不亢以符体制而示怀柔"，并亲自指示对这次来访的接待。马嘎尔尼一行也自我严格约束，尽力不触犯清朝上下。但在觐见环节上，双方因礼节问题发生冲突。清廷要求马嘎尔尼像清朝臣民一样对乾隆皇帝行三跪九叩之礼，而马嘎尔尼则根据欧洲的传统认为至多行单膝跪地之礼。最终双方达成妥协，乾隆接见了马嘎尔尼，不过谈判未取得成功，英国使团此行的目的没有达到。双方在礼节问题上的冲突，表面看来是习俗的冲突，但其背后实际是两种世界观和秩序观之争。乾隆皇帝和清廷大臣们因怀有"天朝上国"意识，没有"内""外"之分，将马嘎尔尼视为与缅甸、安南同等的贡使，认为

---

① 可参见〔英〕斯当东著，叶笃义译《英使谒见乾隆纪实》，北京：商务印书馆，1965 年版；〔美〕何伟亚著，邓常春译：《怀柔远人：马嘎尔尼使华的中英礼仪冲突》，北京：社会科学文献出版社，2002 年版；朱雍《不愿打开的中国大门：18 世纪的外交与中国命运》，南昌：江西人民出版社，1989 年版；但兴悟《从马嘎尔尼使华看国际体系之争》，载《国际政治科学》2006 年第 2 期，第 1～27 页。

处于"朝贡秩序"下位的"英咭唎"来使自然要与本国臣民一样行三跪九叩之礼；马嘎尔尼则怀有近代欧洲形成的"主权平等"的观念，认为英国是与大清国地位平等的独立国家，而不是大清的属国，英国国王与清朝皇帝的地位是平等的，自己作为英国国王的公使，绝对不能像清朝臣民一样对乾隆皇帝行三跪九叩之礼。

文明间的这种逻辑矛盾对往来公文的翻译者提出了极高的要求，而翻译的艺术和两种版本的存留为我们更深刻地体会这种难以调和的逻辑矛盾提供了珍贵素材。在马嘎尔尼访华前，东印度公司就此事发给广东地方政府的信件就是典型的一例。东印度公司信件的内容是：

> 最仁慈的英王陛下听说：贵国皇帝庆祝八十万寿的时候，本来准备着英国住广州的臣民推派代表前往北京奉申祝敬，但据说该代表等未能如期派出，陛下感到非常遗憾。为了对贵国皇帝树立友谊，为了改进北京和伦敦两个王朝的友好交往，为了增进贵我双方臣民之间的商业关系，英王陛下特派遣自己的中表和参议官、贤明干练的马嘎尔尼勋爵作为全权特使代表英王本人谒见中国皇帝，深望通过他来奠定两者之间的永久和好。特使及其随员等将要马上启程。特使将携带英王陛下赠送贵国皇帝的一些礼物。这些物品体积过大、机器灵巧，从广州长途跋涉至北京，恐怕路上招致损伤，因此他将乘坐英王陛下特派的船只直接航至距离皇帝所在地最近的天津港口上岸。请求把这个情况专呈北京，肯祈皇帝下谕在特使及其随员等人到达天津或邻近口岸时予以适当的接待。[1]

---

[1] 斯当东：《英使谒见乾隆纪实》，第38~39页。英文版见故宫博物院掌故部编《掌故丛编》，第621~624页。转引自但兴悟《从马嘎尔尼使华看国际体系之争》，载《国际政治科学》2006年第2期，第16~17页。

但是，经过广东地方政府官员的精心修改，呈送给乾隆皇帝的奏议稿却是这个样子：

> 英吉利总头目官管理贸易事百灵谨禀请天朝大人钧安，敬禀者我国王兼管三处地方，向有夷商来广贸易，宰沐皇仁，今闻天朝大皇帝八旬万寿，未能遣使晋京叩祝，我国王心中惶恐不安，今我国王命亲信大臣，公选妥干贡使吗嘎尔呢前来带有贵重贡物进呈天朝大皇帝，以表其慕顺之心，惟愿大皇帝施恩远夷，准其永远通好，俾中国百姓与外国远夷同沾乐利、物产丰盈，我国王感激不尽，现在吗嘎尔呢即自本国起身，因贡物极大极好，恐由广东进京，水陆路途遥远，致有损坏，命其迳赴天津，免得路远难带，为此禀求大人代奏大皇帝恩祈由天津海口或附近地方进此贡物，想来必蒙大皇帝恩准，瑾禀，西洋一千七百九十二年四月二十七日。[1]

以上两个案例是清朝中前期面对外来使者时的反应。受传统价值观与秩序观惯性的影响和体制的约束，由"天朝上国"意识向"万邦林立"观念的转变是非常缓慢的。直到1839年，当义律来中国再次试图与清廷建立平等的国家间关系时，依然遭到当时最为开明的林则徐的斥责，"我天朝臣服万邦，大皇帝如天之仁……""我天朝君临万国，尽有不测神威"[2] 云云。之后，随着两次鸦片战争的爆发，特别是甲午战争输给一直处于"天朝"从属地位（起码是弱势地位）的日本，外部压力逼迫着清廷上下和社会精英不得不急速扭转世代相传的"家—国—天下"世界观，以应对"三千年未有之大变局"。观

---

[1] 故宫博物院掌故部编《掌故丛编》，第614页。转引自但兴悟《从马嘎尔尼使华看国际体系之争》，载《国际政治科学》2006年第2期，第17页。

[2] 文庆等纂，齐思和等整理：《筹办夷务始末》（道光朝）（第一册），卷7，北京：中华书局，1964年版，第211页。转引自屈从文《中国人与主权观念：从被迫接受到主动建构》，载《世界经济与政治》2010年第6期，第65页。

念惯性和体制惰性共同推动下的"天下观"被迫"急刹车"，转向现代意义上的"国家观"。① 林则徐组织翻译的《四洲志》、魏源的《海国图志》、徐继畬的《瀛环志略》等著述相继出版和流行，逐渐打开了国人的视野，中国人开始认真思考"天下"所涵盖的时空范围，开始将中国置于世界之中去认识、去定位，传统"差序"模式的秩序观念和思维方式开始让位于"平行"模式的秩序观念和思维方式。人们开始认识到，中国并不代表天下，也并非位于世界中心，而只是世界上大小不等的许多国家之一；中国并非天朝上国，世界上许多国家的经济、科技、军事、文化等都要强于中国。后来在中国思想史上产生重要影响的人物，大多受这些作品的深刻影响。康有为在1874年读了《瀛环志略》之后才知晓"地球图""万国之故""地球之理"；梁启超也是1890年读了《瀛环志略》之后才知道五大洲之说；② 陈独秀到甲午战争之后才知道有个日本国打败了清廷，到了八国联军入侵时才知道世界的人是"分做一国一国的"。③

西方列强以战争的方式打开中国大门之后，与西方接触较多的人士最先形成较为明确的主权意识，比如王韬、曾纪泽、黄遵宪、何启等。据记载，最早提出主权观念的是王韬。他在1864年上书李鸿章时提出"握利权""树国威"的思想，后来又提出保护自己不是"因循自域，以外交为耻，而时作深闭固拒之计"，而是要开放中不失"额外之利权"，主张清廷依据"西律"，通过谈判挽回已失去的"额

① 参见〔美〕列文森著，郑大华、任菁译《儒教中国及其现代命运》，北京：中国社会科学出版社，2000年版，第87页。转引自但兴悟《"天下兴亡，匹夫有责"的再诠释与中国近代民族国家意识的生成》，载《世界经济与政治》2006年第10期，第14页。
② 梁启超：《三十自述》，《饮冰室合集》，文集之十一，16页。转引自陈永森《告别臣民的尝试——清末民初的公民意识与公民行为》，北京：中国人民大学出版社，2004年版，第65页。
③ 《说国家》，《陈独秀著作选》（第一卷），上海：上海人民出版社，1993年版，第55页。转引自陈永森《告别臣民的尝试——清末民初的公民意识与公民行为》，北京：中国人民大学出版社，2004年版，第65页。

外之利权"。① 1895 年公车上书事件震动朝野，《公车上书》全文共
16147 字，而仅"国"字就出现了 155 次。② 之后，康有为在《上清
帝第二书》中倡导清廷"当以列国并立之势治天下，不当以一统垂
裳之势治天下"。③ 1898 年 4 月，康有为创立保国会，将拯救和维护
"国地""国权""国民"列为该会的宗旨。《保国会章程》疾呼：
"本会以国地日割，国权日削，国民日困，思维持振救之"，"卧薪尝
胆，惩前毖后，以图保全国民、国地、国教"，"为保全国家之政权、
土地"，"为保人民种类之自主"。④ 1900 年，梁启超在《少年中国
说》中更明确地将主权、土地、人民视为国家的构成要素："夫国也
者，何物也？有土地，有人民，以居于其土地之人民，而治其所居之
土地之事，自制法律而自守之；有主权，有服从，人人皆主权者，人
人皆服从者。夫如是，斯谓之完全成立之国。"⑤ 1901 年，梁启超在
《中国积弱溯源论》中将中国积弱归因于爱国心的薄弱，又将爱国心
的薄弱归因于观念上的"落后"：因不知国家与天下之差别，或骄傲
而不愿与他国交通，或怯懦而不欲与他国竞争；因不知国家与朝廷之
界限，只闻有朝廷，不知有国家，误以朝廷为国家；因不知国家与国
民之关系，故国中虽有四万万人，有国者仅一家之人，其余皆奴
隶。⑥ 1902 年，梁启超在《新民说》之《论国家思想》篇中又倡导
人民必须具备国家思想，指出只有人民具有了国家思想，国家才能成
为国家："国家思想者何？一曰对于一身而知有国家，二曰对于朝廷

---

① 参见王韬《弢园文录外编》，郑州：中州古籍出版社，1998 年版，第 150 页。
　转引自陈永森《告别臣民的尝试——清末民初的公民意识与公民行为》，北京：
　中国人民大学出版社，2004 年版，第 66 页。
② 李华兴：《戊戌维新与国际观念的转型》，载《史林》1998 年第 5 期，第 6 页。
③ 汤志钧编《康有为政论集》（上册），中华书局，1981，第 122 页。
④ 汤志钧编《康有为政论集》（上册），中华书局，1981，第 233～236 页。
⑤ 梁启超：《少年中国说》，载《饮冰室文集点校》第二集，昆明：云南教育出
　版社，2001 年版，第 698 页。
⑥ 参见梁启超《中国积弱溯源论》，载《饮冰室文集点校》第二集，昆明：云南
　教育出版社，2001 年版，第 671～673 页。

而知有国家，三曰对于外族而知有国家，四曰对于世界而知有国家。"① 梁启超的国家三要素说和对国家思想的倡导标志着在 19 世纪和 20 世纪之交，中国的知识精英阶层已经逐渐形成了现代主权国家意识。

随后，中国的知识精英们开始着力培养国民的现代主权国家意识。毫无疑问，历史上的中国人是没有主权国家意识的，因而也就没有所谓"爱国主义"思想。据学者考证，第一次鸦片战争期间，英军突破虎门要塞沿江北上时，两岸聚集了数以万计的当地居民平静地观看两军的战事。② 到清末时期，知识分子意识到这种观念和思想的缺乏对于国家的整合和兴盛是极为不利的，因此着力探索爱国主义思想缺乏的根源，并通过报刊文章等形式极力倡导爱国主义思想。在对根源的探索中，梁启超将其归为观念和制度两个层面。即从观念角度看，民众没有国家观念，不知国家为何物，因此也就不会有爱国的思想；③ 从制度角度看，传统统治体制的专制摧残使广大民众远离政治

---

① 梁启超：《新民说·论国家思想》，载《饮冰室文集点校》第一集，昆明：云南教育出版社，2001 年版，第 556 页。

② 参见麦天枢、王先明《昨天——中英鸦片战争纪实》，北京：人民文学出版社，1992 年版，第 297～301 页。转引自陈永森《告别臣民的尝试——清末民初的公民意识与公民行为》，北京：中国人民大学出版社，2004 年版，第 69 页。亦可参见茅海建《天朝的崩溃：鸦片战争再研究》，北京：生活·读书·新知三联书店，1995 年版，第 293～313 页。

③ 梁启超在《爱国论》一文中从传统世界观念角度分析了民众缺乏爱国心的原因，他说道："哀时客请正告全地球之人曰：我支那人非无爱国之性质也。其不知爱国者，由不自知其为国也。中国自古一统，环列皆小蛮夷，无有文物，无有政体，不成其为国，吾民亦不以平等之国视之，故吾国数千年来，常处于独立之势。吾民称之禹域也，谓之为天下，而不谓之为国。既无国也，何爱之可云？"见梁启超《爱国论》，载《饮冰室文集点校》第二集，昆明：云南教育出版社，2001 年版，第 661 页。

决策和政策执行，导致只关注家事而漠视国事。① 为了培养和唤起国民的爱国主义思想，知识精英们提出了诸如兴民权、兴教育、建立以国家为崇拜对象的宗教以及打造"军国民精神"等方法措施。② 这些方法有些后来被证明是行不通的，但是诸多措施的多管齐下，有利于在充斥着挫败感的社会情绪中唤醒埋藏于民众心底的对传统文明成就的自豪感，在传统自豪感和爱国思想之间成功建立连接，确实起到了积聚国民主权国家意识和爱国思想的作用。

经过知识精英与全体国民的共同努力，在与西方国家打交道的过程中，尽管存在诸多不适应，但中国人还是逐渐学会了西方强势文明的一些游戏规则。在上文提到的三个维度中，对主权国家意识的接受无疑是最为迅速和深入的。这种现代主权意识在制度层面和话语层面逐渐体现出来。从制度角度来看，比如早在道光年间，清廷已经开始按照近代外交礼仪接见各国驻华使节了；咸丰时期的 1861 年，清廷设置了总理各国事务衙门，在国家体制层面进行了调适；而 1905 年清廷派出了五大臣出洋考察各国政治，成为日后筹备立宪的前奏。从话语角度来看，可举梁启超改自顾炎武，而为后世广泛宣扬的那句"天下兴亡，匹夫有责"来管窥一二。"天下兴亡，匹夫有责"出自顾炎武《日知录·正始》："有亡国；有亡天下……是故知保天下，然后知保其国。保国者，其君其臣，肉食者谋之。保天下者，匹夫之

---

① 关于这一原因，梁启超也进行了精彩的论述："后世之治国者，其君及其君之一二私人，密勿而议之，专断而行之，民不得与闻也；有议论朝政者，则指为莠民，有忧国者，则目为越职，否则笑其迂也，此无怪其然也。譬之奴隶而干预主家之事，则主人必怒之，而旁人必笑之也。然则虽欲爱之，而有所不敢、有所不能焉，既不敢爱、不能爱，则惟有漠然视之，袖手而观之。"见梁启超《爱国论》，载《饮冰室文集点校》第二集，昆明：云南教育出版社，2001 年版，第 664 页。

② 参见陈永森《告别臣民的尝试——清末民初的公民意识与公民行为》，北京：中国人民大学出版社，2004 年版，第 78～91 页。

贱，与有责焉耳矣。"① 不难发现，顾炎武此处的目的是捍卫儒家的纲常伦理，文中的"天下"指的是价值体系和社会政治秩序，而国家则指的是某一皇室政权的统治。顾炎武说得很明白，维护一个皇室政权，是诸如为君者、为臣者等"肉食者谋之"的事情，而维护天下价值体系和伦理道德，则是每个人都有责任的。但经梁启超在《痛定罪言》一文中的诠释，② "天下兴亡，匹夫有责"开始作为呼唤爱国主义思想的倡导语在中国广泛流传开来，致使人们只知梁启超诠释的含义，而不知顾炎武的原本含义了。③ 此处暂不论这一误读在学术意义上的遗憾，只想指出，人们对梁启超之诠释的普遍接受，足以表明现代主权国家观念已经在民众心中广泛传播，逐渐成为一种"共有知识"，也标志着中国现代国家意识的形成。

二　从整体到个体再到阶级性——公民意识的成长④

如果说中国人接受主权国家观念是一个比较缓慢和充满不情愿心绪的过程，那么中国人学习和培养公民意识的历程则更为漫长和艰辛。在特定的历史条件下，这一进程几经挫折，即使到了 21 世纪的今天，我们仍然不能说公民意识在中国社会已经深入人心。

中国公民意识的成长与欧洲是截然不同的。欧洲的公民意识是在工商业经济发展的过程中，工商业阶级基于自身利益诉求而逐渐萌生

---

① 顾炎武著，黄汝成集注：《日知录集释》（上），石家庄：花山文艺出版社，1990 年版，第 590 页。转引自但兴悟《"天下兴亡，匹夫有责"的诠释与中国近代民族国家意识的生成》，载《世界经济与政治》2006 年第 10 期，第 15 页。

② 参见梁启超《痛定罪言》，载梁启超著，吴松等点校《饮冰室文集点校》第四集，昆明：云南教育出版社，2001 年版，第 2407 页。

③ 梁漱溟在《中国文化要义》一书中已经指出了这一"误传"，参见梁漱溟《中国文化要义》，上海：上海世纪出版集团，2011 年版，第 143 页。

④ 此处借鉴了陈永森教授的表述方式，参见陈永森《告别臣民的尝试——清末民初的公民意识与公民行为》，北京：中国人民大学出版社，2004 年版，第 20 页。

的，主要表现为随着自身经济地位的上升而追求与之相应的政治地位、要求破除君主权力的神话、争取参政议政等。换言之，欧洲公民意识的成长是随着资本主义的萌芽和发展而逐渐衍生出来的，是新兴阶级争取相应政治权利的思想武器，也是随着公民社会的成长而逐渐发展成熟的，是一个内发生长的过程。中国公民意识的成长则是在西方列强坚船利炮的压力下催生出来的。在"救亡图存"的最高目标下，虽然知识精英接触到并有意识地向民众引介了西方资本主义社会的天赋人权、主权在民、三权分立等学说，但在向大众传播这些学说的过程中，他们有意无意地倾向于将其与"变法图强"的诉求结合起来，颇有几分培养主权国家观念之副产品的味道，致使清末民初时期的公民意识具有鲜明的整体性特征和"为国家图富强"的使命感。

（一）清末公民思想的发展、散布及其整体性特征

不可否认，清末的知识精英，特别是戊戌之后的维新志士们，不仅完成了从"天下"到"国家"的世界观和秩序观的转变，而且已经接触到了源自西方的浓重的"民权意识"。他们不仅意识到"万邦林立"的世界秩序模式，而且走进现代国家内部，开始认识到个人与国家、国家与政府之间的区别和内在张力。这一突破对传统价值观念的冲击就表现为前文所提到的本体论的个人本位冲击关系本位、道德伦理的权利逻辑冲击责任逻辑。由于这两者具有先天的相关性，个人本位的本体论基本决定了权利论的伦理逻辑，因此这两种观念在中国的扎根和传播也是捆绑在一起的。考察公民意识时，强调个人的价值和强调天赋权利基本是联系在一起的。严复在论述个人与国家之间的关系时说："斯民也，固斯天下之真主也。"又说："国者，斯民之公产也，王侯将相者，通国之公仆隶也。"[①] 关于个人的天赋权利、个人与国家之间的关系，梁启超在《中国积弱溯源论》《新民说》

---

① 严复：《辟韩》，载《严复集》（第一册），北京：中华书局，1986 年版，第 36 页。转引自李华兴、张元隆《中国近代国家观念转型的思考》，载《安徽大学学报（哲学社会科学版）》2005 年第 1 期，第 2 页。

《爱国论》《论近世国民竞争之大势及中国前途》等文中也都分别有论述。他在《中国积弱溯源论》中提到："国也者，积民而成。国家之主人为谁？即一国之民是也。"① 在《论近世国民竞争之大势及中国前途》中提到："国民者，以国为人民公产之称也。国者积民而成，舍民之外则无国。以一国之民，治一国之事，定一国之法，谋一国之利，捍一国之患，其民不可得而侮，其国不可得而亡，是之谓国民。"② 在《新民说·论权利思想》中提到："故禽兽以保生命为对我独一无二之责任，而号称人类者，以保生命、保权利两者相依，然后此责任乃完。苟不尔者，则忽丧其所以为人之资格，而与禽兽立于同等之地位，故罗马法视奴隶与禽兽等，于论理上，诚得其当也。"③ 在《新民说》中则论述了权利与义务相伴对等的思想："义务与权利，对待者也。人人生而有应得之权利，即人人生而有应尽之义务，二者其量适相均。"④ 不仅如此，在此期间，《天演论》、《社会契约论》、《论法的精神》、《论自由》、美国《独立宣言》、法国《人权与公民权宣言》等体现西方民主政治思想的经典著作和文件相继被译介

---

① 梁启超：《中国积弱溯源论》，载《饮冰室文集点校》第二集，昆明：云南教育出版社，2001 年版，第 672 页。

② 梁启超：《论近世国民竞争之大势及中国前途》，载《饮冰室文集点校》第二集，昆明：云南教育出版社，2001 年版，第 810 页。

③ 梁启超：《新民论·论权利思想》，载《饮冰室文集点校》第一集，昆明：云南教育出版社，2001 年版，第 566 页。

④ 梁启超：《新民论·论义务思想》，载《饮冰室文集点校》第一集，昆明：云南教育出版社，2001 年版，第 613 页。

到中国，1895 年的"公车上书"事件揭开了维新运动的序幕。[①] 这表明，在清末时期，"废君权、兴民权"的新理念起码在知识分子阶层已经具有了较大的共识和感召力。

但是，在认识到清末知识分子逐渐形成公民意识的同时，也不能忽视这段时期所谓"公民意识"的整体性特征。在"救亡图存"为首要目标和社会凝聚力主要来源的情况下，知识分子基本倾向于将"变法图强"作为根本目的，将"兴邦"观念作为出发点。救亡图存与主权国家观念的双向互动强化了爱国主义精神，却挤压了主权在民的精神。在由强到弱的心理落差和外部强大压力的共同作用下，主权在民的精神实际在一定程度上被扭曲了。它在更大程度上是被作为"救亡图存"的工具手段，而不是作为一种独立的价值观念。清末知识分子的这一特征在梁启超身上得到了典型的体现。在个人与国家之间的关系上，梁启超的思想既受卢梭社会契约论和主权在民思想的影响，也受布伦奇利[②]国家主义思想的影响。有学者认为，梁启超在1903 年之前主要受卢梭的影响，而 1903 年旅美归来之后转向了布伦奇利的国家主义思想，[③] 这种说法确实反映了梁启超两段时期作品的

---

① 近年来有学者对"公车上书"事件的真相提出了质疑，认为存在两个不同的所谓"公车上书"事件。一个是指由清廷政治高层发动，并由京官组织的上书，据统计其数量为 31 件，签名的举人为 1555 人次，且上书送达光绪御前；另一个是指由康有为组织的 18 行省举人联名上书，据说康有为实际没有将 18 行省举人联名上书送至都察院，并非传统所认为的都察院拒绝接收。参见茅海建《"公车上书"考证补（一）》，载《近代史研究》2005 年第 3 期，第 1~43 页；茅海建《"公车上书"考证补（二）》，载《近代史研究》2005 年第 4 期，第 85~147 页。无论哪种"公车上书"更具真实性，对于本文来讲都代表着清末精英阶层对传统政治体制的否定和对"变法图强"的强烈愿望。

② 第三章第一节已简单介绍过布伦奇利的国家观。

③ 参见许小青《双重政治文化认同的困境——解读梁启超民族国家思想》，载《安徽史学》2001 年第 1 期，第 38~46 页；葛志毅《梁启超的民族主义研究与近代化的学术文化思潮》，载《学习与探索》1999 年第 2 期，第 124~130 页；陈永森《告别臣民的尝试——清末民初的公民意识与公民行为》，北京：中国人民大学出版社，2004 年版，第 68 页。

不同取向。实际上，简单浏览《饮冰室文集》目录就不难发现，梁启超以"国家"为主题的文章要远远多于以"人"为主题的文章。正如张灏所言，"梁所关心的不是个人的权利，而是群体的集体权利，或更具体地说是中国的国家权利。因此，他将权利看作是人格的一个基本内容，根源在于他认为一个强壮的国民才能建立一个强大和独立的国家"。① "梁的自由思想在发展中国家的许多人中是非常典型的。他们同样优先关注国家独立的自由和参与的自由。但当形势需要的时候，他们往往为了前者而牺牲后者。"② "梁的国民思想更接近于以集体主义取向为核心的古希腊的国民，而不接近于以个人主义作为一个重要因素的近代民主国家的国民。"③ 的确，总体来看，梁启超的思想倾向于对国家观念的强调和对公民意识的整体性理解。他的"新民德、开民智、鼓民力"的新民之道，实际是以争取国家独立富强为落脚点的。他在《新民说》中甚至提倡进取、冒险、尚武和整齐划一的军国民精神，④ 国家主义的思想倾向跃然纸上，对"国家"强盛的热切期望可见一斑。作为晚清最进步、影响力最大的知识精英之一，其学理思想受"救亡图存"主题的影响尚且如此明显，普通民众个体主义公民意识的淡薄就可想而知了。

（二）新文化运动与公民意识从个体性向阶级性的演变

尽管清末知识分子所宣扬的公民意识带有明显的整体性特征，但公民概念的引进、个人与国家关系命题的提出、国家与政府之区别的厘清，确实推动了中国民众现代国家意识和现代公民意识的培养。虽然大多数知识分子只是开创性地提出了诸多的命题，尚缺乏纵贯中

---

① 〔美〕张灏著，崔志海等译：《梁启超与中国思想的过渡（1890～1907）：烈士精神与批判意识》，北京：新星出版社，2006年版，第133页。

② 〔美〕张灏著，崔志海等译：《梁启超与中国思想的过渡（1890～1907）：烈士精神与批判意识》，北京：新星出版社，2006年版，第136页。

③ 〔美〕张灏著，崔志海等译：《梁启超与中国思想的过渡（1890～1907）：烈士精神与批判意识》，北京：新星出版社，2006年版，第149页。

④ 梁启超：《新民说》，载《饮冰室文集》第一集，昆明：云南教育出版社，2001年版，第547～650页。

西、逻辑严谨的理论表述，更没有形成完整的理论体系，但是在清廷统治渐趋无力、救亡图存渐成共识的情势下，主权在民的价值观与革新图强的实用主义考量在较长的历史时期内并行不悖，民众参与政治活动的意识和意愿开始萌生并逐渐加强。虽然这些活动主要集中于少数知识分子和社会精英阶层，却为后来的一系列具有里程碑意义的事件埋下了伏笔。

在孙中山领导下，革命派通过发动武装革命颠覆了清廷统治，以"民族、民权、民生"为政治纲领，建立了亚洲第一个民主共和国。这一事件的标志性意义在于，民主共和的理念已经上升到政权合法性来源的高度。对千年专制统治的厌倦和对主权在民理念的新鲜感使得民众对民主共和体制充满了向往，以民主共和为理想的新政权对民众具有极大的吸引力。执政者无论是否真正的民主共和主义者，都不得不在表面上大力宣扬"主权在民""人人平等"等政治理念。但是，社会基础的薄弱和南北政治势力间的斗争导致民国初年的民主共和制度难以成功运转，民众的公民意识依然淡薄和不完满。执政者以民主共和为幌子，暗地里进行着激烈的权力角逐，民主共和制度如空中楼阁，有名无实。混乱的社会观念和动荡的政治局势唤回了民众对社会稳定的渴望。执政者中的保守派借助民众的这一心理，以求社会稳定为名满足自身的"皇帝梦"，洪宪复辟、张勋复辟的出现也就不足为奇了。

民初的政治动乱和政治倒退促使新一代知识分子反思，为什么在共和国体制下，专制主义依然盛行？为什么共和国仅剩下一个虚幻的景象？对这些问题的拷问推动着知识分子阶层群体更深刻地认识千百年来形成的国民奴隶性特征，更深刻全面地探寻西方公民意识的真正内涵。因此，新文化运动中的知识分子将着力点集中在改造国民性的问题上。他们在前人业已发现的"国民"概念的基础上，进一步发掘和阐述了公民个人的主体性和个人主义的价值观，积极倡导民众用个人主体性代替奴隶性。比如陈独秀在《东西民族根本思想之差异》一文中认为东西民族的差异主要表现在三个方面：西方以战争为本位，东方以安息为本位；西方以个体为本位，东方以家族为本位；西方以法治和实利为本位，东方以感情和虚文为本位。① 他进而极力推崇西方民族，认为东方民族"具如此卑劣无耻之根性，尚有何等颜面，高谈礼教文明而不羞愧！"② 李大钊也分别从思想、哲学、宗教、伦理、政治等方面比较东西方文明，并将其特征抽象概括为"东洋文明主静，西洋文明主动"。与陈独秀相比，李大钊对东西方文明的看法更为平和一些，他认为二者各有所长，并希望国人吸纳西方"动"的世界观。不过总体上看，李大钊对东方文明主要也是持批判立场。③ 新文化运动中的知识分子揭示国人的奴隶性心理特征，认为这一心理特征的根源在于儒家的伦理纲常，明确提出要以个人的主体性来代替千年传统下的奴隶性。

除了对儒家的伦理纲常展开激烈批判之外，针对清末以来对"国家主义"的提倡，新文化运动中的知识分子也进行了批判，并积极地为个人主义辩护。陈独秀在 1905 年曾大力倡导国家观念，④ 到 1914 年时深刻意识到国家与个人二者不可偏重其一，⑤ 到 1916 年时意识到与其盲目爱国不如自觉加强自身的道德修养，做到"勤、俭、

---

① 参见陈独秀《东西民族根本思想之差异》，载《陈独秀著作选》（第一卷），上海：上海人民出版社，1993 年版，第 165～169 页。

② 陈独秀：《东西民族根本思想之差异》，载《陈独秀著作选》（第一卷），上海：上海人民出版社，1993 年版，第 166 页。

③ 李大钊认为，东方文明的缺点主要有：第一，厌世的人生观，不适于宇宙进化之理法；第二，惰性太重；第三，不尊重个性之权威与势力；第四，阶级的精神视个人仅为一较大单位中不完全之部分，部分之生存价值全为单位所吞没；第五，对于妇人之轻侮；第六，同情心之缺乏；第七，神权之偏重；第八，专制主义之盛行。参见李大钊《东西文明之根本异点》，载《李大钊文集》上册，北京：人民出版社，1984 年版，第 560 页。

④ 参见陈独秀《说国家》，载《陈独秀著作选》（第一卷），上海：上海人民出版社，1993 年版，第 55～57 页。

⑤ 参见陈独秀《爱国心与自觉心》，载《陈独秀著作选》（第一卷），上海：上海人民出版社，1993 年版，第 113～119 页。

廉、洁、诚、信"，认为这才是标本兼治之爱国主义，[①] 到了 1918 年时，则以《偶像破坏论》一文为标志彻底走向了国家主义的对立面：

> 一个国家，乃是一种或数种人民集合起来，占据一块土地，假定的名称；若除去人民，单剩一块土地，便不知国家在那里，便不知国家是什么。可见国家也不过是一种骗人的偶像，他本身并无什么真实能力。现在的人所以要保存这种偶像的缘故，不过是藉此对内拥护贵族财主的权利，对外侵害弱国小国的权利罢了。若说到国家自卫主义，乃不成问题。自卫主义，因侵害主义发生。若无侵害，自卫何为？侵害是因，自卫是果。世界上有了什么国家，才有什么国际竞争；现在欧洲的战争，杀人如麻，就是这种偶像在那里作怪。我想各国的人民若是渐渐都明白世界大同的真理，和真正和平的幸福，这种偶像就自然毫无用处了。但是世界上多数的人，若不明白他是一种偶像，而且（不）明白这种偶像的害处，那大同和平的光明，恐怕不会照到我们眼里来！[②]

蔡元培、李大钊也都从不同角度对绝对的国家主义进行了纠偏。蔡元培在认同国家主义的同时，倡导防止爱国主义走向"害他"。他指出，国家与世界的关系也就如同个人与群体的关系，个人不能损害国家利益，国家自然也不能损害他国之利益。他在为《国民杂志》创刊号作序时说道："故为国家计，亦当以有利于国，而有利于世界，或无害于世界者，为标准。而所谓国民者，亦同时为全世界人类之一分子。苟倡绝对的国家主义，而置人道主义于不顾，则虽以德意

---

① 参见陈独秀《我之爱国主义》，载《陈独秀著作选》（第一卷），上海：上海人民出版社，1993 年版，第 206～213 页。

② 陈独秀：《偶像破坏论》，载《陈独秀著作选》（第一卷），上海：上海人民出版社，1993 年版，第 392 页。

志之强而终不免于失败，况其他乎？"① 可见，蔡元培对于"绝对的国家主义"对外可能会产生扩张倾向、对内可能会挤压民权是存有戒心的，其立场也是极为公允的。李大钊则从宏大的历史视野出发，认为国家只是历史的产物，人类的进一步发展最终会突破国家界线，走向只存在一个政府体系的"世界联邦"。

在新文化运动中，经由知识精英对儒家纲常伦理的批判和对西方公民意识的进一步挖掘和宣扬，自由主义思想一时蔚然成风。个人之主体地位、自由之神圣不可侵犯、利益诉求之正当性等自由主义思想在知识分子中间产生了广泛影响。但是，同样不可否认的是，这种源自西方的个人主义和权利逻辑的思想却难以真正打动占社会绝大多数的底层大众。如果说民国初期的民主共和制度如空中楼阁、有名无实的话，新文化运动时期强调个人主体性的自由主义思潮也未能在中国民众中真正扎根发芽。自由主义没能真正内化到国民的思想理念之中，相反却造成了知识分子与底层民众在思想观念上的分裂。在这种观念结构态势下，在内忧外患依然如故的历史现实中，人们不免要探索其他思想路径的可能。也正是在这样的背景下，强调以阶级方法认识社会和改造社会的马克思主义开始传入中国。

在这一浪潮中，陈独秀、李大钊都转变成了马克思主义者。他们意识到要改造国民性，仅靠唤醒知识分子是不够的，还必须唤醒普通民众。在"五四"前后，无论是马克思主义者还是无政府主义者，甚至包括自由主义思想的倡导者，都开始关注底层民众，即所谓"平民"，从而形成一股"平民主义"思潮。② 这一思潮涵盖广泛，

---

① 蔡元培：《〈国民杂志〉序》，载《蔡元培全集》（第三卷），北京：中华书局，1984 年版，第 255 页。
② 关于"平民主义"思潮的相关研究可参见朱志敏《论五四时期的平民主义思潮》，载《近代史研究》1989 年第 5 期，第 41～59 页；朱志敏《五四时期平民政治观念的流行及其影响》，载《史学月刊》1990 年第 5 期，第 60～65 页；朱志敏《"五四"时期的所谓"平民"指哪些人》，载《历史教学》1988 年第 9 期，第 55～56 页。

内容庞杂，并且较为粗浅，但其作用在于唤醒陈独秀所说的"完全靠体力劳动"生活的平民（即传统意义上的工人和农民）。平民的觉醒为马克思主义思想在中国的扎根准备了观念意义上的群众基础。在政局不稳、社会动荡、民众生活困苦的情况下，阶级学说（此处指经苏联改造后的马克思主义学说）更容易为普通大众所广泛接受。这是因为：第一，与精深的自由主义相比，阶级学说更为通俗易懂，容易为普通大众所理解；第二，阶级学说与中国传统儒家思想，特别是孟子思想中的批判意识有一定的相似性，不必触及中国传统文化的内核，因而更容易扎根；第三，阶级学说很好地契合了当时中国的经济社会结构，容易获得民众的共鸣和认可；第四，阶级学说传入的时期正是中国启蒙从社会上层精英走向普通民众的时期，阶级学说的内容与中国大众启蒙的历史任务恰好吻合。基于以上有利条件，阶级学说在中国被广泛接受并最终占据支配地位是自然而然的。大众阶级意识的兴起改变了中国的启蒙进程，也改变了日后中国发展的进程。

三　主权内外向度在中国不同命运的机理分析

同样是源自西方的观念，主权概念的对外向度在中国获得了广泛的接受和内化，而以个人本位和权利逻辑为核心特征的自由主义思想却未能在中国真正生根发芽。两种观念的不同命运是前文所讨论的两个主要因素互动影响的结果，即观念在中国能否扎根，既是外来观念与传统价值体系中的观念相互竞争的结果，也受具体历史时期外部环境的重要影响。外来观念与时代的权力结构相互塑造，决定了其对传统价值体系改造的程度。

先来看主权国家观念对"家—国—天下"观念的挑战。主权国家观念对"家—国—天下"观念的挑战在于用"万邦林立"的世界秩序观取代大一统的世界观，更明确地区分国家的内与外。这对于习惯了"天朝上国"之优越感和"普天之下，莫非王土"之终极从属感的中国人来说确实是一个观念上的挑战。但是，这一外来的挑战相对来讲是较容易被接受的，这源于中国传统"天下观"的内在张力、国人对外部世界认识的深化以及天下观念与国家观念的某些共同特征。首先，中国传统的"天下"观在认识论上的逻辑是"天下无外"，传统的空间观念则是"天圆地方"。① 但是，"天下无外"的认识论逻辑和"天圆地方"的空间观念之间是暗含着矛盾的："天下无外"暗含着"天下共主"的政治信念，而"天圆地方"则蕴含着在找到大地尽头之前妄言"天下共主"是危险的，是一种不完全归纳法。换言之，"天圆地方"的空间观在逻辑上实际是会冲淡"天下共主""天下无外"的观念的。传统中国"天下无外"的观念之所以强烈，一方面在于其在东亚地区的超强地位无人能及，另一方面在于人们超越自然界限的能力有限，尚未发现可与"天朝上国"等量齐观的政治实体的存在。可以说，古代中国人对"天下"观念并非不存在怀疑，只是"天朝上国"的优越感使人弱化了质疑和理性思考的积极性。其次，当西方势力以强势姿态出现在中国周边之后，中国人"天朝上国"的优越感丧失殆尽，重新认识世界的积极性得以激发，而通过与外界的接触又改变了其传统的"天圆地方"的空间观。至此，中国人对"地"的认识在空间上完成闭合，对世界的认识也由"天朝上国"的"差序观"转变为"万邦林立"的"平行观"。"天朝上国"优越感的丧失、世界秩序观由"差序"向"平行"的转变以及受侵略受压迫的弱势地位，共同激发了中国人的民族主义认同感，"屹立于世界民族之林"成为国民的共同梦想，"救亡图存"成为共同的历史任务。最后，虽然主权国家观念与"天下"观念在世界观上存有冲突，但二者有一个非常重要的共同特点：个人的缺位。无论是"天下"观念还是主权国家观念，都不强调个人的主体性，这一特点有效降低了主权国家观念在中国被接受的难度。在此背景下，主权国家观念既具备了得以扎根的观念性条件，又具备了广泛传播的物质性条件，其能够被国人相对较快地接受并内化也就顺理成章了。

与主权国家观念相比，公民意识在中国的传播和内化更为困难，

---

① 需要说明的是，"天圆地方"观念中"地"的含义是包含海洋在内的。

这同样源于观念的竞争和观念与权力的互动塑造。首先，从观念竞争的视角来看，中国传统上只有臣民之说，而没有公民之谓。中国传统社会结构和价值体系是倾向于关系本位的，即社会结构中个人的主体性相对被忽视，社会关系的维持在于不同类型社会关系内部的和谐；与之相应，在价值体系上，中国是一个"伦理人"社会，社会体系强调的是个人在不同关系中的责任，强调的是"我"对"他人"应承担的责任，讲究的是个人对自我的反思和追问。来自西方的公民意识强调的是个人的价值本位，强调的是个人权利与责任的对等。并且，由于近代启蒙运动承担着反专制的使命，其在实际的社会宣传和动员中更为强调唤醒民众的权利意识。这种实际更为偏重权利的公民意识在对"为己自私"不以为然的中国传统价值体系中想要取得一席之地是极为困难的。这是因为，它与中国传统价值体系"反求诸己"的本质特征存在伦理冲突，而这种冲突是难以化解的。换言之，自近代以来承载启蒙使命的唤醒公民意识的行为本身存在历史理性与价值理性的冲突。在价值理性上，公民意识实际要求的是权责对称，人的主体性既包括追求权利的合理性，也包括承担义务的必须性；而反专制的历史使命导致公民意识启蒙者的合理选择是侧重强调公民意识中的权利要素，弱化责任要素。历史理性与价值理性的这种困境导致在西方发展并呈现到中国面前的是一个更为强调权利的公民意识，与纯粹价值理性意义上的公民意识相比发生了一定程度的扭曲变形。这种有些走形的公民意识与中国传统"反求诸己"的伦理标准可谓针锋相对，是一种根本性的冲突。正是因为这种价值逻辑的冲突，西方的公民意识在中国难以被深入理解，"当人们向西方寻求真理，接受了有关公民（国民）权利义务等观念时，主要是接受了这些观念的表层含义，却忽略了这些观念的内在价值标准与中国传统政治文化价值准则的格格不入"。① 其次，从权力结构角度看，清末民初的中国一直处于受侵略和

---

① 刘泽华：《从臣民意识向公民意识的转变》，载《炎黄春秋》2009 年第 4 期，第 81 页。

欺凌的境地。这种权力结构导致西方国家在中国人眼中既是"强盗"又是"老师"。① 从鸦片战争到甲午战争，从《辛丑条约》到《二十一条》，中国人经历了由"唯我独尊"到"万邦林立"再到败给"蕞尔小国"日本的地位变迁，国人的心态经历了从"天朝上国"到"任人宰割"的巨大落差。如前文所述，这种心理落差激发了国民的民族主义意识，"救亡图存"是这一时期整个民族最为重大的历史使命。在这一背景下，中国的公民意识"启蒙运动"承载着启蒙与救亡的双重使命。② 当价值传播不深入、价值冲突尚不明显时，启蒙与救亡可以相互促进；当价值冲突逐渐彰显，救亡形势更为艰巨时，救亡就会压倒启蒙成为主要使命，并导致启蒙走形变样。更何况，近代中国公民意识的培养是一个相对急促的过程，它不同于欧洲国家那种由经济变革到意识变革的渐变互动，而是由知识精英阶层引介和倡导，是一个相对被动的过程，也是一个较为缺乏经济社会基础的过程。总体来看，正是在新旧观念的价值逻辑竞争、外来观念与历史使命相互塑造这两种影响因素的共同作用下，公民意识在中国传统文化中很难生根发芽，健康成长。事实上，它都难以被知识精英准确解读，更别说被普通民众准确理解了。也正因如此，近代中国对主权对内向度的理解中就缺少了个人与国家之间的二元张力，这种情况直至今天依然没有根本改变。

本章小结

无论是幕末明初的日本还是清末民初的中国，主权观念都是在弱势权力地位背景下生成的。弱势权力地位对这一生成过程的塑造作用

---

① 金太军：《五四前后民主未能在中国扎根原因探析》，载《人文杂志》1997 年第 4 期，第 91～92 页。

② 李泽厚：《启蒙与救亡的双重变奏》，载李泽厚《中国现代思想史论》，北京：东方出版社，1987 年版，第 7～49 页。李泽厚对五四运动特点的这种概括实际亦可用来抽象描述整个中国近代思想史的发展进程。

在于，两国都面临着救亡图存的历史使命，这一历史理性塑造着人们对国权与民权（主权意识与公民意识）的认知。具体而言，"救亡图存"促使人们更为注重作为整体的国家和民族的命运，在某种程度上，体现个人价值的"民权"或"公民意识"均被理解为救亡图存的工具，而其本身作为一种价值的含义却未能得到充分的认识和讨论。在这一过程变量的影响下，幕末明初日本的自由民权运动和清末民初中国公民意识的培养都无可避免地经历了严重挫折。日本的自由民权运动让位于整体性的国家意志，中国公民意识的成长则经历了由整体到个体再到阶级性的复杂嬗变。个人主义理念的缺失带来了主权对内向度上个人与国家间张力的缺失，而这一张力的缺失又带来了主权观念的稳固。

同时，中日两国接受主权观念的时代背景和所处的权力地位也存在不同。日本近代国家意识的形成伴随着其在历史上第一次超越中国成为东亚首强，因此在修约过程中，日本对西方列强与对周边邻国采取了明显不同的姿态。在争取与西方列强修约过程中，日本以主权平等为合法性依据，而在处理与周边国家关系时，又完全仿效了西方列强的强权逻辑。对主权观念对内向度上的整体主义取向与对主权观念对外向度的矛盾理解相互结合，并恶性互动，在某种程度上推动日本走向军国主义道路。中国主权观念的形成伴随的是中国跌入历史最低谷的现实，民族和国家复兴是处于首位的历史使命。当新中国成立之时，殖民主义时代已经走到了历史尽头。时代的不同造就了中国对主权原则的理解既包含"吾之主权不容侵犯"的含义，也包含"吾亦不侵犯他之主权"的含义，因而更为饱满，对行为的约束作用也更为明显和有效。

第六章

东亚主权观念的地区秩序意涵：
基于东盟规范的分析^①

从前文的论述中已知，东亚地区主权观念/规范的生成路径与欧洲存有很大的不同。欧洲主权观念/规范（主权的对外向度）是与主权的对内向度同期逐步（尽管不是同步）生成的。其对内向度与对外向度是在没有太强的外部冲击力影响下逐渐衍生发展起来的，并且主权对内向度中的自由主义与主权对外向度之间的张力构成了欧洲主权观念/规范的一个重要特征。即从严格逻辑意义上来说，主权对内向度中的自由主义是可以对其对外向度构成根本性挑战的，这是因为自由主义在国际伦理立场上与世界主义是一致的，而世界主义挑战的恰恰就是维护主权合法地位的社群主义。但在东亚地区则不同，东亚地区的主权观念/规范是在近代以来西方势力及日本侵略的基础上逐渐生成的，它在对内向度上普遍缺乏类似自由主义的价值叙述来挑战主权的对外向度。这一特殊的观念结构从一个维度决定了东亚地区主权观念/规范的牢固性。本章以中国—东盟关系和东盟规范（其核心特征便是对主权规范的珍视和维护）为案例，检验主权观念在维护当前东亚地区稳定和推动东亚地区一体化方面的辩证作用和困境所在。

---

① 本章是在拙作《地区一体化语境中的东盟规范困境》一文的基础上修改而成，参见林永亮《地区一体化语境中的东盟规范困境》，载《世界经济与政治》2010年第7期，第17~35页。

第一节　主权观念对地区合作与一体化进程的一般作用机理

当前，在国际关系现实和学术研究中，主权观念/规范指的主要是主权的对外向度。事实上，主权观念是现代性的构成要素之一，它随着以自由和理性为本质内涵的现代性的扩展得以为全世界广泛接受。我们大致可以说，主权观念实际是将国家拟人化，并将自由主义原则套用到国家间关系之中，可谓自由主义理念在国际层面上的投射。这一"观念事实"对国家行为、地区合作、国际秩序发挥着重要的塑造作用。按照第一章中的讨论，观念通过框定行为者的世界观、塑造行为者的价值理性、限定行为者工具理性能力等方式影响着行为者的行为。主权观念对地区秩序、地区合作的塑造自然要遵循同样的理论逻辑。

一　主权观念影响地区合作的一般机理

（一）主权观念的世界观制约着人们认识和思考世界的方式

主权观念作为一种世界观限定着人们认识和思考世界政治的方式，约束着人们对世界秩序的态度。从纵向的历史比较中我们可以非常明确地发现这一点：如果按照传统伊斯兰教和基督教那样，认为世界应统一于某一种神权力量之下，那结果只能是十字军东征式的征服；如果按照威斯特伐利亚体系所确定的主权原则看待世界，就会在承认不同国家生存权的基础上实现和平共处。① 更进一步说，如果秉持彻底的主权观念，那么世界各国不论大小强弱，地位一律平等，世界政治的发展趋向应该是国际关系的民主化。世界政治中，不能存在

---

① 〔美〕朱迪斯·戈尔茨坦、罗伯特·O. 基欧汉编，刘东国、于军译：《观念与外交政策：信念、制度与政治变迁》，北京：北京大学出版社，2005 年版，第 9 页。

超越国家层面的政治架构，也不能以捍卫国家之内某一层次的权利（比如人权）之名干涉别国内政。国际关系的最高追求就是各国间的相互尊重、平等互动和共同发展。然而，这种观念对地区合作可谓利弊共存。顾名思义，地区合作是地理位置相近的国家开展政治、经济、文化以及安全合作。在经验层面，它指的是不同国家间互通有无，优势互补，共同发展。在理念层面，它要求的是一种地区主义理念，即地区内各国人民对地区有共同的认同和归属感，以及一种共同命运感。主权观念作为一种世界观将人的思维和认识限定到主权国家体系之中，限制人们思考其他世界政治架构的可能性，它理想的世界政治架构是主权国家间互相尊重、和平共处的非等级政治秩序。这一点对于地区来说有双重含义：一方面，主权观念反对国家间的侵略扩张，有利于国家间平等合作；另一方面，主权观念与地区主义在世界观上是存在冲突的，对地区的认同感、归属感和共同命运感必定会在一定程度上削弱主权观念，这与主权观念在逻辑上是冲突的。因此，主权观念对地区合作来说，只能提供合作所需的最基本的姿态，却不利于其继续深化。

（二）主权观念塑造的适当性原则和因果信念对地区合作的辩证作用

主权观念通过因果作用和建构作用塑造着国家的身份认同，并进而影响着国家的行为。从个体国家的角度分析，如果一个国家内化了主权观念，它的对外政策实际包含着两方面的含义。一方面，自身主权绝对不容许别国的干涉；另一方面，自己也不会去侵犯别国或干涉别国的内政。当这种意义上的主权观念成为国际社会的共享观念之后，国际社会就不再遵循弱肉强食的丛林法则，从而摆脱了霍布斯文化状态。但是，由于各个国家强烈的自我保护意识以及因之而难以彻底消除的防范心理，国家之间的深度合作也是难以实现的。如此一来，国家之间可以摆脱霍布斯文化，却难以达到康德文化的水平，而是处于洛克文化的区间之内。国家间的互动不会达到完美的帕累托最优解，而只能维持于纳什均衡。具体到地区合作的问题，当主权观念成为地区国家的共享理念时，国家间的彼此防范心理会在一定程度上减弱，这对于地区国家间合作的开展具有积极意义，同时地区内国家因具有天然的地缘优势，合作的条件会优于地区之外。但是，国家之间的防范心理仍然难以完全消除，因此这种合作在对彼此都有利时会进展得比较顺利，却很难经受危机的考验。一旦经济合作出现对一方暂时不利的情景，或出现了领土、安全争端，合作各方的主权话语就会强化，并主导国家的行为选择。总体来讲，在经验意义上，主权观念在一定程度上有助于地区内国家间的合作，但这种合作主要体现为经济领域，并且是在对双方都有利的时候，一旦涉及政治或安全问题，各个国家都会比较敏感，难以突破。因此，主权观念下的地区合作，只能维持在较窄的领域和较低的水平。对于更高水平的合作，主权观念会起到天然的羁绊作用。此外，主权观念内嵌到国际制度之中，以因果逻辑发挥着管制性作用，各国出于战略利益的考量，不得不谨慎遵从，观念的影响因而得以模式化、长期化。

（三） 对逻辑推演的一点反思

当然，以上只是理论逻辑的推演，并且只是单维度的逻辑推演。社会演进毕竟不会遵循单纯的逻辑，更不会遵循单向度的逻辑。观念与地区合作、结构与施动者之间不是单向的影响作用，而是互动和互构的。主权观念为地区合作提供最为基本的条件之后，国家的互动一方面会加深对这种观念的认同，另一方面也有可能衍生出新的观念。当新观念的被接受程度超过主权观念时，地区的主导观念就会发生质的变迁。从这个意义上，对于高水平的地区合作来说，主权观念需要突破，但在合作程度较低的时候，它为合作提供的积极保障不宜忽视，因此不宜盲目推翻。最好的演进路径是，在主权观念的护航下，地区合作不断深化，随着国家间、民众间互动的加深，逐渐衍生出超越国家层面的地区主义理念和地区认同感。这种理念与主权观念在逻辑上是相互冲突的，但这不影响它们在实践中的共存。并且，随着地区主义理念的不断强化，主权观念自然会逐渐弱化。

二　规范、地区稳定与地区一体化间的互动关系

以上探讨了个体持有的观念塑造地区秩序和地区合作的一般机理。当某种观念成为地区行为体所共同持有的观念时，这一观念便成为地区内国际行为体共同遵守的行为规范。这些规范通过对行为体的塑造和建构影响地区秩序的内涵，同时，由于规范的"主体间"性，它又难以完全被划归到个体层面。因此，有必要从整体层次上理解规范对地区秩序、地区合作以及地区一体化进程的塑造作用以及其中的互动关系。

地区一体化就像是一个多面体，如果从不同的视角出发研究其动力问题，我们会得出不同的结论。以地区一体化理论发展历程为序，联邦主义是一个规范性理论，主张通过制定一部联邦宪法和建立超国家性的机构框架来维持地区的和平与稳定。新功能主义以"外溢"（Spillover）概念为其分析工具，认为一个领域的问题会带来另外一个领域的问题，或者会要求用另外一个领域的办法来解决。随着中心协调机构的成长，"外溢"将会扩展到政治领域，并最终推动共同体建设。[①] 自由政府间主义认为经济利益对一体化起决定性作用，而国家则是发起和掌控一体化进程的基本行为体。自由政府间主义给出的一体化逻辑以国内和国际的双层博弈展开，将一体化的进程划分为国内博弈塑造国家偏好、国家间博弈达成国际合作、国家间再博弈完成制度选择三个阶段。[②] 综合三大流派，新功能主义强调经济因素的决定性作用，自由政府间主义强调各国政府对经济利益的追求以及彼此间的博弈，联邦主义带有更强的"应然"色彩，强调超国家机构框架的建构。它们的逻辑起点不同，关注点和结论自然也不一样。随着国际关系理论的社会学转向，建构主义国际关系理论也开始"外溢"

[①]　参见 Ernst B. Haas, *The Uniting of Europe: Political, Social and Economic Forces*。

[②]　参见 Andrew Moravcsik, *The Choice for Europe: Social Purpose and State Power from Messina to Maastricht*, Ithaca, NY: Cornell University Press, 1998。

到地区一体化理论中去。学者们开始关注规范、认同、观念等概念，试着从社会因素的角度重新认识地区一体化。[①] 规范性因素对地区一体化的影响以及地区的规范性力量成为学术界关注的热点。[②] 一体化既是一个政治进程，也是一个社会进程。因此，规范是一体化的内涵，是一体化的内生产物。它产生于一体化的进程，能够塑造行为者的认同，界定行为者的利益，影响行为者的行为，并最终对地区稳定和一体化进程产生影响。

严格来说，广义上的地区一体化是可以通过征服的形式实现的。动荡和战争或许是打破原有规范、价值和利益的最快的方式，但是这种形式使人类付出的代价也最为惨重。在当今时代，基于战争基础上的地区一体化显然不符合人们的期望。"世界秩序不可能建立在全球军事征服之上。"[③]因此，和平稳定与地区一体化都是人们的诉求，地区一体化必须建立在和平稳定的基础上。并且，从学术角度讲，如果剥离地区稳定因素，我们将难以深入讨论一体化进程。为此，此处将规范作为自变量，将地区一体化作为因变量，将地区稳定作为规范影响一体化进程的中间变量，分析规范与地区稳定、地区一体化间的互动关系。

（一）规范的作用并非单向线性

主流建构主义带有较强的自由主义色彩，经常被视为一种全球和

---

① 严格来说，对欧洲一体化进行社会角度的解读并不是随着建构主义的兴起才出现的，早期的社会交往理论、代际价值变化理论、政治统一理论、一体化习惯学习理论、政治文化理论等就是从社会角度解读欧洲一体化的。参见郇庆治《欧洲早期一体化理论：社会与文化向度》，载《欧洲》2000 年第 3 期，第 25 ~ 31 页。

② 参见 Ian Manners, "Normative Power Europe: A Contradiction in Term?", Copenhagen Peace Research Institute, *Working Paper*, No. 38, 2000; Richard Bellamy and Dario Castiglione, "Legitimizing the Euro – Polity and Its Regime: The Normative Turn in EU Studies", *European Journal of Political Theory*, Ⅱ. 2003, pp. 7 – 34。

③ 〔美〕詹姆斯·多尔蒂、小罗伯特·普法尔茨格拉夫著，阎学通等译：《争论中的国际关系理论》，北京：世纪知识出版社，2003 年版，第 548 页。

平与和谐的理论。它把社会化和制度建构看作单向线性的过程，是一种进化合作论，因此又被称为自由建构主义。① 新近出现的现实建构主义尽管秉持相同的本体论和认识论，但在"国际政治如何运作"的问题上却与主流建构主义分庭抗礼，构建了一种进化冲突论。② 事实上，规范与权力的关系并非单向线性的，即规范有可能促进权力关系的和谐，也有可能导致权力关系的紧张。三十年战争后的威斯特伐利亚体系所确立的主权原则，因适应了当时的权力和观念结构，成为欧洲国际关系走出中世纪、确立现代国际关系准则的一个里程碑。同样的原因，维也纳体系的多极均势格局及欧洲协调机制为欧洲带来了有史以来最持久的百年和平。③ 第一次世界大战后的凡尔赛体系过重地惩罚了战败国，加之执行机制设置不合理，④ 使得战后矛盾不断加剧，最终引发了另一场破坏力更大的战争。由此可见，规范对国际关系的影响并不一定是正向的，它有可能帮助维持和平，也有可能破坏局势的稳定。规范本身有可能被国际社会接受，也有可能不被接受。⑤

（二）规范与地区稳定、地区一体化之间的互动关系

既然规范对国际关系的影响并非单向线性，那么规范对地区稳定和地区一体化的影响也不会是单向的。即规范可能有利于地区稳定，也有可能不利于地区稳定；可能会推动一体化进程，也有可能阻碍一体化进程。在讨论三者关系之前，我们在此要对相关变量进

---

① 秦亚青、〔美〕亚历山大·温特：《建构主义的发展空间》，载《世界经济与政治》2005 年第 1 期，第 8 ~ 12 页。

② See Samuel Barkin, *Realist Constructivism*, New York: Cambridge University Press, 2010. 董青岭：《现实建构主义与自由建构主义：一种研究纲领内部的分化》，载《世界经济与政治》2008 年第 12 期，第 44 ~ 53 页。

③ 〔美〕亨利·基辛格著，顾淑馨等译：《大外交》，海口：海南出版社，1998 年版，第 69 ~ 92 页。

④ 〔美〕亨利·基辛格著，顾淑馨等译：《大外交》，第 238 页。

⑤ 参见 Amitav Acharya, "How Ideas Spread: Whose Norms Matter?" *International Organization*, Vol. 58, No. 2, 2004, pp. 239 – 275。

行控制：我们这里所说的规范都是和平取向，即规范将和平作为其诉求。① 在此前提下，本文认为，规范是否有利于地区稳定，取决于规范对地区权力结构和观念结构的整合能力；规范是否有利于地区一体化进程，取决于规范是否有利于地区稳定和规范的一体化导向的强弱。

第一，首先来看规范与地区稳定的关系。关于如何维持和平与稳定，现实主义给出的答案是"以均势求和平"或者"以霸权求和平"。自由主义也给出了两条路径：一条是源自康德永久和平思想的民主和平论，另一条是源自亚当·斯密自由贸易思想的经济相互依存论。建构主义从社会性因素出发，重新解读国际安全。诸如观念、规范、认同等概念开始进入安全研究的文献之中。和平取向的规范是否有利于地区稳定取决于规范对地区权力结构和观念结构的整合能力。所谓规范的整合能力，即规范通过对权力结构和观念结构的塑造，为地区各国带来"彼此不战"的预期。具体来说，规范通过"规定性作用"和"构成性作用"重塑行为者认同，界定行为者利益，并最终影响行为者行为。这些行为的长期互动会衍生出新的观念，变化了的观念又会对权力结构进行重新解读。规范的整合能力受权力结构与观念结构综合作用的影响，二者的互动可能会建构"分离性认同"（discrete identity），也可能建构"聚合性认同"（convergent identity）。分离性认同易于导致冲突性偏好（conflicting preference），而聚合性认同易于导致合作性偏好（cooperative preference）。② 规范在权力结

---

① 将规范限制为和平取向，一方面是因为这样做可以在不降低对规范的解释力的前提下简化分析框架，另一方面是因为在当今世界以战争为取向的规范几无生存空间。根据芬尼莫尔和斯金克的说法，"从支持规范的人的角度来看，规范必定是良性的"。当今对和平的向往是国际社会的共识，因此将规范限制为和平取向具有较强合理性。相关论述可参见 Martha Finnemore and Kathryn Sikkink，"International Norm Dynamics and Political Change"，*International Organization* Vol. 52，No. 4，Autumn 1998，p. 892。

② 参见董青岭《现实建构主义与自由建构主义：一种研究纲领内部的分化》，载《世界经济与政治》2008 年第 12 期，第 44～53 页。

构和观念结构的互动情景（interacting context）中发挥作用。因此，互动情景表现出什么样的偏好、这种偏好与规范之偏好的契合程度，会影响规范之规定性作用和构成性作用的发挥，进而影响其整合能力的强弱（见图6-1）。在此需要说明的是，由于前文已经对规范进行了变量控制，在这里，规范的偏好限定于合作性与竞争性之间，没有考虑冲突性的可能。

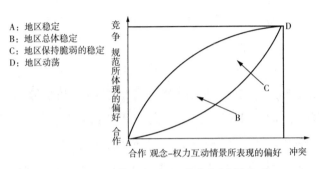

A：地区稳定
B：地区总体稳定
C：地区保持脆弱的稳定
D：地区动荡

图6-1　规范、权力、观念与地区稳定

第二，再来看规范与地区一体化的关系。规范是否会推动一体化进程主要取决于规范是否有利于地区稳定和规范的一体化导向之强弱。规范的一体化导向也是通过它的"规定性作用"和"构成性作用"而体现出来的。需要指出的是，"规定性作用"和"构成性作用"只是规范发挥影响力的两种逻辑，在经验层面难以准确区分。但大体来说，"规定性作用"需要有制度性保障，"构成性作用"需要有理念的"魅力"。因此，衡量规范的一体化导向既需要检验其地区一体化诉求的强弱，又要检验其制度化诉求的高低。根据上文的界定，地区一体化既需要国家向上让渡主权给超国家机构，又需要有一定程度的排外性。因此，本文从三个方面检验规范一体化导向的强弱：一是检验规范所体现的观念对主权至上原则的超越程度；二是检验规范排外性特征的强弱；三是检验规范对制度化诉求的高低。如果规范有利于地区稳定，并且规范的一体化导向较强，人们就会像帕斯卡尔所说的那样，因为"虔诚的行为"而产生"虔诚的信仰"，[1] 从而有利于一体化进程。如果规范不利于地区稳定且一体化导向较弱，则不利于一体化进程，甚至对一体化的预期都会比较悲观。如果规范有利于地区稳定但一体化导向较弱，则一体化进展缓慢或停滞，需要根据实际情况，适时变革规范，强化其一体化导向。如果规范不利于地区稳定但其一体化导向较强，则通常不利于一体化进程，规范本身有被打破的危险（见图 6 - 2）。

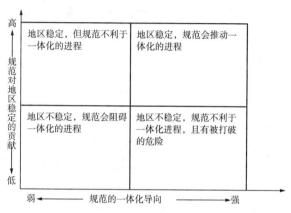

图 6 - 2　规范、地区稳定与一体化进程

第二节　主权观念在地区合作和一体化进程中的辩证作用

同处东亚地区的中国与东盟各国，由于地理位置的相近和近代以来相似的历史经历，主权观念特别浓厚。无论是 1949 年成立的新中国还是二战之后取得民族独立和解放的东南亚诸国，在外交上都非常珍视并尽力遵循主权原则。东盟自 1967 年成立以来，更是在充分尊重主权原则的基础上逐渐形成了为国际社会所认可的一套东盟规范。

---

[1]　Nannerl O. Keohane, *Philosophy and the State in France：The Renaissance to the Enlightenment*, Princeton：Princeton University Press, 1980, p. 278.

客观地讲，主权原则对于中国—东盟合作和地区一体化进程起到了必要的积极作用。不过，随着各方合作的逐步深化，主权观念的阻碍作用也逐渐显现出来。这一点无论是在中国—东盟关系方面还是在地区和次地区一体化进程中都得到了明显的体现。

一 在中国—东盟合作中发挥积极作用

自 1991 年中国与东盟开始正式对话以来，双方关系发生了深刻的变化，双边合作取得了丰硕的成果。1991 年，时任中国外交部长的钱其琛受邀出席第 24 届东盟外长会议开幕式，标志着中国开始成为东盟的磋商伙伴，中国与东盟组织的官方联系正式建立。1996 年 7 月，东盟外长一致同意接纳中国为东盟的全面对话伙伴国，中国首次出席当月举行的东盟与对话国会议。1997 年，在东南亚国家面临金融危机的严重挑战时，中国坚持人民币不贬值，并且保持了与东南亚国家的贸易往来，为改善中国在东南亚国家中的形象起到了非常重要的作用。同年 12 月，时任国家主席江泽民出席首次中国—东盟领导人会议，发表了《联合宣言》，确定了面向 21 世纪的睦邻互信伙伴关系。2000 年 11 月，时任国务院总理朱镕基在新加坡举行的第四次中国—东盟领导人会议上首次提出建立中国—东盟自由贸易区（CAFTA）的构想。2002 年 11 月，在第六次中国—东盟领导人会议上，双方签署了《中国与东盟全面经济合作框架协议》，确定了 2010 年建成中国—东盟自由贸易区的目标。在 2003 年 10 月的第七次中国—东盟领导人会议上，国务院总理温家宝与东盟领导人签署了《面向和平与繁荣的战略伙伴关系联合宣言》。在这次会议上，中国正式加入《东南亚友好合作条约》，成为第一个加入这一条约的区域外大国。2004 年，在第八次中国—东盟领导人会议上，双方签署了《中国与东盟全面经济合作框架协议货物贸易协议》和《中国与东盟争端解决机制协议》，并于 2005 年 7 月开始实施。2007 年 1 月，双方签署了中国—东盟自由贸易区《服务贸易协议》，并于同年 7 月开始实施。2009 年 8 月，双方签署了中国—东盟自由贸易区《投资协议》，标志着双方成功地完成了自贸区协议的主要谈判。2010 年 1 月 1 日，中国—东盟自由贸易区正式建成。建成后的自贸区拥有 19 亿人口、国内生产总值接近 6 万亿美元、贸易总额达 4.5 万亿美元。① 毫无疑问，中国—东盟自由贸易区的正式建成更是双边关系发展过程中的一个里程碑，它标志着双边朝着经济一体化迈出了重要的步伐。

在总体关系取得重大发展的大形势下，双方各领域的合作都相应地取得了重要进展。在经济合作方面，从 1991 年以来，中国—东盟的贸易关系经历了引人注目的快速发展。20 世纪 90 年代之前中国和东盟的经济互补性不强，在世界市场上的竞争关系明显。② 但从 1991 年到 2000 年，中国—东盟贸易总额以年均超过 15% 的速度从 80 亿美元增长到 400 亿美元。自 2001 之后，由于中国加入 WTO，加之中国—东盟自由贸易区"早期收获"计划的实施，双方贸易往来出现了更高速度的增长。从 2001 年到 2008 年，双方贸易以年均超过 20% 的速度出现了滚雪球式的增长，贸易总额从 420 亿美元增长到超过 2300 亿美元。③ 受世界金融危机影响，2009 年双方贸易受到一些挫折，出现负增长。但 2010 年重新向好，2010 年双边贸易额达 2927.8 亿美元，同时，中国对东盟的贸易逆差达到 163.4 亿美元，同比增长 30.7 倍。④ 2010 年，中国已成为东盟第一大贸易伙伴，⑤ 而东盟也已

① 参见《中国—东盟关系发展历程》，http://news. xinhuanet. com/ziliao/2003 - 06/30/content_ 944141. htm，2011 年 9 月 18 日登录；亦可参见东盟官方网站：http://www. aseansec. org. /index2008. html，2011 年 9 月 18 日登录。

② 参见王玉主《区域一体化背景下的中国与东盟贸易》，载《南洋问题研究》2006 年第 4 期，第 53 ~ 62 页。

③ 参见 Yang Mu and Heng Siam - Heng, "Chian - ASEAN Relations after CAFTA", in Mingjiang Li and Chong Guan KWA eds., *China - ASEAN Sub - Regional Cooperation: Progress, Problems and Prospect*, Singapore: World Scientific Publishing Co. Pte. Ltd., p. 130。

④ 数据来源于商务部网站：http://www. mofcom. gov. cn/aarticle/i/jshz/new/201101/20110107372868. html，2011 年 9 月 18 日登录。

⑤ http://www. chinanews. com/cj/2010/12 - 27/2748304. shtml，2011 年 9 月 18 日登录。

位列欧盟、美国、日本之后，成为中国的第四大贸易伙伴。①

在安全合作方面，自东盟地区论坛（ARF）启动以来，中国一直是论坛的积极参与者和推动者，中国外长出席了历次外长会议，并组织国内相关专家学者积极参与 ARF 框架下的各种一轨、二轨外交活动。2003 年 10 月，中国加入《东南亚友好合作条约》，成为东南亚地区之外第一个加入该条约的大国，同时也是中国第一次同一个地区组织结成战略伙伴关系。该条约第一章的六项原则分别为：彼此尊重各国的独立、主权、平等、领土完整及民族特性；各国有免受外来干涉、颠覆和制裁，保持其民族生存的权利；互不干涉内政；和平解决分歧或争端；反对诉诸武力或以武力相威胁；各国间开展有效合作。② 不难看出，《东南亚友好合作条约》与中国一贯坚持的和平共处五项原则一样，都体现着强烈的主权平等的观念。也正是因为双方都秉持这种观念，这种在安全领域的合作才得以达成。此外，双方在诸如禁毒、反恐、海上安全、打击跨国犯罪以及控制疾病蔓延等非传统安全领域的合作进展迅速，成果显著。由于非传统安全领域的问题不如传统政治、安全领域的敏感，因此双方在这方面的合作都比较积极。

在具体的对话合作机制方面，双方建立了包括领导人年度会议、部长级会议（除外长会议外还建立了经济、交通、海关、检察、青年事务、卫生、电信以及打击跨国犯罪等 8 个部长级会议机制）、副部级高官磋商会议以及其他一些会议机制。这些会议机制既有官方的，也有半官方的以及民间的。可以说，随着经贸关系的深入发展，双方正在逐渐建立起从官方到民间各个层次的全方位对话合作机制，为推动双方人民的相互理解、促进双边关系的稳定发展打造了良好的交流平台。

---

① http://www.mofcom.gov.cn/aarticle/i/jshz/new/201101/20110107372868.html，2011 年 9 月 18 日登录。

② 参见 http://www.showchina.org/zgygjzzxl/zgydm/05/200805/t172198.htm，2011 年 9 月 18 日登录。

二 在深化合作与处理纠纷问题上显现消极影响

以上成就的取得，离不开中国和东盟各国对主权观念的秉持。正是在这一共同观念的影响下，中国和东盟各国能够更深切地理解彼此的核心关切，更深入地展开对话交流，为双边合作扫除了许多观念上的障碍，避免了许多不必要的麻烦。主权观念在中国—东盟合作过程中发挥的积极作用不可磨灭。但是，正如基欧汉曾经精彩地指出的那样，主权规范的一个非常重要的特点就是它的"反规范性"。^① 正如前文所指出的那样，主权观念/规范在价值逻辑上与地区主义是存在竞争关系的。虽然二者可能会在很长一段历史时期内共存，但主权观念对地区合作的阻碍作用已日益显现。具体到中国—东盟合作而言，主权观念对地区合作的深化确实产生了消极的影响，这种消极影响在东盟内部合作的进展和中国与东盟一些国家之间的南海问题上得到很好的体现。

毫无疑问，主权观念是东盟各国合作的观念基础，如果没有这一共有观念，东盟很难在冷战的环境中生存下来并在冷战后获得更大发展。在合作过程中，东盟各国政治家基于对主权观念的尊重探索出的"东盟方式"（ASEAN Way）开创了地区国家合作的新模式，并以协调一致的方式有效地化解了地区内的不安定因素，维护了各国间的团结。但是，这一观念指导下的东盟只能是机构最小化和权力最小化的一个组织，这一观念对东盟经济共同体的建立都会产生消极影响，更不用说全方位的东盟共同体了。如果说建设东盟共同体的内涵是在地区稳定的基础上实现地区政治、经济、社会等各方面的整合，那么东盟方式无论在维持地区稳定方面，还是在推动地区一体化进程方面都出现了推动力不足的问题。可以说，东盟各国在深化合作的问题上已经出现了"观念赤字"。由于地区内国

---

① 参见〔美〕罗伯特·基欧汉著，门洪华译《局部全球化世界中的自由主义、权力与治理》，北京：北京大学出版社，2004年版，第294页。

家对主权观念的珍视和坚持，东盟方式的改进举步维艰。这一困境在《东盟宪章》的起草制定过程中得到了非常典型的体现。东盟内部一些政治家已经意识到，在主权观念影响下的开放性和非排他性、非强制性和非约束性、协商一致、当事国利益优先等各项原则给东盟带来了不少的困扰。东盟经济合作和一体化进展相对滞后，缺乏有效的中央权力机构，对地区性问题无能为力，受不干涉内政原则约束在人道主义问题上行为受阻。[①] 这些问题致使东盟内外形象严重受损。面对主权观念的这一严重弊端，东盟自身也在进行反思。2006 年，时任东盟秘书长王景荣在谈到缅甸问题时曾表示，"我们知道我们不该干涉成员的内政，可是缅甸问题产生的不再只是内部影响，问题关系到东盟的信誉和形象"。他说："我们不能逃避，我们预料，东盟以及非东盟国家的部长们会讨论这些国际事务，他们可能会发表声明之类的文件。"[②] 针对同一问题，时任马来西亚总理巴达维指出，"的确，这一原则需要改进，特别是面对全球化的冲击。我相信，正在制定的东盟新宪章会改进这一原则"。[③] 2005 年 12 月，第 11 届东盟峰会决定成立一个名人小组，负责提交一份关于东盟宪章内容的建议报告。2007 年 1 月，第 12 届东盟首脑会议提出将建立东盟共同体的时间提前至 2015 年，并决定成立高级工作组，根据名人小组的报告起草宪章条文，并将在 2007 年的东盟峰会上通过并正式颁布。名人小组的报告主要包括以下内容：一是对东盟进行了重新定位，将其界定为一个政府间组织，并将其最终目标设定为建成一个真正的联盟（Union）；二是强调健全组织机构，强化中央机构的权力；三是强调完善和健全决策机制和监督制约机制。

---

① 参见张锡镇《东盟历史的转折：走向共同体》，载《国际政治研究》2007 年第 2 期，第 126~127 页。

② 转引自张锡镇《东盟历史的转折：走向共同体》，载《国际政治研究》2007 年第 2 期，第 128 页。

③ 转引自张锡镇《东盟历史的转折：走向共同体》，载《国际政治研究》2007 年第 2 期，第 128 页。

名人小组报告的一个很重要的特点在于突破了协商一致原则和不干涉内政原则，甚至包含了开除国家资格的条款。但是，最终颁布的《东盟宪章》与名人小组的报告相比又重新趋于保守。最核心的区别是，协商一致原则和不干涉内政原则得到了重申，开除国家资格的条款最终被删除。这无疑证明了突破主权观念在东盟内部是何其艰难。

主权观念的消极影响在南海问题上表现得更为突出。南海问题的复杂性自不待言，它既涉及具体的领土边界问题，又牵涉全球层面的大国权力博弈问题，可谓国内国际、区内区外、经济政治、主权安全等各个层面、各种类型问题复杂交织。显然，在南海问题上，中国"搁置争议、共同开发"的倡议没有得到东盟一些相关国家的积极回应。事实上，如果不是受强烈的主权观念影响，南海问题不会陷入这样的困境。随着中国深海采油技术的逐渐成熟，中国与相关国家在南海油气资源开采方面会有极为广阔的合作空间。但现实却是，囿于主权观念的羁绊，南海问题已成为中国与相关国家关系的一个症结，也影响着中国与东盟关系的深化。

三　以主权原则为核心的东盟规范面临诸多困境

主权原则不但在中国—东盟合作中面临着窘境，而且在推动次地区和地区合作方面也面临着推动力不足的问题。这些问题集中体现在以主权原则为核心内涵的东盟规范上。

东盟自1967年成立以来，经历了地区战略环境的重大演变。它不但成功地生存下来，而且已经成为亚洲地区合作中的典范。在发展过程中，东盟逐渐形成了一套正式或非正式的国家行为规范。这些规范可大体分为两方面的内容。一方面的内容是关于国家间行为准则的，阿查亚将其归纳为四条原则："第一，不使用武力与和平解决争端；第二，区域自治与集体自主；第三，不干涉国家内部事务；第

四，抵制东盟军事协定及偏好双边防务合作。"① 另一方面的内容是
关于区域合作原则的，东盟自成立以来在区域合作上一直坚持不同于
西方的两个原则：一是非正式性和限度最小的组织性，也被称作
"软制度主义"②；二是避开多数决策的"明显的危险"③，依靠协商
一致的原则。这两方面的行为规范涵盖了东盟规范的主要内容。另
外，冷战后，特别是东亚一体化进程启动以来，东盟规范又"悄悄
地"加入了"开放""包容"和"多边主义"等原则。

在东盟成立和发展的过程中，东盟规范无疑对该地区稳定和一体
化进程起了非常积极的作用。首先，从维护地区稳定角度来看，初建
时的东盟，由于正处于外部冷战的大背景，内部又存在诸多的国家领
土纠纷、意识形态冲突及新成立国家的政府合法性等问题，所以并没
有对该地区的和平与稳定抱有太多的期望。但是，"东盟仍然在调解
地区内部冲突及降低战争冲突的可能性方面发挥了重要的作用。"④
作为初始创建国的印度尼西亚、马来西亚、菲律宾、新加坡和泰国之
间没有发生过战争。而且，东盟协调解决了柬埔寨问题、抵制住了西
方在缅甸问题上的干涉并创建了东盟地区论坛（ARF）。其次，从推
动一体化进程角度来看，从《东盟宣言》发表时的五国，到后来文
莱、越南、柬埔寨、老挝和缅甸的先后加入，东盟的范围已经囊括了
整个东南亚地区。在范围扩展的同时，东盟区域合作的内涵也在不断
地丰富和深化，区域内政治、经济、安全等方面的协调与合作不断加
强。但是，随着成员国的增多和新的内部冲突根源的出现，东盟规范

---

① 〔加〕阿米塔·阿查亚著，王正毅等译：《建构安全共同体：东盟与地区秩
　序》，上海：上海人民出版社，2004 年版，第 67 页。

② 〔加〕阿米塔·阿查亚著，王正毅等译：《建构安全共同体：东盟与地区秩
　序》，上海：上海人民出版社，2004 年版，第 8 页。

③ Phan Wannamethee, "The Institutional Foundation of ASEAN", in Hans Indorf, *The
　Association of Southeast Asian Nations After 20 Years*, Washington, DC: Woodrow
　Wilson Institutional Center for scholars, 1988, p. 22.

④ 〔加〕阿米塔·阿查亚著，王正毅等译：《建构安全共同体：东盟与地区秩
　序》，上海：上海人民出版社，2004 年版，第 7 页。

面临着许多问题和挑战。东盟的扩大增强了成员国的差异性，冷战的结束又"唤醒"了之前被掩盖的区域内部争端。因此，诸如不使用武力和不干涉内政等原则引起越来越多的争议。特别是不干涉内政原则，在柬埔寨和缅甸问题上已经显示出了其缺陷，甚至在某种程度上成为东盟一体化深入发展的阻碍因素。

从整个东亚地区来看，东亚一体化进程的启动和发展中出现了东盟起主导作用与东盟规范被部分否定两种情形共存的矛盾场景。一方面，东亚一体化进程中东盟毫无疑问起到了主导作用。1997 年亚洲金融危机发生后，召开了东盟—中日韩领导人非正式对话合作会议。1999 年在马尼拉召开的第三次东亚领导人对话合作会议上，地区领导人就推动东亚合作的原则、方向和重点领域达成了共识，首次发表了《东亚合作联合声明》，"东盟 + 3"机制得以确立，并成为东亚各国展开对话与合作的主渠道。① 2000 年第四次东亚领导人会议批准了《清迈倡议》，为东亚各国建立了一种应对金融危机的货币合作机制，东亚区域合作在金融领域取得重大进展。此后，东亚合作又出现了东亚峰会（东盟 + 6）这一新机制，从而呈现出"10 + 1""10 + 3""10 + 6"三个机制并驾齐驱的情景。显而易见，在此过程中，东盟一直起着主导作用。因此，有学者将该进程形象地比喻为"小马拉大车"。② 另一方面，东亚一体化进程启动本身正是对东盟规范的部分否定。1997 年金融危机从东盟开始，之后迅速扩散到亚洲许多国家。因为这场危机，东盟受到了诸多的诟病，形象受到严重的损坏。许多批评家认为正是东盟组织的缺点使其没有具体的制度机制和程序来解决问题。③ 而此时亚太经合组织（APEC）面对危机也无能为力，

---

① 张蕴岭：《对东亚合作发展的再认识》，载《当代亚太》2008 年第 1 期，第 4 ~ 5 页。

② 翟崑：《小马拉大车？——对东盟在东亚合作中地位作用的再认识》，载《外交评论》2009 年第 2 期，第 9 ~ 15 页。

③ Amitav Acharya, "Realism, Institutionalism, and the Asian Economic Crisis", *Contemporary Asia*, Vol. 21, No. 1, April 1999, pp. 1 - 29.

东亚国家不得不加强自身的合作来解救危机。① 因此东亚一体化进程的启动，本身就是对东盟规范非正式性和最小组织性原则的部分突破。

尽管东亚一体化进程启动本身暗含着对东盟规范的部分否定，但由于东盟在东亚一体化进程中的主导地位，东盟规范仍然得以由次地区向整个东亚地区扩展。尽管东盟规范加入了开放、包容与多边主义等原则，但东盟规范在东亚地区的被认可度和号召力仍然不足，在整合地区权力和观念以及推动地区一体化进程上仍然显得力不从心。在启动的前几年，东亚一体化进展得比较快，成效比较明显，但最近几年步伐明显放缓。② 虽然领导人会议仍在召开，每年也都会提出一些新的倡议，但东亚共同体的建设似乎更大程度上只是一个愿景，流于形式，浮于表面。东亚一体化进程受阻，自然与地区权力结构、经济形势、安全态势以及民族、宗教、文化等因素密不可分，但我们也不能忽视东盟这匹"小马"拉力不足的问题。而东盟的拉力主要就是它的规范性力量，因此，东盟拉力不足的问题，很大程度上便是东盟规范对地区一体化的推动力不足的问题。

可见，主权观念以及受主权观念制约的东盟规范无论在次地区层次的东盟稳定和一体化进程中还是在地区层次的东亚地区稳定和一体化进程中都遇到了挑战。那么，这些困境是如何出现的？具体表现在哪些方面？其深层的根源是什么？下一节尝试对这些问题进行分析。

第三节　东盟规范所遇困境的机理分析

东盟规范所面临的困境需要从东南亚次地区层次和东亚地区层次上分别理解。毫无疑问，东盟规范在维护东南亚次地区以及整个东亚

---

① 张蕴岭：《东亚合作之路该如何走？》，载《外交评论》2009 年第 2 期，第 1 页。

② 张蕴岭：《东亚合作之路该如何走？》，载《外交评论》2009 年第 2 期，第 1 页。

地区安全和稳定方面曾经发挥了非常重要的作用，但是随着地区内部合作和一体化诉求的强化，东盟规范的内在缺陷也逐渐显现出来。然而，其困境在于，这些内在的缺陷在当前东亚地区国际政治现实中难以改进。

一　次地区层次的互动与东盟规范的困境

（一）冷战时期东盟规范的作用

东盟创立于冷战和去殖民化时期。[①] 这段时期东南亚的安全形势表现为两个总体特征：一方面，美国和苏联之间的两极对抗渗透到该地区；另一方面，去殖民化浪潮使得地区安全态势得以在地区新成立国家之间启动。

具体来看，冷战时期东南亚的权力结构是以两极对峙的形式出现的，一个是与苏联结盟的越南、老挝、柬埔寨三国集团，另一个是向西方看齐的东盟五国（文莱于 1984 年加入）。[②] 不过，与东北亚相比，东南亚受超级大国对抗的渗透相对较轻，两极对峙相对松散一些。由于对立的权力结构掩盖了东盟次地区观念结构的复杂性，东南亚新独立国家又面临着一系列的国内稳定问题，东南亚国家便顺理成章地建构起了强烈的国家主权观念。东盟规范正是在这种权力结构和观念结构的"互动情景"下诞生并发挥作用的。

首先，不使用武力原则和不干涉内政原则是建立在威斯特伐利亚规范基础上的，[③]，该原则契合当时东南亚的权力结构，满足了新独立国家对国家主权的强烈诉求和解决国内稳定问题的需要。其次，区域自治和集体自主的原则意在"于两大阵营中间保持中立"，这在对

---

① 〔英〕巴瑞·布赞、〔丹〕奥利·维夫著，潘忠岐等译：《地区安全复合体与国际安全结构》，上海：上海人民出版社，2010 年版，第 13～19 页。

② 〔英〕巴瑞·布赞、〔丹〕奥利·维夫著，潘忠岐等译：《地区安全复合体与国际安全结构》，上海：上海人民出版社，2010 年版，第 129 页。

③ Karl J. Holsti, *International Politics*: *A Framework for Analysis*, 5th edition, Englewood Cliffs, NJ: Prentice Hall, 1988, p. 436.

峙色彩相对不太强烈的东南亚地区是可能的。因此，东盟较成功地整合了当时的权力和观念结构。最后，抵制东盟内多边军事协定和偏好双边防务合作的原则，主要是为了在东西阵营之间玩平衡战略。该原则成功地平衡了外部势力，也有利于维持地区的稳定。

综上所述，东盟建立初期，其规范对当时的权力结构和观念结构的整合能力比较强，因此有利于地区稳定和一体化进程。尽管东盟在冷战时期实际的发展步伐并不快，但成功避免了成员国间的战争，协调解决了柬埔寨问题，并创建了东盟地区论坛。

（二）冷战后东盟规范面临的挑战

随着战略环境的变迁和东盟内部国家政治经济的发展，冷战后东盟规范在次地区层面上面临着挑战。规范中的各个原则受到挑战的程度有所不同。受挑战较轻微的是不使用武力原则和区域自治原则，受挑战较严重的是抵制域内多边军事合作原则，受挑战最严重的是不干涉内政原则。

由于不使用武力原则和区域自治原则受挑战较轻，不再赘述。抵御多边军事协定原则尽管以东南亚多个国家与美国有防务关系为前提，但毕竟发挥了防止军备竞赛的功能，总体来说可以算作一个较为有利的原则。但是由于诸多非传统安全问题的凸显，各国需要协调行动，共同消除危险的根源，这恰恰对抵制东盟军事协定原则提出了挑战。面对恐怖主义的跨国威胁，东盟国家难以达成反恐合作便是一个很好的注脚。受挑战最严重的是不干涉内政原则。时代的发展会使人们的价值取向和道德观念发生变化。随着国际关系准则对人的地位和尊严越来越多的关注，被威斯特伐利亚规范视为理所当然的不干涉内政原则，受到越来越多的批评和质疑。人道主义干涉正在被国际社会所逐渐认可。[①] 在此背景下，不干涉原则受到挑战是必然的。这一挑战在东盟吸收缅甸为成员国的过程中得到了充分的体现。虽然为了防

---

① 参见〔美〕玛莎·芬尼莫尔著，袁正清等译《干涉的目的：武力使用信念的变化》，上海：上海世纪出版集团，2009年版，第54~80页。

止美国的渗透，东盟消除内部分歧，接受了缅甸的加入，但是，东盟为此付出了政治和外交代价，地区一体化进程和国际声誉都遭到损害。在柬埔寨的成员国资格的问题上，东盟也遇到了类似的问题。

（三）东盟规范的困境分析——次地区层次

东盟规范受到挑战，一方面源自次地区权力结构和观念结构的变迁，另一方面源自规范之使命的多元化。冷战时期的东盟规范，其任务主要聚焦于维持东盟次地区稳定。冷战后，随着东盟一体化的深入，东盟规范也被赋予了推动次地区一体化进程的使命。

冷战后东盟的权力结构和观念结构都发生了一些变化。就权力结构来说，冷战结束的大背景，为东盟改变了外部战略环境。苏联的解体使东盟国家历史上形成的所谓"对共产主义的恐惧感"基本消失。美国尽管没有真正撤出，但其在亚太地区的安全机制是由美日、美韩、美菲、美泰等多组双边军事安排构成的。这种机制使得美国要借助地区国家，因此其行为总体温和。同时，柬埔寨问题的解决以及越南、老挝、缅甸、柬埔寨的加入，使东盟扩展至整个东南亚地区。内部权力结构逐渐形成了一种准多极的相互牵制态势，对抗色彩比冷战时期进一步淡化。

东盟的观念结构原本就非常复杂，战略环境的改善导致东盟观念结构的复杂性更为突出。从民族构成来看，该地区大约有400多个民族，人口在100万以上的（不包括华人）就有26个。[①] 从文化和宗教信仰上来看，东南亚是基督教文化圈、印度文化圈、伊斯兰文化圈以及中华文化圈的汇合之地。佛教、基督教、伊斯兰教在此地区都有众多的信徒，同时"部落原始宗教则在几乎所有边缘地区得到延续，而且几大宗教都受到了早期部落信仰的影响"[②]。从政治制度来看，

[①] 陈衍德：《对抗、适应与融合——东南亚的民族主义与族际关系》，长沙：岳麓出版社，2004年版，第2页。

[②] 〔新加坡〕尼古拉斯·塔林主编，贺圣达等译：《剑桥东南亚史》（第一卷），昆明：云南人民出版社，2003年版，第228页。转引自唐笑虹《试析东南亚文化与东盟发展之关系》，载《东南亚纵横》2009年第6期，第25页。

泰国、菲律宾和印度尼西亚可算作是民主制国家；马来西亚、新加坡和柬埔寨可算是半民主制国家；越南和老挝是社会主义国家；缅甸是军人统治国家；文莱则是实行新传统的君主制国家。[①] 民族构成、文化宗教信仰以及政治制度的多样，加之国家主权意识强烈，导致东盟国家之间很难形成较强的共有观念。战略环境的改善又使得东盟国家观念的复杂性得以充分显现，宗教极端势力开始兴起。这些特点给东盟规范充分整合地区观念结构带来一定的困难。

准多极权力结构和复杂的观念结构的相互塑造，导致了东盟国家对"尊重多样性和自主性"的强烈诉求。东盟规范的各项原则强调主权至上原则，能够满足地区国家的要求，因此对次地区权力结构和观念结构的整合还算成功，处于图 6-1 中的 B 点附近。这有利于东盟在战略环境改善的条件下发挥主动性来主导美苏留下的战略空间，维护域内稳定。但是东盟规范的这些原则体现的主权意识只不过是各国观念的"最大公约数"。由于东盟国家社会、政治的多样性，其"最大公约数"实在太小。这导致东盟规范在有利于次地区总体稳定的同时，对新近凸显的恐怖主义等跨国非传统安全问题无力应对，对缅甸、柬埔寨、印度尼西亚、泰国的国内政治动荡也难有作为。在维护东盟地区总体稳定的问题上，不干涉内政原则是东盟规范成功的基础。但恰恰因为受这一原则的约束，东盟对新近的非传统跨国安全问题和成员国国内的稳定问题束手无策。这一点可视为东盟规范的困境之一。

从一般意义上讲，在能够维护地区稳定的前提下，规范的一体化导向越强，越能够推动一体化进程。反之，规范本身的一体化导向越弱，越不利于一体化进程。表 6-1 检验了东盟规范各项原则对主权至上原则的超越情况，结果是超越程度比较弱。而软制度主义和开放包容原则又决定了其制度化诉求和排外性诉求都很低（见表 6-2）。

[①] 〔澳〕约翰·芬斯顿主编，张锡镇等译：《东南亚政府与政治》，北京：北京大学出版社，2007 年版，第 371 页。

因此东盟规范的一体化导向较低。这就致使东盟规范在推动一体化进程方面作用有限，处于图6-2中左上方的位置，难以推进一体化的深入发展。

表6-1　对东盟规范诸原则超越主权原则情况的检验

各项原则　　　　　　　　　　　检验项目	对主权至上原则的超越			一体化导向
	弱	中	强	
不使用武力与和平解决争端	√			弱
区域自治与集体自主		√		中
不干涉内政	√			弱
抵制东盟军事联盟，偏好双边防务合作	√			弱
软制度主义		√		中
协商一致	√			弱
开放包容	√			弱

这一结论诱使人们考虑强化东盟规范的一体化导向来推动一体化进程。事实是，要强化东盟规范的一体化导向，就必然意味着要求内部国家更多地让渡国家主权给东盟。这在当前的东盟是比较困难的。一方面，这一问题在东盟国家之间存在争议，民主化程度较高的国家同意为一体化进程的深入发展而让渡部分国家主权，但其他一些国家则认为主权独立与不干涉内政原则不容打破，加之各国之间存在诸多的矛盾和纠纷，让渡难以成行。另一方面，东盟规范要超越国家主权至上观念，有可能会损害"多样性和自主性"原则，导致其对地区权力结构和观念结构的整合能力下降，从而不利于地区稳定，规范本身也有被破坏的危险。因此，现有东盟规范若要保全自身，就不能突破东盟观念结构那小得可怜的"最大公约数"，这就决定了其一体化导向不强的命运，遑论推动一体化的进程。此东盟规范的困境之二。

二　地区层次的互动与东盟规范的困境

前文已经提到，由于 20 世纪 90 年代东亚经历金融危机，"东盟方式"受到质疑，东亚一体化进程以"东盟 + 3"领导人会议为标志得以启动。一定程度上，东亚一体化的启动本身就是对东盟规范的部分否定。但是，由于东盟在一体化进程中的主导作用，受到诟病的东盟规范随之向整个东亚地区扩展，"超负荷"地发挥地区性影响力。因此，东盟规范所受的挑战是与东亚一体化进程相伴生、与冷战后东亚地区战略环境的转变和观念结构的演变相联系的。

（一）冷战后东亚地区的权力结构

冷战结束后，两极格局的终结缓解了国际关系的总体紧张程度。在此背景下，东亚地区的权力结构也发生了重大的变化。首先，从地区整合的视角来看，随着苏联的撤出和美国的部分撤出，东南亚与东北亚整合的速度加快。东亚地区先后出现了东盟地区论坛、"东盟 + 1""东盟 + 3"以及"东盟 + 6"等地区机制。"东北亚安全复合体和东南亚安全复合体合并成一个大的东亚安全复合体。"① 具体到次地区层次，由于苏联在东南亚完全撤出，越南逐渐转向东盟，东南亚结束了两极化冲突，走上了一条建立次地区安全机制的道路。到2000 年时，东盟实现预定目标，将所有东南亚国家都囊括其中。可以说，东南亚已经在很大程度上摆脱了冷战的阴影，由受外部渗透的对立形态演变为内部安全机制协调的形态。相比而言，东北亚则较多地延续了冷战的色彩，安全态势仍然深受冷战甚至二战的影响。朝鲜半岛的分裂和对峙状态非但没有消除，而且又多出了核试验问题；日本因其在历史问题上难以服众的态度导致其与周边国家关系难以彻底改善；中国的台湾问题虽属中国内政，但因外部势力的干涉，一定程

---

① 参见〔英〕巴瑞·布赞、〔丹〕奥利·维夫著，潘忠岐等译《地区安全复合体与国际安全结构》，上海：上海人民出版社，2010 年版，第 138 ~ 160 页。

度上已经国际化。①

其次，从国家的角度来看，对地区安全结构最为重要的三个国家是中国、日本和朝鲜。中国力量的上升曾经引起东南亚国家的普遍恐惧。亚洲金融危机后，"中国威胁论"在东南亚的市场明显缩小。但是，中国与东南亚一些国家在南中国海问题上存有分歧，成为东南亚国家彻底消除对中国疑虑的一大障碍。日本在冷战时期采取了"内向性"和"依赖性"的军事政治姿态，但是随着美苏对抗的缓解，日本越来越趋于自我改造成"正常国家"，越来越趋于在地区事务中发挥重要作用并努力追求"政治大国"地位。冷战结束至今的东亚地区正经历中国与日本之间的权力"转移"，呈两极对立的态势，这是东亚国家权力对比最为显著的特点。朝鲜处于东北亚冲突爆发点的核心，加之特殊的国内体制和领导人的风格，成为冷战后东亚地区重大战略问题的聚集地。最后，从域外权力影响的角度来看，美国在冷战结束初期从东亚部分撤出，但自 20 世纪 90 年代中期开始重返东亚。

（二）冷战后东亚地区的观念结构

东亚地区各国经济发展水平、政治制度、民族构成以及宗教文化信仰的多样性，决定了其观念结构的复杂性。就东北亚四国来说，中国政治经济体制改革继续推进，民族构成多样，儒、道、释、基督、伊斯兰等多种信仰同时存在。在外交政策上以和谐世界为理念，主张文化多元和国际关系民主化，认同不干涉内政原则。日本自明治维新开始形成了"脱亚入欧"的思想，二战后确立了"脱亚入美"的理念，如今又处于东西身份定位的"游离"阶段，故而文化兼具东西方特点。外交观念上游离于主权至上原则与人权至上原则之间，"试

---

① 关于东北亚延续冷战色彩的原因，布赞和维夫认为，这主要是由于东北亚地区问题的发展在地缘战略上基本上与冷战问题的发展是平行的，因此苏联力量的消失并未能改善地区战略环境。参见巴瑞·布赞、奥利·维夫《地区安全复合体与国际安全结构》，上海：上海人民出版社，2010 年版，第 143 页。

图在不断演变的民族主义框架内满足国际主义的要求。"① 韩国属于转型国家，但国内民族主义意识强烈，对主权观念的认可度较高。朝鲜仍然实行封闭的政策，外交行为有较强的不确定性，但主权意识强烈。东南亚国家中，民主化水平较高的新加坡、菲律宾和泰国对人权至上理念的认同程度相对较高些，而越南、老挝、柬埔寨等国则较低。

文化的多样性并非一定不利于地区合作，文化的相似性也并非一定有利于地区合作。影响合作难易的不是文化的多样与否，而是文化所表达的偏好。在鸦片战争打破"朝贡体系"之后，东亚地区经历了"去区域化"和现在的"再区域化"过程。② 近代的变迁史，使东亚对传统之"无外"的思维模式和"天下一统"的理念③进行反思，并从西方那里习得了"二元对立"的思维模式及"主权至上"的理念，这种理念因特殊的历史经历而得以充分内化。实际上，"主权至上"理念并非"二元对立"思维模式的"独生子"，"自由主义"同样基于这一思维模式。但是，特定的历史和"由上而下"之秩序观的传统，导致东亚习得了"主权至上"理念，却未能习得"自由主义"思想。因此，"二元对立"与"主权至上"在东亚地区被捆绑到一起，难以区分。欧洲有着悠久的自由主义传统，这种传统将二元对立的思维模式聚焦于个人，追求个人的自由和价值实现。欧洲一体化的过程，正是以自由主义为依据，解构和重构国家概念，并建构地区和国家双重认同的过程。东亚地区没有深厚的自由主义传统，要解构和重构国家概念，建构对地区和国家的双重认同，其难度可想而知。因此，在当前和今后一段时间，主权至上的理念在东亚仍然拥有较为坚固的基础，民族主义也仍然拥有较肥沃的土壤。

---

① 〔美〕彼得·卡赞斯坦著，秦亚青等译：《地区构成的世界：美国帝权中的亚洲和欧洲》，北京：北京大学出版社，2007 年版，第 107 页。

② 俞新天：《东亚认同的发展与培育》，载《当代亚太》2007 年第 4 期，第 4 页。

③ 赵汀阳：《天下体系：世界制度哲学导论》，南京：江苏教育出版社，2005 年版，第 49 页。

总体来说，东亚各国基本都将"二元对立"的思维模式聚焦于国家层次，主权观念不易消解，地区认同仍然虚弱。因此，地区观念结构处于温特所描绘的"霍布斯—洛克—康德"光谱①中洛克附近的位置。地区国家既相互尊重，又彼此竞争。冲突的和战争的可能性不大，但高度的信任和彼此认同仍然难以形成。

（三）东盟规范的困境分析——地区层次

冷战后东亚地区的权力结构中呈现出域外力量影响相对减弱、区域内大国呈现两极（中日）对立以及地区整合趋势加强等特点。在这种权力背景下，东盟规范是有其生存空间的。具体来说，苏联的撤出和美国的部分撤出留下了较大的战略空间，作为大国的中国和日本存在结构性矛盾以及历史、边界等诸多问题，难以共同或单独发挥主导作用，这就为东盟在地区内发挥主导作用提供了机遇。东盟规范所呈现的不使用武力原则、不干涉内政原则、区域自治原则以及抵制东盟军事协定的原则可以对大国既多方借重又多方防范，能够较好地在地区权力结构中维持均衡，有利于地区的稳定。

但是，在整合地区观念结构方面，东盟规范遇到了问题。一方面，由于坚持"软制度主义"，东盟规范对地区国家的约束作用非常弱。另一方面，在地区观念结构和权力结构的互动过程中，带有较强洛克文化特征的观念难以深入认知和解读东亚地区权力结构的整合趋势，却容易对两极对立的权力结构和域外权力的影响进行相对悲观的解读。地区观念对地区权力结构的悲观解读显然不利于东盟规范之整合作用的发挥。从经验角度来看，按照芬尼莫尔和斯金克的说法，规范能否成功地整合地区观念取决于两个因素：一是必须有一定数量的国家接受该规范；二是地区内的关键国家必须接受该规范。② 东盟规范所倡导的地区自治、不干涉内政等原则与日本时而奉行的人权至上

---

① 〔美〕亚历山大·温特著，秦亚青译：《国际政治的社会理论》，上海：上海世纪出版集团，2008 年版，第 244～307 页。

② Martha Finnemore and Kathryn Sikkink, "International Norm Dynamics and Political Change", *International Organization* 52, 4, Autumn 1998, p. 901.

理念显然冲突，同时，东盟规范的不使用武力原则与朝鲜的外交风格也明显难容。

对关键国家观念整合的不力，给东盟规范在东亚地区的普及和内化造成了巨大的障碍，使得东盟规范在维护地区稳定方面处于图6-1中的C点附近。东盟规范短时期内有利于维持东亚地区的稳定，但这种稳定非常脆弱，不能消除安全威胁，也不能带来长时期的安全预期。这一结论又诱使我们思考通过强化规范的规定性影响或者强化规范的"合作取向"来增强东盟规范的整合能力。但是，东亚地区的观念结构决定了强化规定性影响之不可能，而观念结构与权力结构的互动极度压缩了"合作取向"规范的生存空间。这些制约因素导致东盟规范在维护东亚地区稳定问题上既作用有限，又调整无方。此东盟规范的困境之三。

如果说东盟规范对东亚地区稳定还是起到了一些积极的作用，可以算作一个相对不坏的选择的话，那么其在推动地区一体化进程方面的作用则更为有限。这就又需要检验东盟规范在东亚地区层次所表现出的一体化导向。由于东亚一体化进程已经启动，在东亚地区层次，我们需要从对主权原则超越程度、排外性特征的强弱以及对制度化水平诉求的高低这三个方面来全面检验东盟规范的一体化导向。需要指出的是，东盟规范中关于国家间行为标准的四条原则不是用来指导地区合作的，因此对排外性和制度没有诉求，故而表6-1的检验仍然有效。此处只需检验"软制度主义""协商一致原则"以及"开放包容原则"即可。通过检验发现，东盟规范关于地区合作的各项原则都没有超越主权至上原则，没有明显的排外性特征，也没有对制度的明确诉求（见表6-2）。

需要注意的是，这三条原则在对主权至上原则坚守的同时却不约而同地对地区排外性没有要求。这一看似矛盾的困惑可以从"二元对立"思维模式那里找到答案。由于"二元对立"思维模式注重"自我"与"他者"的区分，当这一思维模式聚焦到国家层面时，便产生"国内"和"国外"的分野。而"国外"的所有内容对"我"

来说都是"他者"。"地区"开放与否与"我"无关，当然同意开放，"以正视听"。反观各项原则，软制度主义意在保证国家不必让渡主权；协商一致意在"清谈"；开放包容意在"暗度陈仓"。可见，这三条原则都在通过华丽的辞藻来掩饰对主权至上观念的诉求。因此，东盟规范中关于地区合作的三条原则并不比关于处理国家间关系的四条原则具有更强的一体化导向。

表6-2　东盟规范的排外性特征与制度诉求

	对主权观念的超越			排外性特征			制度诉求			综合
	弱	中	强	弱	中	强	弱	中	强	
软制度主义		√		√				√		较弱
协商一致	√			√			√			弱
开放包容	√			√			√			弱

　　东盟规范所塑造的地区稳定的质量不高，其一体化导向也较弱，因此不利于一体化进程。东盟规范对东亚一体化的作用位于图6-2左上方区域中偏下的位置。如果东盟规范保持现有的原则内涵不变，总体来说对东亚地区安全稳定具有正面意义，但不能确保长期稳定，更难以推动地区一体化进程。如果盲目地强化规范的一体化导向，即强化对主权至上观念的超越，强化排外性特征，提高对地区制度的诉求，就相当于"生硬地"将观念结构由"国家主义"扭转向"地区主义"。这在东亚地区权力结构与观念结构的互动情景下难度可想而知。因此，革命似的变革东盟规范将会进一步降低其对地区权力结构和观念结构的整合能力，由图6-1中的C点附近滑向D点附近，从而破坏地区稳定。结果是，强化了一体化导向的规范尚未发挥作用，地区稳定却已经遭到破坏，东盟规范在推动一体化进程方面由图6-2中左上方区域中偏下的位置滑落到左下方的区域。非但不能对一体化进程起到推动作用，而且有可能破坏地区稳定，并最终阻碍一体化的发展。此东盟规范的困境之四。

本章小结

主权观念限定着人们认识和思考世界政治的方式，并通过因果作用和建构作用塑造着国家的身份认同，进而影响着国家的行为。总体而言，主权观念因反对侵略扩张而有利于削弱国家间的防范心理，从而有利于地区的基本稳定和国家间的基本合作。但是，由于各国强烈的自我保护意识以及因之难以彻底消除的彼此防范心理，国家间的深度合作也难以达成。同时，主权观念在价值逻辑上与地区主义理念也难以融合。如此一来，在主权观念的塑造下，国家之间可以摆脱霍布斯文化状态，却难以达到康德文化状态，而是处于洛克文化状态的区间之内。具体而言，主权观念保障中国—东盟合作取得了重大成就，但在深化合作与处理纠纷问题上也逐渐显现出先天的不足。同样，以主权原则为核心内涵的东盟规范在推动地区一体化继续前进的过程中也面临诸多困境。

地区合作与一体化是一个进程，不同发展阶段需要不同的规范支撑。换句话说，规范是需要随着地区一体化的发展而不断发展的。从这个角度来说，以主权原则为核心内涵的东盟规范所面临的困境，源自其适用范围扩大和地区一体化程度加深对规范提出了更高的要求。冷战时期，东盟规范的适用范围仅在东盟内部，其发挥作用的领域也主要限于维持东盟安全稳定。冷战后，特别是东亚一体化进程启动以来，东盟规范一方面在适用范围上向整个东亚地区扩展，另一方面发挥作用的领域也由单纯地维护地区安全稳定向推动地区一体化进程扩展。新的发展阶段里，地域范围的扩大和功能要求的扩展对规范提出了更高更新的要求。因此，无论从哪个层次还是哪项功能来看，东盟规范的困境都聚焦在维护还是超越主权原则的问题上。从这个意义上说，东盟规范遇到困境正是一体化语境下的必然。

但是，困境并非现实主义描绘的那种让人无计可施的绝境，因为面对同样的困境，不同的理论可以给出不同的解读逻辑。换个角度讲，困境正是行为者互动和观念变革的契机和平台。规范与权力的互动，规范与观念、认同的互构，是一个不断冲突与整合的过程。"受困"与"解困"是这一过程的常态，并不必然意味着前景的暗淡。因此，本文此处强调主权观念及东盟规范面临的困境，但不否定其积极作用。深入挖掘这些困境的根源，是为了更准确地把握东亚主权观念及东盟规范的发展脉搏，引导其适时地进行自我改进，以便更好地推动东亚一体化进程。如果说还有其他野心的话，那便是倡导发挥人的主观能动性，有意识地逐步建构兼具"适宜性"与"导向性"的、更为厚重的"东亚规范"。

结 论

一 基本结论

东亚地区的主权观念是东西方价值体系在特定历史情境中激烈竞争的结果,它的生成特征既由价值体系竞争的内在机理决定,又受所处时代外部战略环境的塑造。东西方价值体系的竞争是一个多元、多维的复杂过程,其中最为根本、与国际政治联系最为紧密的要数二者在对个人、国家和行为逻辑的理解等方面的竞争。在东亚传统价值体系中,社会由各种类型的关系构成,人是处于多重社会关系之中、扮演不同角色的"社会人";在西方现代价值体系中,社会由众多的"个体人"组成,个人被视为社会的目的,是一切价值的归宿,个人的权利和自由是最高的价值诉求。在东亚传统价值体系中,"天下"由家庭向外无限延伸而成,"家—国—天下"是对其传统地区秩序最精炼的概括,"国际关系"实际是家庭关系在国际层面的投射;在西方现代价值体系中,国家由个体人组成,世界由个体国家组成,"人—国家—世界"是其世界秩序原理的最精炼概括,"国际关系"实际是在将国家拟人化的前提下,自由主义理念在国际层面的投射。在东亚传统价值体系中,伦理规则偏重责任忽视权利,行为逻辑是相对的,讲究不同情境中的不同角色定位和与之相应的行为逻辑;在西方现代价值体系中,伦理规则偏重权利轻视责任,行为逻辑是绝对的,讲究普适性规则的跨时空运用。在任一价值体系中,这三个维度

280

并非简单的并列关系，对个人与社会之间关系的界定在一定程度上决定了伦理规则的特征，而这两者又进一步决定了世界秩序观的形态。正因如此，西方现代价值体系在这三个维度上对东亚传统价值体系所构成挑战的力度有所不同，对"家—国—天下"的国际秩序原理冲击最为强烈，影响也最为深入；而对"社会人"、责任伦理以及相对主义之行为逻辑的冲击则不像世界观和秩序观那样彻底。

东西价值体系竞争不是在真空中进行的，在价值体系相遇和博弈的过程中，东亚所处战略环境对主权观念的生成起到了非常重要的塑造作用。在东西价值体系竞争过程中，东亚一直处于国际权力结构中的相对弱势地位，争取平等的国际地位是东亚各国共同面临的一个历史命题。这一历史命题的长期存在，对东西方价值体系竞争的三个向度产生了或加强或减弱的作用。首先，争取平等国际地位的历史命题促使西方国际秩序观在挑战东亚传统秩序观时占据了绝对优势。这是因为，对于东亚各国来说，西方现代国际秩序观不仅比东亚传统秩序观有更强的解释力，而且可用来作为争取平等国际地位的强大思想武器。其次，在争取平等国际地位的过程中，东亚各国普遍面临着"救亡"与"启蒙"的双重使命。单从逻辑上看，唤醒个人的权利意识与救亡图存的历史使命并不矛盾，甚至只有唤醒国民的公民意识、改造国民性，才能从根本上增强国家实力。但是在外部环境的强大压力下，东亚各国基本都经历了"救亡"压倒"启蒙"的历史阶段。在救亡图存的历史理性驱使下，国家成为最高的价值诉求，国家独立、民族解放成为拥有最高权威的合法性叙述，东亚各国公民意识的成长随之基本偏向了整体主义一边。如此一来，东亚地区主权观念生成过程中，在对外向度上完全接受了西方主权国家体系所包含的独立、自主、平等等理念，在对内向度上则基本倒向了对主权的整体主义理解，个人权利意识未被彻底唤醒，公民意识亦未培育完满。日本主权观念生成过程中民权与国权的变奏和中国主权观念生成过程中公民意识从整体性到个体性再到阶级性理解的曲折经历均可作为这一论断的有力注脚。

　　当然，东亚各国在传统价值体系和历史经历方面并非整齐划一。这些不同决定了东亚各国主权观念的生成过程也各具特色。日本在其主权观念生成和发展的过程中国力日增，历史上首次获得了超越中国、成为东亚最强国家的机遇。在国家主权缺乏国内"民权"制约的情况下，日本主权观念的对外向度缺乏尊重周边国家的含义。日本在与列强修约的历程中强调的是"万邦林立"的观念，但在处理与周边国家关系时却抛弃了主权观念中"国家彼此平等"的含义，最终效仿西方走上了对外扩张的道路。近代中国与日本有所不同，晚清中国依然抱有"天朝上国"的幻想，当这一幻想破灭后其在东亚依然可称为一大强国，只是随着西方列强侵略的逐步加深和历史上首次败给日本之后，晚清中国才开始彻底觉醒。如果说日本有借学习西方之机制衡甚至赶超中国之企图的话，晚清中国则是在由高度自负转为高度自卑的心理落差下开始向西方学习的。日本完成救亡图存时正值列强争夺瓜分殖民地的时代。完成救亡图存使命的中国面临的则是一个主权原则更为饱满的时代，此时的主权不仅包含"吾之主权不容侵犯"的含义，也包含了"吾亦不侵犯他之主权"的含义。当主权对外向度包含了这双重含义之后，地区秩序的形态也就在一定程度上被框定了。

　　东亚地区主权观念在对外向度上完成"他对我"和"我对他"的双向叙述之后内涵更为完整。这种双向叙述对于地区内部国家来讲，既包含对自身权利的珍视也包含对他国权利的尊重，既意味着对争取本国合法权利的保障也意味着对侵犯他国意图的约束。在这种主权观念的塑造下，东亚地区整体上的安全和稳定得以维持，国家行为相对比较克制，不易出现大规模的冲突和战争。并且，正是在尊重主权原则的前提下，东亚各国间的相互信任得以建立，沟通和交往不断增强。比如，在中国与东南亚国家关系的发展过程中，周恩来主持外交工作时与相关国家妥善处理的双重国籍问题和邓小平主政时期妥善处理的华人共产党问题都遵循了现代主权原则，不仅有力消除了东南亚国家对中国战略意图的疑虑，而且对中国与东南亚各国关系正常化起到了极为重要的作用。冷战后中国—东盟关系的健康迅速发展也是建基于双方对彼此主权的尊重，正是在这一共识之下，中国—东盟自由贸易区得以建成，经贸往来出现滚雪球式的增长。

但是，在促进地区合作进一步发展和推动地区一体化进程方面，主权观念的阻碍作用也日益显现。在维护地区稳定方面，不可否认，主权观念塑造下的各国都珍视自我主权并尊重他者主权，从而有利于维护地区层面的稳定，但是也正因受这一观念的约束，东亚国家或政府间国际组织在某一国家出现政治灾难时往往无法采取有效行动，因而难以有效控制地区的潜在不稳定因素。在促进地区一体化进程方面，由于地区一体化进程的内容既包括经济一体化，也包括政治、文化一体化，因此构建地区认同是地区一体化的题中应有之义。然而，主权观念在价值逻辑上与地区主义观念的冲突又阻碍着地区认同的生成，从而不利于地区一体化进程的深入发展。一些突发性的跨国民事纠纷或历史遗留的领土争端一旦控制不好，就会激发有关国家国内民族主义情绪，从而对国家间关系以及地区合作造成破坏。理性来看，诸如中日、日韩海上争端以及中国同东南亚各国的南海争端不应给各国关系带来如此多的麻烦，但主权观念以及与之相应的民族主义情绪的存在，使得理性态度在这些问题上往往受到严重挤压。

正如温特所言，"国家相互承认主权的原则起到了关键作用，也是国际政治中的双刃剑。相互承认主权保证国家能够相信它们的个体性会受到国际体系中其他成员的尊重，这是友谊的必要条件；但是相互承认主权也会怂使国家以利己或自私的方式思维，这又使友谊很难产生。所以，21 世纪对外政策决策者面临的最大挑战是发现一种方式，既可以相互尊重主权的个体性，同时又可以把各国纳入建立真正的国际共同体的进程。如果国家能够解决个体性和共同体之间的矛盾，就一定会创建一个康德无政府文化的体系"。①

---

① 〔美〕亚历山大·温特著，秦亚青译：《国际政治的社会理论》，《中文版前沿》，上海：上海人民出版社，2004 年版，第 34 页。

二　重构东亚价值叙述

当前东亚地区合作和一体化进程面临的问题，归根结底在于利益难以协调和观念难以整合。因此，要推动东亚地区合作和一体化进程，既要精巧设计合作领域和合作路径，又要探索重构东亚价值观念。然而，无论在东亚合作实践还是在学术研究中，人们基本将精力集中到了第一个方面，即关注东亚秩序中的物质性要素，关注收益考量，而第二个方面却在很大程度上被忽视了。实际上，对于地区合作和一体化进程来讲，利益协调与观念整合缺一不可，东亚地区合作之所以出现流于形式、浮于表面的窘境，深层的根源在于地区共享观念的稀薄和"社会性"不足，主权观念这一极具"反规范性"的地区规范不能持久推动东亚一体化进程。因此，对于东亚各国的知识精英来说，探索突破主权观念、打造厚重的东亚共享观念是一块可资开垦的学术领域，可为东亚合作和一体化进程的坚实推进提供观念基础。

从较为宏观的视角看，当前东亚关于主权观念的争论，是东亚反思现代性、超越现代性弊端的政治体现。对于尚未完成现代化进程的东亚各国来说，突破作为现代性概念之一的主权规范自然颇为不易。但是，从物质因素的发展来看，对主权的突破乃是必然趋势。目前东亚地区对主权的坚守，正是突破主权的压力越来越大使然。对于东亚来说，主权规范必然弱化甚至消解，这是反思和超越现代性弊端的必然趋势。但是，这并不意味着东亚要完全走欧洲的路子。正如现代性并不是唯一可能的生活一样，对现代性的突破也不应仅遵循某一特定的路径。从这个意义上说，如何塑造突破主权规范的东亚话语，对于世界观念的完满性和东亚地区的主体性具有极为重要的意义。在西方语境中，东亚之所以难以突破主权观念，在于其现代性尚未完成，并且东亚突破主权观念的路径必定与西方相同，即经由观念体系中的自由主义和世界主义（以自由主义为支撑）从上下两个方向对主权观念进行挑战来完成。这一说法是有道理的，如果没有更高层次的价值追求，就没有能够挑战主权观念的合法性叙述。但是，这一说法也不可避免地带有根深蒂固的西方中心主义倾向。作为延续了几千年的文明，东亚在解决突破主权观念这一后现代命题时必然会有自身的特征，而这些特征正是东亚各国知识精英所应大力挖掘的。在前文论述的基础上，我们认为，东亚地区在突破主权观念、重构东亚价值叙述上至少可以在三个方面取得不同于西方的成就。这三个方面分别源于东亚传统价值体系中的世界观立场、对人的定位以及关于伦理规则的叙述。

第一，突破主权观念、重构东亚价值叙述需要强调世界的整体性。作为一种世界观，东亚传统价值体系中的"天下观念"在近代遇到西方主权国家体系时受到了重创。但是，这一世界观陷入低潮，与其说是因为世界观本身的局限性，不如说是因为传统制度的落后性。由于古人活动范围有限，"天下无外"的世界观在现实政治层面被作为大一统政治体制的逻辑依据，而在"家—国—天下"秩序遭到西方彻底破坏之后，不但大一统的政治体制遭到了彻底否定，"天下无外"的世界观也遭到了人们的抛弃。然而，这一抛弃毫无疑问是武断的。"天下无外"的世界观是一种对世界的整体性理解，是将我与他、我国与他国、人与其他物种、地球与其他星球均视为一体的一种系统性思维方式。这一思维方式不但强调各个个体的不同角色和功能，同时也强调个体的有限性。在现代化进程中人与自然的矛盾日益凸显的今天，西方社会已经深刻思考人类智慧的有限性，逐渐改变征服自然的想法，这在深层意义上实际正是向"天下无外"世界观的回归。在人与自然的关系上，按照"天下无外"的世界观逻辑，人只是自然生态系统的一个组成部分，人类智慧的最高境界不是追求彻底征服（由于人类智慧的有限，任何欲求征服自然的举动都必然受到自然界的严重惩罚），而是追求人与自然的和谐相处，实现"天人合一"。回到国际政治领域，在国际政治日益演变成世界政治的当今时代，任何行为体都是世界政治的组成部分，都扮演着不同的角色，发挥着不同的功能。在这一态势下，任何一种行为体都不可能彻底支配整个世界政治的运行规律。作为传统国际政治的主要行为体，现代国家必然面临着如何与其他国家、其他行为体和谐相处的问题。按照"天下无外"的系统观点，现代国家只是世界政治的构成要素之一，只是与个人、国际组织、公司、非政府组织同样重要的行为体，他们在这一体系中所扮演角色和所发挥作用只有显性与隐性之分，而没有轻重之别。因此，在整体性的世界政治中，国家理应为其他行为体让渡合理的政治空间，只有这样，各类行为体才能正常运转、和谐相处。如果只有国家这一种行为体起作用，就如同人类欲求彻底征服大自然一样，必然遭到世界政治的惩罚，其形式就是循环反复的战争和冲突。只有将国家视为世界政治构成要素中的一种，将国家主权视为相对而非绝对之物，适当约束国家行为，才能为其他行为体的健康运作和积极性的发挥提供适当的政治空间，才能维持世界政治系统的健康，进而才能维护人类的和平与安全。

第二，突破主权观念、重构东亚价值叙述需强调人的"社会性"。如前文所述，东亚传统价值体系中的人是处于一系列社会关系之中的，是"一切社会关系的总和"。西方现代价值体系中的个人被视为最高的价值追求，国家是实现个人价值的工具，世界也是维护个人权利和自由的手段。不可否认，西方个人本位的价值立场为其突破主权观念提供了价值张力，即个人权利和国家权利的冲突为西方突破主权观念提供了观念动力。但是，这一突破是建立在对抗式思维基础上的。个人与国家是对立的，个人与世界也是对立的，而个人与国家之间、个人与世界之间广阔的社会领域被严重忽略了。实际上，随着社会学学科的创立和不断发展，人们对社会本质的认识不断深化，对社会本体的界定不断革新。在此背景下，将个人与国家二元对立的观念正遭受严厉批判。尽管个体主义和整体主义逻辑在方法论意义上具有永不褪色的价值，但在本体论意义上却存在难以弥合的重大缺陷。毕竟，人是彼此独立的，也是相互依存的，社会由人组成，人也必须生活于社会之中。因此，有意识地对主权学说进行本体论革新，挖掘居于"个人"与"国家"两端之间的广阔的社会领域，可以为理论的发展开拓巨大的空间。当然，这种革新的本体论意义大于方法论意义，可能很难发展出具有较强逻辑性的理论，但仅就本体论这一点而言，其重要意义都难以估量。这是因为，赋予个人与国家之间的中间地带以本体地位可以消弭自我与他人、个人与国家之间的张力关系，创建"社会本体"的国家逻辑。在国家内部，个人与国家间的张力关系被"社会本体"的价值叙述所取代；在国家外部，国家与国家之间的张力关系也被"世界社会"的价值叙述所取代。这无疑是一种更为接近社会事实本质的价值叙述方式。

第三，突破主权观念、重构东亚价值叙述需要强调责任伦理。欧洲自文艺复兴、启蒙运动开始倡导人本主义，强调个人权责对等（事实上，权责对等正是自由主义的本质）。但是，由于自由主义有反愚昧、反专制的历史使命，所以后世的西方文明实际是一个相对更偏重权利而弱化责任的文明。这一特征一直持续到现在，并正在强力侵蚀后发国家。而反观中国，我们传统伦理价值体系中个人是缺位的，因而强调义务、强调责任、强调自我反思，忽视个人权利。儒家传统的这一价值逻辑最为经典的概括就是"反求诸己"。在今天的世界，在权利逻辑具有至高无上合法性地位的情况下，将"反求诸己"的责任逻辑和反思意识注入世界文明之中是必要的，这有利于世界文明的均衡性和包容性成长。具体到国际关系领域，当今依然占主流地位的主权原则实际是自由主义逻辑在国际政治领域的一种投射。这一规范只不过是将国家拟人化，强调国家权利不可侵犯。与在其他领域一样，人们关于国际关系的价值观念中也是偏重权利而弱化责任的。尽管外交辞令中关于国际义务的说法渐趋增多，甚至冠冕堂皇，但关于责任的价值逻辑依然虚幻也是不争的事实。因此"反求诸己"的价值逻辑同样可以用于国际政治的价值叙述，它有利于更平衡地进行关于国家权利与责任相对等的价值叙述。如果"国家天生具有国际责任"能够在人们意识中拥有与"主权不可侵犯"同样的地位，那么国家间关系中的张力就会不断弱化，而更多地表现为和谐状态。

文明是相对的，文明差异的本质在于对或互补或冲突之价值的不同排序。世界文明健康发展的标准不是将某一价值发挥到极致，而是更为包容地接纳新的价值要素和更为成功地处理相互冲突价值间的平衡问题。拥有光辉灿烂历史的东亚文明，理应给出突破主权观念的主体性价值叙述方式，为世界文明的健康平稳发展注入新的制衡性价值要素！

参考文献

一　中文部分

著作

〔俄〕A.Ⅱ.茨冈科夫、Ⅱ.A.茨冈科夫著，刘再起译：《国际关系社会学》，武汉：武汉大学出版社，2007年版。

〔法〕阿尔弗雷德·格罗塞著，王鲲译：《身份认同的困境》，北京：社会科学文献出版社，2010年版。

〔加〕阿米塔·阿查亚著，王正毅等译：《建构安全共同体：东盟与地区秩序》，上海：上海人民出版社，2004年版。

〔英〕阿诺德·汤因比著，郭小凌等译：《历史研究》，上海：上海世纪出版集团，2010年版。

〔英〕爱德华·卡尔著，秦亚青译：《20年危机（1919－1949）：国际关系研究导论》，北京：世界知识出版社，2005年版。

〔美〕埃德温·O.赖肖尔、马里厄斯·B.詹森著，孟德胜、刘文涛译：《当今日本人：变化及其连续性》，上海：上海译文出版社，1998年版。

〔英〕安东尼·吉登斯著，李康译：《社会学》（第五版），北京：北京大学出版社，2010年版。

〔英〕安东尼·吉登斯著，李康等译：《社会的构成》，北京：三联书店，1998年版。

〔英〕巴瑞·布赞等著，朱宁译：《新安全论》，杭州：浙江人民出版社，2003年版。

〔英〕巴里·布赞、理查德·利特尔著，刘德斌主译：《世界历史中的国际体系——国际关系研究的再建构》，北京：高等教育出版社，2004 年版。

〔英〕巴里·布赞、奥利·维夫著，潘忠岐等译：《地区安全复合体与国际安全结构》，上海：上海世纪出版集团，2010 年版。

〔日〕坂本太郎著，汪向荣等译：《日本史》，北京：中国社会科学出版社，2008 年版。

〔法〕邦雅曼·贡斯当著，阎克文译：《古代人的自由与现代人的自由》，上海：上海人民出版社，2005 年版。

〔美〕本尼迪克特·安德森著，吴叡人译：《想象的共同体：民族主义的起源与散布》，上海：上海世纪出版集团，2008 年版。

〔美〕彼得·伯格、托马斯·卢克曼著，汪涌译：《现实的社会建构》，北京：北京大学出版社，2009 年版。

〔美〕彼得·卡赞斯坦著，李小华译：《文化规范与国家安全——日本警察与自卫队》，北京：新华出版社，2002 年版。

〔美〕彼得·卡赞斯坦、罗伯特·基欧汉、斯蒂芬·克拉斯纳编，秦亚青等译：《世界政治理论的探索与争鸣》，上海：上海世纪出版集团，2006 年版。

〔美〕彼得·卡赞斯坦主编，秦亚青等译：《地区构成的世界：美国帝权中的亚洲和欧洲》，北京：北京大学出版社，2007 年版。

〔美〕彼得·卡赞斯坦主编，宋伟等译：《国家安全的文化：世界政治中的规范与认同》，北京：北京大学出版社，2009 年版。

〔日〕滨下武志著，王玉茹等译：《中国、东亚与全球经济：区域和历史的视角》，北京：社会科学文献出版社，2009 年版。

〔古希腊〕柏拉图著，郭斌和、张竹明译：《理想国》，北京：商务印书馆，1986 年版。

蔡元培：《蔡元培全集》，北京：中华书局，1984 年版。

曹正汉：《观念如何塑造制度》，上海：上海人民出版社，2005 年版。

〔美〕查尔斯·蒂利著，谢岳译：《身份、边界与社会联系》，上海：上海世纪出版集团，2008 年版。

陈独秀：《陈独秀著作选》，上海：上海人民出版社，1993年版。

陈峰君、祁建华主编：《新地区主义与东亚合作》，北京：中国经济出版社，2007年版。

陈乐民、周弘：《欧洲文明的进程》，北京：三联书店，2003年版。

陈秀武：《近代日本国家意识的形成》，北京：商务印书馆，2008年版。

陈序经著，张世保译：《现代主权论》，北京：清华大学出版社，2010年版。

陈衍德：《对抗、适应与融合——东南亚的民族主义与族际关系》，长沙：岳麓书社，2004年版。

陈永森：《告别臣民的尝试——清末民初的公民意识与公民行为》，北京：中国人民大学出版社，2004年版。

陈勇：《新区域主义与东亚经济一体化》，北京：社会科学文献出版社，2006年版。

陈玉刚：《国家与超国家：欧洲一体化理论比较研究》，上海：上海人民出版社，2001年版。

〔日〕大畑笃四郎著，梁云祥等译：《简明日本外交史》，北京：世界知识出版社，2009年版。

〔英〕戴维·赫尔德等著，童新耕译：《驯服全球化》，上海：上海世纪出版集团，2005年版。

〔意〕但丁著，朱虹译：《论世界帝国》，北京：商务印书馆，1985年版。

〔英〕丹尼·卡瓦拉罗著，张卫东等译：《文化理论关键词》，南京：江苏人民出版社，2006年版。

〔美〕丹尼尔·贝尔著，严蓓雯译：《资本主义文化矛盾》，南京：江苏人民出版社，2010年版。

〔法〕蒂埃里·德·蒙布里亚尔著，庄晨燕译：《行动与世界体系》，北京：北京大学出版社，2007年版。

〔法〕E. 迪尔凯姆著，狄玉明译：《社会学方法的准则》，北京：商务印书馆，1995 年版。

〔美〕费正清编，杜继东译：《中国的世界秩序：传统中国的对外关系》，北京：中国社会科学出版社，2010 年版。

费孝通：《乡土中国》，上海：上海人民出版社，2007 年版。

〔美〕弗朗西斯·福山著，黄胜强等译：《历史的终结及最后之人》，北京：中国社会科学出版社，2008 年版。

〔美〕弗朗西斯·福山著，刘榜离等译：《大分裂：人类本性与社会秩序的重建》，北京：中国社会科学出版社，2008 年版。

〔英〕弗里德里希·奥古斯特·哈耶克著，王明毅等译：《通往奴役之路》，北京：中国社会科学出版社，1987 年版。

高尚涛：《国际关系的权力与规范》，北京：世界知识出版社，2008 年版。

耿协峰：《新地区主义与亚太地区结构变动》，北京：北京大学出版社，2003 年版。

郭树勇：《大国成长的逻辑：西方大国崛起的国际政治社会学分析》，北京：北京大学出版社，2006 年版。

〔德〕哈贝马斯著，曹卫东等译：《现代性的哲学话语》，南京：译林出版社，2004 年版。

〔美〕汉斯·摩根索著，徐昕等译：《国家间政治：权力斗争与和平》，北京：北京大学出版社，2007 年版。

韩昇：《东亚世界形成史论》，上海：复旦大学出版社，2009 年版。

何芳川：《古今东西之间：何芳川讲中外文化》，桂林：广西师范大学出版社，2008 年版。

〔美〕何伟亚著，邓常春译：《怀柔远人：马嘎尔尼使华的中英礼仪冲突》，北京：社会科学文献出版社，2002 年版。

贺圣达：《东南亚文化发展史》，昆明：云南人民出版社，2011 年版。

〔美〕赫伯特·马尔库塞著，刘继译：《单向度的人：发达工业社会意识形态研究》，上海：上海译文出版社，2006 年版。

〔英〕赫德利·布尔著，张小明译：《无政府社会——世界政治秩序研究》，北京：世界知识出版社，2003 年版。

〔德〕黑格尔著，范扬等译：《法哲学原理》，北京：商务印书馆，1982 年版。

〔美〕亨利·基辛格著，顾淑馨等译：《大外交》，海口：海南出版社，1998 年版。

侯钧生主编《西方社会学理论教程》（第二版），天津：南开大学出版社，2006 年版。

〔英〕霍布豪斯著，朱曾汶译：《自由主义》，北京：商务印书馆，2010 年版。

〔英〕霍布斯著，黎思复等译，杨昌裕校：《利维坦》，北京：商务印书馆，1985 年版。

〔英〕霍尔：《东南亚史》，北京：商务印书馆，1982 年版。

〔日〕吉泽清次郎主编《战后日美关系》，上海：上海人民出版社，1977 年版。

翦伯赞主编《中国史纲要》，北京：人民出版社，1994 年修订版。

金灿荣主编《多边主义与东亚合作》，北京：当代世界出版社，2006 年版。

〔日〕井上清、尚永清：《日本的军国主义》（第二册），北京：商务印书馆，1958 年版。

〔英〕卡尔·波普尔著，杜汝楫、戴雅民译：《开放社会及其敌人》，山西高校联合出版社，1992 年版。

〔美〕克利福德·格尔茨著，韩莉编译：《文化的解释》，南京：译林出版社，1999 年版。

〔美〕肯尼思·沃尔兹著，信强译：《国际政治理论》，上海：上海人民出版社，2003 年版。

〔美〕莉萨·马丁、贝思·西蒙斯编，黄仁伟等译：《国际制度》，上海：上海人民出版社，2006年版。

李大钊：《李大钊文集》，北京：人民出版社，1984年版。

李强：《自由主义》，长春：吉林出版集团有限责任公司，2007年版。

李文：《东亚合作的文化成因》，北京：世界知识出版社，2005年版。

李泽厚：《中国现代思想史论》，北京：东方出版社，1987年版。

梁漱溟：《中国文化的命运》，北京：中信出版社，2010年版。

梁漱溟：《中国文化要义》，上海：上海世纪出版集团，2011年版。

梁启超：《饮冰室文集点校》，昆明：云南教育出版社，2001年版。

梁英明：《东南亚史》，北京：人民出版社，2010年版。

梁志明等著《古代东南亚历史与文化研究》，北京：昆仑出版社，2007年版。

〔美〕约瑟夫·列文森著，郑大华、任菁译：《儒教中国及其现代命运》，北京：中国社会科学出版社，2000年版。

〔法〕卢梭著，何兆武译：《社会契约论》，北京：商务印书馆，2003年版。

〔美〕露丝·本尼狄克特著，北塔译：《菊与刀——日本文化面面观》，上海：上海三联书店，2010年版。

卢光盛：《地区主义与东盟经济合作》，上海：上海辞书出版社，2008年版。

〔美〕罗伯特·A.埃里克森著，苏力译：《无需法律的秩序——邻人如何解决纠纷》，北京：中国政法大学出版社，2003年版。

〔美〕罗伯特·阿克塞尔罗德著，吴坚忠译：《合作的进化》，上海：上海世纪出版集团，2009年版。

〔美〕罗伯特·阿克塞尔罗德著，梁捷等译：《合作的复杂性：

基于参与者竞争与合作的模型》，上海：上海世纪出版集团，2008年版。

〔美〕罗伯特·吉尔平著，宋新宁等译：《世界政治中的战争与变革》，上海：上海人民出版社，2007年版。

〔美〕罗伯特·基欧汉著，门洪华译：《局部全球化世界中的自由主义、权力与治理》，北京：北京大学出版社，2004年版。

〔美〕罗伯特·基欧汉、海伦·米尔纳主编，姜鹏等译：《国际化与国内政治》，北京：北京大学出版社，2005年版。

〔美〕罗伯特·基欧汉、约瑟夫·奈著，门洪华译：《权力与相互依赖》，北京：北京大学出版社，2005年版。

〔美〕罗伯特·基欧汉著，苏长和译：《霸权之后：世界政治经济中的合作与纷争》，上海：上海人民出版社，2006年版。

〔美〕罗伯特·基欧汉主编，郭树勇译：《新现实主义及其批判》，北京：北京大学出版社，2007年版。

〔美〕罗伯特·杰维斯著，秦亚青译：《国际政治中的知觉与错误知觉》，北京：世界知识出版社，2003年版。

罗艳华：《国际关系中的主权与人权：对两者关系的多维透视》，北京：北京大学出版社，2005年版。

〔英〕洛克著，叶启芳等译：《政府论》（下篇），北京：商务印书馆，1964年版。

〔美〕玛格丽特·E. 凯克、凯瑟琳·辛金克著，韩召颖等译：《超越国界的活动家：国际政治中的倡议网络》，北京：北京大学出版社，2005年版。

〔英〕马丁·雅克著，张莉等译：《当中国统治世界》，北京：中信出版社，2010年版。

〔德〕马克斯·韦伯著，阎克文译：《经济与社会》，上海：上海人民出版社，2010年版。

〔德〕马克斯·韦伯著，康乐等译：《韦伯作品集XII：新教伦理与资本主义精神》，桂林：广西师范大学出版社，2007年版。

〔美〕玛莎·费丽莫著，袁正清译：《国际社会中的国家利益》，杭州：浙江人民出版社，2001 年版。

〔美〕玛莎·芬尼莫尔著，袁正清译：《干涉的目的：武力使用信念的变化》，上海：上海世纪出版集团，2009 年版。

〔美〕迈克尔·巴内特、玛莎·芬尼莫尔著，薄燕译：《为世界定规则：全球政治中的国际组织》，上海：上海人民出版社，2009 年版。

〔美〕曼纽尔·卡斯特著，曹荣湘译：《认同的力量》（第二版），北京：社会科学文献出版社，2006 年版。

〔美〕曼瑟尔·奥尔森著，陈郁等译：《集体行动的逻辑》，上海：上海人民出版社，2006 年版。

〔新加坡〕梅利·卡拉贝若－安东尼等编著，段青编译：《安全化困境：亚洲的视角》，杭州：浙江大学出版社，2010 年版。

〔法〕孟德斯鸠著，张雁深译：《论法的精神》（下），北京：商务印书馆，1987 年版。

米庆余：《日本近现代外交史》，北京：世界知识出版社，2010 年版。

〔美〕米歇尔·沃尔德罗德著，陈玲译：《复杂——诞生于秩序与混沌边缘的科学》，北京：三联书店，1997 年版。

〔新西兰〕尼古拉斯·塔林著，贺圣达等译：《剑桥东南亚史》，昆明：云南人民出版社，2003 年版。

〔意〕尼科洛·马基雅维里著，潘汉典译：《君主论》，北京：商务印书馆，1985 年版。

潘一禾：《文化与国际关系》，杭州：浙江大学出版社，2005 年版。

〔瑞士〕皮亚杰著，倪连生等译：《结构主义》，北京：商务印书馆，1984 年版。

〔英〕齐格蒙特·鲍曼著，欧阳景根译：《共同体》，南京：江苏人民出版社，2007 年版。

〔英〕齐格蒙特·鲍曼著，郑莉译：《作为实践的文化》，北京：北京大学出版社，2009 年版。

〔美〕乔纳森·弗里德曼著，周宪等译：《文化认同与全球性过程》，北京：商务印书馆，2004 年版。

〔美〕乔万尼·阿里吉、〔日〕滨下武志、〔美〕马克·塞尔登主编，马援译：《东亚的复兴：以 500 年、150 年和 50 年为视角》，北京：社会科学文献出版社，2006 年版。

〔美〕乔治·萨拜因著，〔美〕托马斯·索尔森修订，邓正来译：《政治学说史》（第四版）（上卷），上海：上海人民出版社，2010 年版。

秦亚青：《霸权体系与国际冲突——美国在国际武装冲突中的支持行为（1945 ~ 1988）》，上海：上海人民出版社，1999 年版。

秦亚青：《权力·制度·文化：国际关系理论与方法论文集》，北京：北京大学出版社，2005 年版。

秦亚青主编《文化与国际社会：建构主义国际关系理论研究》，北京：世界知识出版社，2006 年版。

秦亚青主编《东亚地区合作：2009》，北京：经济科学出版社，2010 年版。

〔法〕让·博丹著，朱利安·H. 富兰克林编，李卫海等译：《主权论》，北京：北京大学出版社，2008 年版。

〔美〕入江昭著，颜子龙等译：《全球共同体——国际组织在当代世界形成中的角色》，北京：社会科学文献出版社，2009 年版。

〔美〕塞缪尔·亨廷顿著，周琪译：《文明的冲突与世界秩序的重建》，北京：新华出版社，2010 年版。

〔美〕塞缪尔·亨廷顿著，程克雄译：《我们是谁？——美国国家特性面临的挑战》，北京：新华出版社，2005 年版。

时殷弘：《新趋势 新格局 新规范》，北京：法律出版社，2000 年版。

〔英〕斯当东著，叶笃义译：《英使谒见乾隆纪实》，北京：商务印书馆，1965 年版。

〔美〕斯蒂芬·范埃弗拉著，陈琪译：《政治学研究方法指南》，北京：北京大学出版社，2005 年版。

〔德〕迪特·森格哈斯著，张文武译：《文明内部的冲突与世界秩序》，北京：新华出版社，2004 年版。

宋成有：《新编日本近代史》，北京：北京大学出版社，2006 年版。

〔美〕T. 帕森斯著，梁向阳译：《现代社会的结构与过程》，北京：光明日报出版社，1988 年版。

〔美〕涛慕思·博格著，刘莘等译：《康德、罗尔斯与全球正义》，上海：上海译文出版社，2010 年版。

〔法〕托克维尔著，董果良译：《论美国的民主》，北京：商务印书馆，1993 年版。

〔美〕托马斯·埃特曼著，郭台辉译：《利维坦的诞生：中世纪及现代早期欧洲的国家与政权建设》，上海：上海人民出版社，2010 年版。

〔美〕托马斯·谢林著，王永钦等译：《承诺的策略》，上海：上海世纪出版集团，2009 年版。

闻一多：《神话与诗》，上海：上海世纪出版集团，2005 年版。

王沪宁：《国家主权》，北京：人民出版社，1987 年版。

王新生：《日本简史》，北京：北京大学出版社，2005 年版。

王正毅：《边缘地带发展论——世界体系与东南亚的发展》，上海：上海人民出版社，1997 年版。

王正毅、〔美〕迈尔斯·卡勒、〔日〕高木诚一郎主编《亚洲区域合作的政治经济分析：制度建设、安全合作与经济增长》，上海：上海人民出版社，2007 年版。

〔美〕温都尔卡·库芭科娃、尼古拉斯·奥鲁夫、保罗·科维特主编，肖锋译：《建构世界中的国际关系》，北京：北京大学出版社，2006 年版。

〔美〕威廉·W. 凯勒、托马斯·G. 罗斯基编，刘江译：《中国的崛起与亚洲的势力均衡》，上海：上海人民出版社，2010 年版。

吴志攀、李玉主编《东亚的价值》，北京：北京大学出版社，2010 年版。

王逸舟主编《国际政治理论与战略前沿问题》，北京：社会科学文献出版社，2007 年版。

夏光：《东亚现代性与西方现代性：从文化的角度看》，北京：三联书店，2005 年版。

辛旗：《诸神的争吵：国际冲突中的宗教根源》，北京：华艺出版社，2011 年版。

肖欢容：《地区主义：理论的历史演进》，北京：中国传媒大学出版社，2003 年版。

肖欢容主编：《和平的地理学——中国学者论东亚地区主义》，北京：中国传媒大学出版社，2005 年版。

肖佳灵：《国家主权论》，北京：时事出版社，2003 年版。

〔美〕小查尔斯·爱德华·梅里亚姆著，毕洪海译：《卢梭以来的主权学说史》，北京：法律出版社，2006 年版。

谢立中主编《西方社会学名著提要》，南昌：江西人民出版社，1998 年版。

信夫清三郎编，天津社会科学院日本问题研究所译：《日本外交史》，北京：商务印书馆，1980 年版。

〔日〕信夫清三郎著，吕万和等译：《日本政治史》，上海：上海译文出版社，1988 年版。

〔美〕熊玠著，余逊达等译：《无政府状态与世界秩序》，杭州：浙江人民出版社，2001 年版。

〔美〕许烺光著，薛刚译：《宗族·种姓·俱乐部》，北京：华夏出版社，1990 年版。

〔美〕许田波著，徐进译：《战争与国家形成：春秋战国与近代早期欧洲之比较》，上海：上海人民出版社，2009 年版。

徐大同：《西方政治思想史》，天津：天津教育出版社，2005年版。

〔美〕亚历山大·温特著，秦亚青译：《国际政治的社会理论》，上海：上海人民出版社，2004年版。

〔古希腊〕亚里士多德著，吴寿彭译：《政治学》，北京：商务印书馆，1965年版，2010年印刷。

严复：《严复集》，北京：中华书局，1986年版。

阎学通、孙学峰：《国际关系研究实用方法》，北京：人民出版社，2001年版。

阎学通、周方银主编《东亚安全合作》，北京：北京大学出版社，2004年版。

阎学通、金德湘主编《东亚和平与安全》，北京：时事出版社，2005年版。

阎学通、徐进等著《王霸天下思想及启迪》，北京：世界知识出版社，2009年版。

杨昭全：《韩国文化史》，济南：山东大学出版社，2009年版。

姚勤华：《欧洲联盟集体身份的建构（1951～1995）》，上海：上海社会科学院出版社，2003年版。

〔日〕依田熹家著，卞立强等译：《简明日本通史》，上海：上海远东出版社，2004年版。

〔德〕伊曼努尔·康德著，何兆武译：《永久和评论》，上海：上海世纪出版集团，2005年版。

〔德〕伊曼努尔·康德著，邓晓芒译：《纯粹理性批判》，北京：人民出版社，2004年版。

伊姆雷·拉卡托斯著，兰征译：《科学研究纲领方法论》，上海：上海译文出版社，2005年版。

尹继武：《社会认知与联盟信任形成》，上海：上海人民出版社，2009年版。

〔德〕尤尔根·哈贝马斯著，刘北成等译：《合法化危机》，上海：上海世纪出版集团，2009 年版。

俞新天：《掌握国际关系密钥：文化、软实力与中国对外战略》，上海：上海人民出版社，2010 年版。

袁正清：《国际政治的社会学转向：建构主义研究》，上海：上海人民出版社，2005 年版。

〔英〕约翰·格雷著，曹海军等译：《自由主义》，吉林：吉林人民出版社，2005 年版。

〔澳大利亚〕约翰·芬斯顿主编，张锡镇等译：《东南亚政府与政治》，北京：北京大学出版社，2007 年版。

〔英〕约翰·霍夫曼著，陆彬译：《主权》，长春：吉林人民出版社，2005 年版。

〔美〕约翰·米尔斯海默著，王义桅等译：《大国政治的悲剧》，上海：上海世纪出版集团，2004 年版。

〔美〕约翰·R. 塞尔著，李步楼译：《社会实在的建构》，上海：上海世纪出版集团，2008 年版。

〔美〕约瑟夫·拉彼得、弗里德里希·克拉托赫维尔主编，金烨译：《文化和认同：国际关系回归理论》，杭州：浙江人民出版社，2003 年版。

〔美〕约瑟夫·奈著，张小明译：《理解国际冲突：理论与历史》，上海：上海世纪出版集团，2005 年版。

〔美〕约瑟夫·奈著，吴晓辉等译：《软权力：世界政坛成功之道》，北京：东方出版社，2005 年版。

〔美〕约瑟夫·奈著，门洪华译：《硬权力与软权力》，北京：北京大学出版社，2005 年版。

〔美〕约瑟夫·R. 斯特雷耶著，华佳等译：《现代国家的起源》，上海：上海人民出版社（格致出版社），2011 年版。

臧运祜：《近代日本亚太政策的演变》，北京：北京大学出版社，2009 年版。

〔美〕詹姆斯·德·代元著，秦治来译：《国际关系理论批判》，杭州：浙江人民出版社，2003 年版。

〔美〕詹姆斯·多尔蒂、小罗伯特·普法尔茨格拉夫著，阎学通等译：《争论中的国际关系理论》，北京：世界知识出版社，2004 年版。

〔美〕詹姆斯·N. 罗西瑙主编，张胜军等译：《没有政府的治理》，南昌：江西人民出版社，2001 年版。

〔美〕詹姆斯·S. 科尔曼著，邓芳译：《社会理论的基础》，北京：社会科学文献出版社，1992 年版。

〔美〕张灏著，崔志海等译：《梁启超与中国思想的过渡（1890～1907）烈士精神与批判意识》，北京：新星出版社，2006 年版。

张旺：《国际政治的道德基础：国际关系规范理论研究》，南京：南京大学出版社，2010 年版。

张云：《国际政治中"弱者"的逻辑——东盟与亚太地区大国关系》，北京：社会科学文献出版社，2010 年版。

张小明：《国际关系英国学派——历史、理论与中国观》，北京：人民出版社，2010 年版。

张宇燕、高程：《美洲金银和西方世界的兴起》，北京：中信出版社，2004 年版。

赵汀阳：《天下体系——世界制度哲学导论》，南京：江苏教育出版社，2005 年版。

赵汀阳：《坏世界研究——作为第一哲学的政治哲学》，北京：中国人民大学出版社，2009 年版。

郑晓云：《文化认同论》，北京：中国社会科学出版社，2008 年版。

〔美〕朱迪斯·戈尔茨坦、罗伯特·O. 基欧汉编，刘东国等译：《观念与外交政策》，北京：北京大学出版社，2005 年版。

朱锋：《国际关系理论与东亚安全》，北京：中国人民大学出版社，2007 年版。

朱锋、〔美〕罗伯特·罗斯主编《中国崛起：理论与政策的视角》，上海：上海人民出版社，2008年版。

朱立群、王帆主编《东亚地区合作与中美关系》，北京：世界知识出版社，2006年版。

朱雍：《不愿打开的中国大门：18世纪的外交与中国命运》，南昌：江西人民出版社，1989年版。

资中筠：《启蒙与中国社会转型》，北京：社会科学文献出版社，2011年版。

文章

包霞琴：《日本的东亚秩序观与"东亚共同体"构想》，载《国际观察》2004年第4期。

陈琪、黄宇兴：《国际干涉的规范维度》，载《世界经济与政治》2009年第4期。

陈嘉明：《理性与现代性——兼论当代中国现代性的建构》，载《厦门大学学报（社会科学版）》2004年第5期。

但兴悟：《从马嘎尔尼使华看国际体系之争》，《国际政治科学》2006年第2期。

但兴悟：《"天下兴亡，匹夫有责"的再诠释与中国近代民族国家意识的生成》，载《世界经济与政治》2006年第10期。

邓仕超：《日本官方有关东亚共同体的认识、行为及其评述》，载《东南亚研究》2007年第3期。

丁韶彬：《社会化视角下世界银行与中国的关系》，载《教学与研究》2008年第9期。

董青岭：《现实建构主义与自由建构主义：一种研究纲领内部的分化》，载《世界经济与政治》2008年第12期。

段霞、羌建新：《东亚安全共同体路径探讨》，载《现代国际关系》2007年第6期。

范勇鹏：《欧洲认同的形成——一个新制度主义的解释》，载《世界经济与政治》2008年第2期。

方长平：《国家利益分析的建构主义视角》，载《教学与研究》

2002 年第 6 期。

方长平：《西方战略文化研究：从文化主义到建构主义》，载《国际论坛》2004 年第 5 期。

冯朝奎：《建设东亚共同体的十大关键因素》，载《外交评论》2005 年第 8 期。

高尚涛：《理想主义、现实主义、自由主义与规范研究》，载《外交评论》2005 年第 5 期。

葛志毅：《梁启超的民族主义研究与近代化的学术文化思潮》，载《学习与探索》1999 年第 2 期。

耿协峰：《地区主义的本质特征——多样性及其在亚太的表现》，载《国际经济评论》2002 年第 1 期。

耿协峰：《新地区主义的核心价值》，载《国际经济评论》2004 年第 2 期。

郭树勇：《论国际政治社会化对国际社会发展的推动作用》，载《国际观察》2006 年第 2 期。

〔美〕哈里·哈丁：《国际关系中的价值与规范》，载《欧洲研究》2006 年第 6 期。

韩召颖：《美国研究中几个值得关注的问题》，载《教学与研究》2006 年第 8 期。

〔瑞典〕赫特、索德伯姆：《地区主义崛起的理论阐释》，载《世界经济与政治》2000 年第 1 期。

郇庆治：《欧洲早期一体化理论：社会与文化向度》，载《欧洲》2000 年第 3 期。

黄超：《建构主义视野下的国际规范扩散》，载《外交评论》2008 年第 8 期。

胡慧敏：《无政府状态下的国际制度的效用》，载《国际论坛》2004 年第 2 期。

惠耕田：《限制权力，为规范开辟空间——克氏规范建构主义研究》，载《国际政治研究》2005 年第 4 期。

贾庆国：《国际行为规范与亚太地区的安全与稳定》，载《国际政治研究》1997 年第 2 期。

贾烈英：《国际制度的有效性：以联合国为例》，载《国际政治科学》2006 年第 1 期。

江瑞平：《构建中的东亚共同体：经济基础与政治障碍》，载《世界经济与政治》2004 年第 9 期。

江瑞平：《当前东亚金融合作形势评估与建议》，载《外交评论》2007 年第 3 期。

焦世新：《中国融入国际人权两公约的进程与美国的对华政策》，载《复旦学报（社会科学版）》2007 年第 4 期。

金太军：《五四前后民主未能在中国扎根原因探析》，载《人文杂志》1997 年第 4 期。

〔美〕卡赞斯坦：《区域主义与亚洲》，载《世界经济与政治》2000 年第 10 期。

康晓：《利益认知与国际规范的国内化——以中国对国际气候合作规范的内化为例》，载《世界经济与政治》2010 年第 1 期。

李恒：《东亚区域合作：双边自由贸易协定还是区域经济一体化?》，载《当代亚太》2005 年第 1 期。

李开盛：《世界主义和社群主义——国际关系规范理论两种思想传统及其争鸣》，《现代国际关系》2006 年第 12 期。

李开盛：《从基础主义到反基础主义——后现代语境下国际关系规范理论面临的挑战及分析》，《国际论坛》2007 年第 3 期。

李开盛、颜琳：《人的概念与国际关系规范理论的构建》，《世界经济与政治》2009 年第 3 期。

李鹏程：《论文化哲学的形上建构》，载《新华文摘》2008 年第 2 期，总第 398 期。

李荣林：《中国—东盟自由贸易区与东亚区域经济一体化》，载《当代亚太》2005 年第 8 期。

李晓燕：《试析国际制度的作用及其局限》，载《国际关系学院学报》2003 年第 6 期。

廖晓淇：《推进投资合作共享地区繁荣》，载《外交评论》2007 年第 4 期。

林永亮：《地区一体化语境中的东盟规范困境》，载《世界经济与政治》2010 年第 7 期。

林永亮：《全球治理的规范缺失与规范建构》，载《世界经济与政治论坛》2011 年第 1 期。

刘昌明、李昕蕾：《地区主义与东亚秩序的转型趋向》，载《东北亚论坛》2007 年第 5 期。

刘昌明：《双边同盟体系制约下的东亚地区主义：困境与趋向》，载《当代世界社会主义问题》2011 年第 1 期。

刘昌明：《地区主义对东亚双边同盟体系的挑战及美国的应对战略》，载《山东社会科学》2011 年第 5 期。

刘宏松：《跨国社会运动及其政策议程的有效性分析》，载《现代国际关系》2003 年第 10 期。

刘江永：《日本的"东亚共同体"战略初析——兼评"日本国际论坛"呈小泉首相的两份献策报告》，载《日本学刊》2004 年第 3 期。

刘少华：《论东盟在东亚区域合作中的领导能力》，载《当代亚太》2007 年第 9 期。

刘力：《试论西方国际关系理论演进的理性主义基础》，载《世界经济与政治》2006 年第 7 期。

刘兴华：《地区认同与东亚地区主义》，载《现代国际关系》2004 年第 5 期。

刘兴华：《东亚共同体：构想与进程》，载《东南亚研究》2006 年第 1 期。

刘兴华：《国际道义与中国外交》，载《外交评论》2007 年第 6 期。

刘兴华：《试析国家社会化的演进》，载《外交评论》2009 年第

3 期。

　　刘泽华：《从臣民意识向公民意识的转变》，载《炎黄春秋》
2009 年第 4 期。

　　刘贞晔：《国家的社会化、非政府组织及其理论解释范式》，载
《世界经济与政治》2005 年第 1 期。

　　柳思思：《从规范进化到规范退化》，载《当代亚太》2010 年第
3 期。

　　陆建人：《从东盟一体化进程看东亚一体化方向》，载《当代亚
太》2008 年第 1 期。

　　潘亚玲：《安全化、国际合作与国际规范的动态发展》，载《外
交评论》2006 年第 3 期。

　　潘亚玲：《国际规范的生命周期与安全化理论——以艾滋病被安
全化为国际威胁为例》，载《欧洲研究》2007 年第 4 期。

　　蒲晓宇：《中国与国际秩序再思考：一种政治社会学的视角》，
载《世界经济与政治》2010 年第 1 期。

　　秦亚青、王燕：《建构共同体的东亚模式》，载《外交评论》
2004 年第 4 期。

　　秦亚青：《现实主义理论的发展及其批判》，载《国际政治科学》
2005 年第 2 期。

　　秦亚青：《国际关系理论的核心问题与中国学派的生成》，载
《中国社会科学》2005 年第 3 期。

　　秦亚青、朱立群：《新国际主义与中国外交》，载《外交评论》
2005 年第 5 期。

　　秦亚青：《东亚共同体建设进程和美国的作用》，载《外交评论》
2005 年第 6 期。

　　秦亚青：《建构主义：思想渊源、理论流派与学术理念》，载
《国际政治研究》2006 年第 3 期。

　　秦亚青、魏玲：《结构、进程与权力的社会化——中国与东亚地
区合作》，载《世界经济与政治》2007 年第 3 期。

秦亚青：《关系本位与过程建构——将中国理念植入国际关系理论》，载《中国社会科学》2009 年第 3 期。

任晓：《第五种权力——美国思想库的成长、功能及运作机制》，载《现代国际关系》2000 年第 7 期。

任晓：《论主权的起源》，载《欧洲研究》2004 年第 5 期。

邵永玲：《什么是 20 世纪的国际关系——〈新趋势 新格局 新规范〉评介》，载《欧洲》2001 年第 1 期。

石斌：《有效制裁与"正义制裁"——论国际经济制裁的政治动因与伦理维度》，载《世界经济与政治》2010 年第 8 期。

时殷弘：《中西伦理传统与当代国际干涉》，载《学术界》2000 年第 4 期。

时殷弘：《现代国际社会共同价值观念——从基督教社会到当代全球国际社会》，载《国际论坛》2000 年第 2 期。

时殷弘：《论 20 世纪国际规范体系——一项侧重于变更的研究》，载《国际论坛》2000 年第 6 期。

时殷弘、沈志雄：《论人道主义干涉——一种侧重于伦理和法理的阐析》，载《现代国际关系》2001 年第 8 期。

时殷弘：《关于国际关系的历史理解》，载《世界经济与政治》2005 年第 10 期。

〔美〕沈大伟：《中国、美国与正在演变中的亚洲秩序》，载《外交评论》2004 年第 12 期。

宋伟：《国际规范、国家认同与国家行为——〈国家安全的文化〉述评》，载《国际政治研究》2008 年第 2 期。

宋国友：《试析日本的东亚地区秩序战略》，载《国际论坛》2007 年第 5 期。

随新民：《国际制度的合法性与有效性：新现实主义、新自由制度主义和建构主义三种范式比较》，载《学术探索》2004 年第 6 期。

孙承：《日本的东亚共同体设想评析》，载《国际问题研究》2002 年第 5 期。

唐士其：《主权原则的确立及其在当代世界的意义》，载《国际政治研究》2002 年第 2 期。

〔日〕天儿慧：《亚洲的民族主义和区域主义——全球化背景下的相克和超克》，载《世界经济与政治》2008 年第 6 期。

王贵国：《经济全球化与全球法治化》，载《中国法学》2008 年第 1 期。

王学东：《理性选择范式的发展及其在国际政治理论中的反映》，载《国际论坛》2002 年第 5 期。

王学玉：《论地区主义及其对国际关系的影响》，载《现代国际关系》2002 年第 8 期。

王学玉：《地区政治与国际关系研究》，载《世界经济与政治》2010 年第 4 期。

王学玉、王永洁：《转变中的东亚地区秩序》，载《山东大学学报（哲学社会科学版）》2010 年第 4 期。

王毅：《思考二十一世纪的新亚洲主义》，载《外交评论》2006 年第 3 期。

王勇：《"东亚共同体"：地区与国家的观点》，载《外交评论》2005 年第 8 期。

王玉主：《区域一体化背景下的中国与东盟贸易》，载《南洋问题研究》2006 年第 4 期。

王正毅：《亚洲区域主义：从理性主义走向社会建构主义》，载《世界经济与政治》2003 年第 5 期。

王志：《美国思想库及运作机制》，载《中国社会导刊》2007 年第 2 期。

魏玲：《地区构成的世界——卡赞斯坦的地区主义理论》，载《外交评论》2006 年第 3 期。

魏玲：《〈第二份东亚合作联合声明〉与东亚共同体建设》，载《外交评论》2008 年第 1 期。

魏玲：《第二轨道外交：现实主义渊源与社会规范转向》，载

《外交评论》2009 年第 3 期。

魏玲：《第二轨道进程：清谈、非正式网络与社会化——以东亚思想库网络为例》，载《世界经济与政治》2010 年第 2 期。

魏玲：《国内进程、不对称互动与体系变化——中国、东盟与东亚合作》，载《当代亚太》2010 年第 6 期。

魏玲：《后本质主义文明与国际政治》，载《世界经济与政治》2010 年第 11 期。

魏玲：《东亚地区化：困惑与前程》，载《外交评论》2010 年第 6 期。

魏玲：《东亚进程与中国外交：新格局、新均衡、新作为——从东亚峰会说开去》，载《外交评论》2011 年第 6 期。

吴白乙：《国际规范的道德与现实问题》，载《欧洲研究》2006 年第 6 期。

吴怀忠：《日本"东亚共同体"战略解析——以"东亚共同体评议会"报告为中心》，载《日本学刊》2006 年第 3 期。

吴日强：《正义战争、核禁忌与无核武器世界》，载《世界经济与政治》2009 年第 10 期。

吴征宇：《"正义战争理论"的当代意义论析》，载《现代国际关系》2004 年第 8 期。

吴志成、李敏：《亚洲地区主义的特点及其成因：一种比较分析》，载《国际论坛》2003 年第 6 期。

吴志成、李敏：《欧洲一体化参照下的亚洲地区主义》，载《南开学报（哲社版）》2004 年第 4 期。

徐进：《国家何以建构国际规范：一项研究议程》，载《国际论坛》2007 年第 5 期。

徐进：《战争法规范演进的动力》，载《国际政治科学》2008 年第 1 期。

徐秀军：《地区主义与地区秩序构建：一种分析框架》，载《当代亚太》2010 年第 2 期。

许小青：《双重政治文化认同的困境——解读梁启超民族国家思想》，载《安徽史学》2001年第1期。

杨鲁慧、郭延军：《从"霸权稳定论"到"安全共同体"——东北亚安全合作架构新走向》，载《世界经济与政治》2005年第4期。

杨鲁慧、郭延军：《东亚合作进程中的中国软实力战略》，载《国际论坛》2008年第3期。

杨心恒、刘豪兴、周运清：《论社会学的基本问题：个人与社会》，载《南开学报（哲学社会科学版）》2002年第5期。

易佑斌：《论东亚共同体理念的基本价值观规范》，载《东南亚纵横》2005年第12期。

〔印尼〕尤素夫·瓦南迪：《东亚战略趋势》，载《当代亚太》2008年第6期。

于宏源：《〈联合国气候变化框架公约〉与中国气候变化政策的协调发展》，载《世界经济与政治》2005年第10期。

俞新天：《国家利益的文化思考》，载《国际问题研究》2006年第2期。

俞新天：《东亚认同的发展与培育》，载《当代亚太》2007年第4期。

俞新天：《中国培育东亚认同的思考》，载《当代亚太》2008年第3期。

袁正清：《交往行为理论与国际政治研究——以德国国际关系研究视角为中心的一项考察》，载《世界经济与政治》2006年第9期。

翟崑：《小马拉大车？——对东盟在东亚合作中地位作用的再认识》，载《外交评论》2009年第2期。

张东升：《全球化与超国家干预》，载《世界经济与政治》2001年第6期。

张锋：《解构朝贡体系》，载《国际政治科学》2010年第2期。

张铁军：《中国与东亚共同体》，载《太平洋学报》2005年第12期。

张旺：《国际关系规范理论的复兴》，载《世界经济与政治》2006 年第 8 期。

张旺：《世界主义的价值诉求——国际关系规范理论的视角》，载《教学与研究》2006 年第 12 期。

张旺：《社群主义视野下的国际关系伦理》，载《淮阴师范学院学报》2009 年第 1 期。

张旺：《国际关系中的普遍主义和特殊主义——基于世界主义与社群主义理论的比较分析》，载《国际论坛》2009 年第 7 期。

张小明：《中国崛起与国际规范的变迁》，载《外交评论》2011 年第 1 期。

张锡镇：《东盟历史的转折：走向共同体》，载《国际政治研究》2007 年第 2 期。

张锡镇：《东盟实施大国平衡战略的新进展》，载《东南亚研究》2008 年第 3 期。

张蕴岭：《对东亚合作发展的再认识》，载《当代亚太》2008 年第 1 期。

赵建民：《试论构建"东亚共同体"的思想文化基础——从历史启迪与未来追求的视角》，载《东北亚论坛》2007 年第 1 期。

赵可金、倪世雄：《主权制度的历史考察及其未来重构》，载《教学与研究》2005 年第 10 期。

郑飞：《国际规范的价值与功能：个体理性视角》，载《国际论坛》2007 年第 6 期。

郑先武：《"东亚共同体"愿景的虚幻性析论》，载《现代国际关系》2007 年第 4 期。

赵建民：《试论构建"东亚共同体"的思想文化基础——从历史启迪与未来追求的角度》，载《东北亚论坛》2007 年第 1 期。

周方银：《共同体与东亚合作》，载《世界经济与政治》2009 年第 1 期。

周弘：《欧洲文明溯源》，载《欧洲》1998 年第 4 期。

朱锋：《东亚需要什么样的区域主义——兼析区域主义的基本理论》，载《太平洋学报》1997 年第 3 期。

朱锋：《国际关系研究中的法律主义》，载《中国社会科学》2007 年第 2 期。

朱锋：《日本为什么对中国这么强硬》，载《现代国际关系》2006 年第 4 期。

朱锋：《国际与国内政治中的价值问题》，载《国际政治研究》2007 年第 3 期。

朱民：《全球流动性过剩背景下的东亚金融合作》，载《外交评论》2007 年第 3 期。

朱旭峰：《美国思想库对社会思潮的影响》，载《现代国际关系》2002 年第 8 期。

朱志敏：《"五四"时期的所谓"平民"指哪些人》，载《历史教学》1988 年第 9 期。

朱志敏：《论五四时期的平民主义思潮》，载《近代史研究》1989 年第 5 期。

朱志敏：《五四时期平民政治观念的流行及其影响》，载《史学月刊》1990 年第 5 期。

学位论文

陈寒溪：《第二轨道外交——CSCAP 对 ARF 的影响》，清华大学 2004 年博士学位论文。

陈拯：《身份追求与规范建设——"边缘大国"改造国际人权规范的研究》，北京大学 2011 年博士学位论文。

董青岭：《在冲突与合作之间：作为元理论的建构主义》，外交学院 2009 年博士学位论文。

黄超：《说服战略与国际规范传播》，外交学院 2009 年博士学位论文。

李开盛：《美好世界原理》，中国社会科学院 2008 年博士学位论文。

林炳青：《中国对外战略思想的历史传承与创新——从"协和万邦"到"和谐世界"》，中国人民解放军国际关系学院 2009 年硕士学位论文。

刘兴华：《国际规范影响下的国内制度改革》，南开大学 2009 年博士学位论文。

魏玲：《第二轨道进程：规范结构与共同体建设》，外交学院 2008 年博士学位论文。

徐进：《暴力的限度：战争法的国际政治分析》，清华大学 2008 年博士学位论文。

周方银：《国际规范的演化》，清华大学 2006 年博士学位论文。

二　英文部分

Acharya, Amitav, *The Quest for Identity*: *International Relations of Southeast Asia*, Oxford University Press, 2000.

Acharya, Amitav, *Regionalism and Multilateralism*, Times Academic Press, 2002.

Acharya, Amitav, "How Ideas Spread: Whose Norms Matter? Norm Localization and Institutional Change in Asia Regionalism", *International Organization*, Vol. 58, No. 2, 2004, pp. 239 – 275.

Acharya, Amitav, "State Sovereignty After 9/11: Disorganised Hypocrisy", *Political Studies*, Vol. 55, 2007, pp. 274 – 296.

Acharya, Amitav, *Singapore's Foreign Policy*: *The Search for Regional Order*, World Scientific Publishing Co. Pte. Ltd, 2008.

Acharya, Amitav, *Asia Rising*: *Who is Leading?* World Scientific Publishing Co. , 2008.

Acharya, Amitav, and Richard Stubbs, eds. , *Theorizing Southeast Asian Relations*: *Emerging Debates*, Routledge, 2009.

Acharya, Amitav, and Alastair Iain Johnston, *Crafting Cooperation*: *regional international institutions in comparative perspective*, Cambridge

University Press, 2007.

Adler, Emanuel, Beverly Crawford, and Jack Donnelly, eds. , *Progress in Postwar International Relation*, New York: Columbia University Press, 1991.

Adler, Emanuel, "Seizing the middle ground: Constructivism in world politics", *European Journal of International Relations*, No. 3, 1997, pp. 319 – 363.

Adler, Emanuel, Michael Barnett, eds. , *Security Communities*, Cambridge: Cambridge University Press, 1998.

Adler, Emanuel, *Communitarian International Relations: The Epistemic Foundations of International Relations*, New York: Routledge, 2005.

Alagappa, Muthiah, ed. , *Asian Security Order: Instrumental and Normative Features*, Stanford: Stanford University Press, 2003.

Anderson, Benedict, *Imagined Communities: Reflections on the Origins and Spread of Nationalism*, London: Verso, rev. edn, 1991.

Anderson, Gary M. and Gifford Jr. Adam, "Order out of Anarchy: the International Law of War", *CATO Journal*, Vol. 15, No. 1, 1995, pp. 25 – 38.

Arblaster, Anthony, *The Rise and Decline of Western Liberalism*, Oxford: Basil Blackwell, 1987.

Archer, Margaret S. , *Culture and Agency: the place of culture in social theory*, Cambridge University Press, 1988.

Arnason, Johann P. , *Social Theory and Japanese Experience: The Dual Civilization*, London: Kegan Paul International, 1997.

Axelrod, Robert, *The Evolution of Cooperation*, New York: Basic Books, 1984.

Ba, Alice D. , "Who's socializing whom? Complex engagement in Sino – ASEAN relations", in Amitav Acharya and Richard Stubbs, eds. , *Thoerizing Southeast Asian Relation*, Routledge, 2009. pp. 31 – 52.

Baldwin David A. , ed. , *Neorealism and Neoliberalism: The Contemporary Debate*, New York: Columbia University Press, 1993.

Banchoff, Thomas, and Mitchell P. Smith eds. , *Legitimacy and The European Union: The Contested Polity*, London: Routledge, 1999.

Barkin, Samuel, "Realist Constructivism", *International Studies Review*, No. 5, 2003, pp. 325 – 342.

Barkin, Samuel, *Realist Constructivism*, Cambridge University Press, 2010.

Bellamy, Richard, and Dario Castiglione, "Legitimizing the Euro – Polity and Its Regime: The Normative Turn in EU Studies", *European Journal of Political Theory*, Ⅱ. 2003, pp. 7 – 34.

Black, Cril E. , ed. , *Comparative Modernization*, New York: Free Press, 1976.

Blickle, Peter, ed. , *Resistance, Representation, and Community*, Oxford: Clarendon Press, 1997.

Blockmans, Wim P. and Charles Tilly, eds. , *Cities and the Rise of States in Europe*, Boulder: Westview, 1994.

Blockmans, Wim P. , *A History of Power in Europe: People, Markets, States*, Antwerp: Fonds Mercator, 1997.

Boli, John, and Georage Thomas. *Constructing World Culture: International Non – governmental Organization Since 1875*, Stanford: Stanford University Press, 1998.

Boli, John, and George M. Thomas, *Constructing World Culture*, Stanford University Press, 1999.

Bozeman, Adda B. , *Politics and Cultural in International History*, Princeton: Princeton University Press, 1960.

Breslin, Shaun, Christopher W. Hughes, Nicola Phillips, and Ben Rosamond, eds. , *New Regionalisms in the Global Political Economy*, Routledge, 2002.

Bukovansky, Mlada, "The altered state and the state of nature: The French Revolution in international politics", *Review of International Studies*, Vol. 25, pp. 197 – 216.

Bull, Hedley, "The Grotian Conception of international Society", in Herbert Butterfield and Martin Wight eds. , *Diplomatic Investigations: Essays in Theory of International Politics*, London: George Allen & Unwin, 1966.

Bull, Hedley, *The Anarchical Society: A Study of Order in World Politics*, New York: Columbia University Press, third edition, 2002.

Bull, Hedley, Adam Watson, *The Expansion of International Society*, Oxford: Clarendon Press, 1984.

Bulmer, Simon and Christian Lequesne, eds. , *Member States of the European Union*, N. Y. : Oxford University Press, 2005.

Burke, Victor Lee, *The Clash of Civilizations: War-Making and State Formation in Europe*, Cambridge, Polity, 1997.

Buzan, Barry, *From International to World Society? English School Theory and the Social Structure of Globalisation*, Cambridge University Press, 2004.

Buzan, Barry, *People, States and Fear: An agenda for international security studies in the post-cold war era*, ECPR Press, 2007.

Byron, Michael, ed. , *Satisficing and Maximizing: moral theorists on practical reason*, Cambridge: Cambridge University Press, 2004.

Carlson, Allen, " Constructing the Dragon's Scales: China's approach to territorial sovereignty and border relations in the 1980s and 1990s", *Journal of Contemporary China*, 2003, pp. 677 – 698.

Carlson, Allen, "Helping to keep the peace (Albeit Reluctantly): China's Recent Stance on Sovereignty and Multilateral Intervention", *Pacific Affairs*, Vol. 77, No. 1, 2004, pp. 9 – 27.

Cater, David B. , and H. E. Goemans, " The Making of The

Territorial Order: New Borders and the Emergence of interstate conlift", *International Organization*, Vol. 65, 2011, pp. 275 – 309.

Checkel, Jeffrey T., "International Norms and Domestic Politics: Bridging the Rationalist-Constructivist Divide", *European Journal of International Relations*, Vol. 3, No. 4, 1997, pp. 473 – 495.

Checkel, Jeffrey T., "Norms, Institutions, and National Identity in Contemporary Europe", *International Studies Quarterly*, 1999, 43, pp. 83 – 114.

Checkel, Jeffrey T., "International Institutions and Socialization in Europe: Introduction and Framework", *International Organization*, Vol. 59, No. 4, Fall 2005, pp. 801 – 822.

Checkel, Jeffrey T., ed., *International Institutions and Socialization in Europe*, Cambridge: Cambridge University Press, 2007.

Checkel, Jeffrey T. and Peter J. Katzenstein, eds., *European Identity*, Cambridge University Press, 2009.

Chung, Chien-peng (C. P.), "Southeast Asia-China Relations: Dialectics of 'Hedging' and 'Counter Hedging'", *Southeast Asia Affairs*, 2004, pp. 35 – 53.

Clark, Ian, *Legitimacy in International Society*, Oxford University Press, 2005.

Clark, Ian, *International Legitimacy and World Society*, Oxford University Press, 2007.

Clark, Samuel, *State and Status: The Rise of the State and Aristocratic Power in Western Europe*, Montreal: McGill-Queen's University Press, 1995.

Cohen, Hymen Ezra, *Recent Theories of Sovereignty*, Chicago: The University of Chicago Press, 1937.

Collier, David and Richard Messick, Prerequisites versus Diffusion: Testing Alternative Explanation of Social Security Adoption, *American*

Politics Science Review, Vol. 69, 1975, pp. 1299 – 1315.

Cossa, Ralph, *Multilateralism*, *Regional Security*, *and the Prospects for Track II in East Asia*, Seattle: National Bureau of Asian Research, 1996.

Dent Christopher M. , *China*, *Japan and Regional Leadership in East Asia*, Edward Elgar, 2008.

Jeffrey T. Checkel, "Bridging the Rational-Choice/Constructivist Gap? Theorizing Social Interaction in European Institution", *ARENA Working Paper*, 11/2000, http: //www. sv. uio. no/arena/english/research/publications/ arena-publications/workingpapers/working-papers2000/00 _ 11. xml.

Debrix, Francois, *Language*, *Agency*, *and Politics in a Constructed World*, Armonk and London: M. E. Sharpe, 2003.

Deutsch, Karl Wolfgang, *The Analysis of International Relations*, 3rd edition, Prentice Hall, 1988.

Dewald, Jonathan, *The European Nobility*, 1400 – 1800, Cambridge University Press, 1996.

Downing, Brian M. , *The Military Revolution and Political Change*: *Origins of Democracy and Autocracy in Early Modern Europe*, Princeton: N. J. : Princeton University Press, 1997.

Duara Prasenjit, *Transnationalism and the Predicament of Sovereignty*: *China*, 1900 – 1945, American Historical Review, October 1997, pp. 1030 – 1051.

Dunne, Tim, *Inventing International Society*: *A History of the English School*, Basingstoke: Macmillan Press, Ltd. , 1998.

Eisenstadt, Shmuel. N. , *European Civilization in a Comparative Perspective*, Oslo: Norwegian University Press, 1987.

Eisenstadt, Shmuel. N. , *Japanese Civilization*: *A Comparative View*, Chicago: University of Chicago Press, 1996.

Elfstrom, Gerard, *International Ethics*: *A Reference Handbook*, Santa Barbara: ABC-CLIO, 1998.

Elster, Jon. , *The Cement of Society*: *A Study of Social Order*, Cambridge and New York: Cambridge University Press, 1989.

Elster, Jon. , "Social Norms and Economic Theory", *Journal of Economic Perspective*, Vol. 3, No. 4, 1989, pp. 99 – 117.

Epp, Roger, "The English School on the Frontiers of International Society: A Hermeneutic Recollection", in Tim Dunne, Michael Cox and Ken Booth, eds. , *The Eighty Years' Crisis*: *International Relations* 1919 – 1999, Cambridge: Cambridge University Press, 1998.

Eriksen, Erik Oddvar and John Erik Fossum eds. , *Democracy in the European Union*: *Integration through deliberation?* London, Routledge, 2000.

Fairbank, J. K. , and S. Y. Teng, "On the Ch'ing Tributary System", *Harvard Journal of Asiatic Studies*, Vol. 6, No. 2, 1941, pp. 135 – 246.

Fairbank, J. K. , "Tributary Trade and China's Relations with the West", *The Far Eastern Quarterly*, Vol. 1, No. 2, 1942, pp. 129 – 149.

Fairbank, J. K. , *Trade and Diplomacy on the China Coast*: *The Opening of the Treaty Ports*, 1842 – 185, Harvard University Press, 1953.

Fairbank, J. K. , ed. , *The Chinese World Order*: *Traditional China's Foreign Relations*, Harvard University Press, 1968.

Farkas, Andrew, *State Learning and International Change*, The University of Michigan Press, 1998.

Finnemore, Martha, *National Interests in International Society*, Ithaca and London: Cornell University Press, 1996.

Finnemore, Martha, "Review: Norms, Culture, and World Politics: Insights from Sociology's Institutionalism ", *International Organization*, Vol. 50, No. 2, 1996, pp. 325 – 347.

Finnemore, Martha, and Kathryn Sikkink, "International Norm Dynamic and Political Change ", *International Organization*, Vol. 52,

No. 4, 1998, pp. 887 – 917.

Frank, Robert H. , *Passions within Reason: the Strategic Role of the Emotions*, Norton, 1988.

Finnemore, Martha, *The purpose of Invention: Changing Beliefs about the Use of Force*, Ithaca: Cornell University Press, 2003.

Fioretos, Orfeo, "Historical Institutionalism in International Relations", *International Organization*, Vol. 65, 2011, pp. 367 – 399.

Florini, Ann, "The Evolution of International Norms", *International Studies Quarterly*, 1996, 40, pp. 363 – 389.

Freidman, Elisabeth Jay, Kathryn Hochstetler, and Ann Marie Clark, *Sovereignty, Democracy, and Global Civil Society: State-Society Relations at UN World Conference*, State University of New York Press, 2005.

Fudenberg, Drew, and Jean Tirole, *Game Theory*, MIT Press 1991.

Fukuyama, Francis, *Trust: The Social Virtues and the Creation of Prosperity*, New York: Free Press Paperbacks, 1995.

Fukuyama, Francis, The End of History and the Last Man, 2nd edn, New York: Free Press, 2006.

Gautney, Heather, Omar Dahbour, Ashley Dawson, and Neil Smith, *Democracy, States, and the Struggle for Global Justice*, NY: Routledge, 2009.

George, Alexander L, and Andrew Bennett, *Case Studies and Theory Development in the Social Science*, MIT Press, 2005.

Gerring, John, *Social Science Methodology: A Critical Framework*, Cambridge: Cambridge University Press, 2001.

Gintis, Herbert, *Game Theory Evolving: A Problem-Centered Introduction to Modeling Strategic Behavior*, 2nd edition, Princeton University Press, 2009.

Glete, Jan, *War and the State in Early Modern Europe: Spain, the*

Dutch Republic, and Sweden as Fiscal-Military States：1500 – 1600, London：Routledge, 2002.

Goh, Evelyn, "Great Powers and Hierarchical Order in Southeast Asia：Analyzing Regional Security Strategies", *International Security*, Vol. 32, No. 3, August 2007, pp. 113 – 157.

Gong, Gerrit W., *The Standard of "Civilization" in International Society*, Clarendon Press, 1984.

Gong, Gerrit W., ed., *Memory and History：Issues of Identity in International Relations*, The CSIS Press, 2001.

Gorski, Philip S., *The Disciplinary Revolution：Calvinism and the Rise of the State in Early Modern Europe*, Chicago：University of Chicago Press, 2003.

Gouldner, Alvin W., *The Norm of Reciprocity：A Preliminary Statement*, Bobbs-Merrill, College Division, 1960.

Grader, Sheila, "The English School of International Relations：Evidence and Evaluation", *Review of International Studies*, Vol. 14, 1988, pp. 29 – 44.

Greengrass, Mark, ed., *Conquest and Coalescence：The Shaping of the State in Early Modern Europe*, London：Edward Arnold, 1991.

Gregor, A. James, and Maria Hsia Chang, "Nazionalfascismo and the Revolutionary Nationalism of Sun Yat-sen", *Journal of Asian Studies*, Vol. 39, No. 1, 1979, pp. 21 – 37.

Grehan, James, The Mysterious Power of Words：Law and Culture in Ottoman Damascus (17th – 18th Centuries), *Journal of Social History*, Vol. 37, No. 4, 2004, pp. 991 – 1015.

Haacke, Jürgen, *ASEAN's Diplomatic and Security Culture：Origins, Development and Prospects*, Routledge Curzon, 2005.

Hampton, Jean, *Hobbes and the Social Contract Tradition*, Cambridge：Cambridge University Press, 1986.

Hall, Martin, and Patrick Thaddeus Jackson, eds., *Civilizational Identity: The Production and Reproduction of "Civilizations" in International Relations*, NY: Palgrave Macmillan, 2007.

Hallpike, C. R., *The Principles of Social Evolution*, Oxford: Clarendon Press, 1986.

Hardin, Russell, *Collective Action*, the Johns Hopkins University Press, 1982.

Hardin, Russell, *One for All: the Logic of Group Conflict*, Princeton University Press, 1995.

Haas, Ernst B., Nationalism, Liberalism, and Progress, Vol. 1: The Rise and Decline of Nationalism, Ithaca: Cornell University Press, 1997.

Haas, Ernst B., Nationalism, Liberalism, and Progress, Vol. 2: The Dismal Fate of New Nations, Ithaca: Cornell University Press, 2000.

He, Baogang, "East Asian Ideas of Regionalism: a normative critique", *Australian Journal of International Affairs*, Vol. 58, No. 1, 2004, pp. 105 – 125.

Hechter, Michael, and Karl-Dieter, eds., *Social Norms*, New York: Russell Sage Foundation, 2001.

Hedstrom, Peter and Richard Swedberg, *Social Mechanisms: An Analytical Approach to Social Theory*, Cambridge University Press, 1998.

Henshall, Nicholas, *The Myth of Absolutism: Change and Continuity in Early Modern European Monarchy*, London: Longmen Press, 1992.

Herrmann, Richard K., and Vaughn P. Shannon, "Defending International Norms: The Role of Obligation, Material Interest, and Perception in Decision Making", *International Organization* Vol. 55, No. 3, 2001, pp. 621 – 654.

Hinsley, F. H., *Sovereignty*, 2nd edition, Cambridge University

Press, 1986.

Hirata, Keiko and Beached Whales, "Examining Japan's Rejection of a International Norm", *Social Science Japan Journal*, Vol. 7, No. 2, October 2004, pp. 177 - 197.

Hirshleifer, Jack, "Anarchy and Its Breakdown", *Journal of Political Economy*, Vol. 103, No. 1, 1995, pp. 26 - 52.

Hobbes, Thomas, *Leviathan*, Edited by Richard Tuck, New York: Cambridge University Press, 1996.

Hoffman, Philip T., and Kathryn Norberg, eds, *Fiscal Crises, Liberty, and Representative Government*, 1450 - 1789, Stanford: Stanford University Press, 1994.

Hollis, Martin, *The Philosophy of Social Science: an introduction*, Cambridge: Cambridge University Press, 1994.

Holsti, Karl J., *International Politics: A Framework for Analysis*, 5th edition, Englewood Cliffs, NJ: Prentice Hall, 1988.

HSU, Francis L. K., *Americans and Chinese*, The Cresset Press MCMLV, 1955.

Hume, David, *Political Essays*, Edited by Knud Haakonssen, Cambridge University Press, 1994.

Hunt, Michael H., "Chinese Foreign Relations in Historical Perspective", in Harry Harding, ed., *China's Foreign Relations in the 1980s*, Yale University press, 1984, pp. 1 - 42.

Ikenberry, G. John, and Michael Mastanduno, eds., *International Relations Theory and the Asia-Pacific*, New York: Columbia University Press, 2003.

Ikenberry, G. John, and Chung-in Moon, *The United States and Northeast Asia: debates, issues, and new order*, Rowman&Littlefield Publishers, Inc., 2008.

Jackson, Patrick Thaddeus, "How to think about civilizations", in

Peter J. Katzenstein, ed., *Civilizations in World Politics: Plural and pluralist perspectives*, New York: Routledge, 2010, pp. 176 – 200.

Jackson, Robert H., and Carl G. Rosberg, "Why Africa's Weak States Persist: The Empirical and the Juridical in Statehood", *World Politics*, Vol. 35, 1982, No. 1, pp. 1 – 24.

Jervis, Robert, *Perception and Misperception in International Politics*, Princeton, Princeton University Press, 1976.

Jervis, Robert, "Security Regimes", in *International Organization*, Vol. 36, No. 2, 1982, pp. 357 – 378.

Jervis, Robert, "Cooperation under the Security Dilemma", *World Politics*, Vol. 30, pp. 167 – 214.

Jervis, Robert, "Realism, Game Theory, and Cooperation", *World Politics*, Vol. 40, pp. 317 – 49.

Johnston, Alastair Iain, *Cultural Realism: Strategic Culture and Grand Strategy in Chinese History*. Princeton: Princeton University Press, 1995.

Johnston, Alastair Iain, *Social States: China in International Institutions*, 1980 – 2000, Princeton and Oxford: Princeton University Press, 2008.

Jolly, Richard, Louis Emmerij, and Thomas G. Weiss, eds., *UN Ideas that Changed the World*, Indiana University Press, 2009.

Jones, Roy, "The English School of International Relations: A Case for Closure", *Review of International Studies*, Vol. 7, No. 1, 1981, pp. 1 – 13.

Kahneman Daniel and Amos Tversky, eds., *Choices, Values, and Frames*, Cambridge: Cambridge University Press, 2000.

Kang, David C., Getting Asia Wrong: The Need for New Analytical Frameworks, *International Security*, Vol. 27, No. 4, 2003, pp. 57 – 85.

Kang, David C., The theoretical roots of hierarchy in international *relations*, *Australian Journal of International Affairs*, Vol. 58, No. 3, 2004, pp. 337 – 352.

Kang, David C. , *China Rising*: *Peace*, *Power*, *and Order in East Asia*, N. Y: Columbia University Press, 2007.

Katzenstein, Peter J. , *Cultural Norms and National Security*: *Police and Military in Postwar Japan*, Ithaca and London: Cornell University Press, 1996.

Katzenstein, Peter J. , Robert O. Keohane, and Stephen D. Krasner, eds. , *Exploration and Contestation in the Study of World Politics*, Massachusetts: The MIT Press, 1998.

Katzenstein, Peter J. , ed. , *A World of Regions*: *Asia and Europe in the American Imperium*, Ithaca: Cornell University Press, 2005.

Katzenstein, Peter J. ed. , *Civilizations in World Politics*: *Plural and Pluralist Perspectives*, London and New York: Routledge, 2010.

Keck, Margaret and Kathryn Sikkink, *Activists Beyond Borders*: *Advocacy Networks in International Politics*, Cornell University Press, 1998.

Kennedy, Paul, *The Rise and Fall of the Great Powers*, New York: Vintage Books , 1989.

Keohane, Nannerl O. , *Philosophy and the State in France*: *The Renaissance to the Enlightenment* Princeton: Princeton University Press, 1980.

Keohane, Robert O. , "The Demand for International Regimes", in Stephen D. Krasner, ed. , *International Regimes*, Ithaca: Cornell University Press, 1983, pp. 141 – 172.

Keohane, Robert O. , *After Hegemony*: *Cooperation and Discord in the World Political Economy*, Princeton, N. J. : Princeton University Press, 1984.

Keohane, Robert O. ed. , *Neorealism and Its Critics*, New York: Columbia University Press, 1986.

Keohane, Robert O. , "Reciprocity in International Relations", *International Organization*, Vol. 40, No. 1, pp. 1 – 27.

King, Gary, Robert O. Keohane, and Sidney Verba, eds. , *Designing Social Inquiry: Scientific Inference in Qualitative Research*, Princeton University Press, 1994.

Koford, Kenneth J. , and Jeffrey B. Miller, ed. (1991), *Social Norms and Economic Institutions*, the University of Michigan Press.

Kohler-Koch, Beate and Berthold Rittberger eds. , *Debating The Democratic Legitimacy of The European Union*, Lanham: Rowman and Littlefield Publisher, 2007.

Krasner, Stephen D. , "Global Communications and National Power: Life on the Pareto Frontier", *World Politics*, Vol. 43, No. 3, pp. 336 – 366.

Krasner, Stephen D. , "Compromising Westphalia", *International Security*, Vol. 20, No. 3, pp. 115 – 151.

Krasner, Stephen D. , ed. , *International Regimes*, Ithaca and London: Cornell University Press, 1983.

Krasner, Stephen D. , *Sovereignty: Organized Hypocrisy*, Princeton: Princeton University Press, 1999.

Kratochwil, Friedrich, *Rules, Norms, and Decisions: On the Conditions of Practical and Legal Reasoning in International Relations and Domestic Affairs*, Cambridge: Cambridge University Press, 1989.

Kratochwil, Friedrich, and Edward D. Mansfield, eds. , *International Organization and Global Governance: a Reader*, second edition, Beijing: Peking University Press, 2007.

Kravtsov, Vlad, "Understanding Norm Diffusion in the Globalized World: Building Theoretical Framework", pp. 6 – 10, http: //www. allacademic. com/meta/p100866_ index. htm

Kukla, Andre, "The Structure of self-fulfilling and self-negating *prophecies,*" *Theory and Psychology*, No. 4, pp. 5 – 33.

Kydd, Andrew H., *Trust and Mistrust in International Relations*, Princeton: Princeton University Press, 2007.

Lake, David, and Robert Powell, eds., *Strategic Choice and International Relations*, Princeton University Press, 1999.

Landwehr, Claudia, *Political Conflict and Political Preferences: communicative interaction between facts norms and interests*, ECPR Press, 2009.

Legro, Jeffrey W., "Which Norms Matter? Revisiting the 'Failure' of Internationalism", *International Organization*, Vol. 51, No. 1, pp. 31 – 63.

Leifer, Micheal, *The ASEAN Regional Forum: Extending ASEAN's Model of Regional Security*, Oxford University Press, 1996.

Levine, Norman, "The Myth of The Asiatic Restoration", *The Journal of Asian Studies*, Vol. 37, No. 1, 1977, pp. 73 – 85.

Li, mingjiang, and Chong Guan Kwa, *China-ASEAN Sub-regional Cooperation: progress, problems and prospect*, World Science Publishing Co., 2011.

Linklater, Andrew, and Hidemi Suganami, eds., *The English School of International Relations: A Contemporary Reassessment*, Cambridge University Press, 2006.

Lukes, Steven, *Individualism*, New York: Harper & Row, 1973.

Lumsdaine, David Halloran, *Moral Vision in International Politics: The Foreign Aid Regime*, 1949 – 1989, Princeton University Press, 1993.

Manners, Ian, "Normative Power Europe: A Contradiction in Term?", Copenhagen Peace Research Institute, *Working Paper*, No. 38, 2000.

Manning, C. A. W., *The Nature of International Society*, *reissue with a new preface*, London and Basingstoke: The Macmillan Press Ltd., 1975.

Mattern, Janice Bially, *Ordering International Politics: Identity, Crisis, and Representational Force*, Routledge, 2005.

Mattli, Walter, "Sovereignty Bargains in Regional Integration", *International Studies Review*, Vol. 2, No. 2, 2000, pp. 149 – 180.

Mearshimer, John J., "The False Promise of International Institutions", *International Security*, Vol. 19, No. 3, pp. 5 – 49.

McElroy, Robert W., *Morality and American Foreign Policy: the role of ethics in international affairs*, Princeton University Press, 1993.

Mckeown, Ryder, "Norm Regress: Revisionism and the Slow Death of the Torture Norm", *International Relations*, Vol. 23, No. 1, 2009, pp. 5 – 25.

Mcneill, William Hardy, *The Rise of the West*, Chicago: The University of Chicago Press, 1991.

Mearsheimer, John, "The False Promise of International Institutions", *International Security*, Vol. 19, No. 3, 1994/1995, pp. 37 – 47.

Milner, Helen, The Assumption of Anarchy in International Theory: A Critique, in Baldwin, ed., *Neorealism and Neoliberalism*, New York: Columbia University Press, 1993, pp. 143 – 169.

Milner, Helen V., and Andrew Moravcsik, eds., *Power, Interdependence and Non-state Actors in World Politics*, Princeton: Princeton University Press, 2009.

Morada, Noel M., *ASEAN, Japan, and the United States in the ASEAN Regional Forum: A Constructivist Approach to the Study of an Emerging Multilateral Security Regime in the Asia Pacific*, Northern Illinois University Press, 2002.

Moravcsik, Andrew, *Liberalism and International Relations Theory*, Working Paper, Center for International Affairs, Harvard University, 1992.

Moravcsik, Andrew, "Taking Preference Seriously: A Liberal Theory of International Politics", *International Organization*, Vol. 51, No. 4, pp. 513 – 553.

Morgenthau, Hans J., *Politics among Nations: the Struggle for Power and Peace*, 6th ed. Revised and edited by Kenneth W. Thompson, New York: Mc Graw-Hill, 1985.

Nair, Sheila, "Human Rights, Sovereignty, and the East Timor 'Question'", *Global Society*, Vol. 14, No. 1, 2000, pp. 101 – 126.

Narine, Shaun, "State Sovereignty, Political Legitimacy and Regional Institutionalism in Asia-Pacific", *The Pacific Review*, Vol. 17, No. 3, 2004, pp. 423 – 450.

Ninkovich, Frank, *Modernity and Power: A History of the Domino Theory in the Twentieth Century*, Chicago: University of Chicago Press, 1994.

Nishikawa, Yukiko, *Human Security in Southeast Asia*, London: Routledge, 2010.

Odgaard Liselotte, *The Balance of Power in Asia-Pacific Security: US-China Policies on Regional Order*, Routledge, 2007.

Olson, Mancur, *The Logic of Collective Action: public goods and the theory of groups*, Cambridge: Harvard University Press, 1965.

Onuf, Nicholas Greenwood, *World of Our Making: Rules and Rule in Social Theory and International Relations*, University of South Carolina Press, 1989.

Ordeshook, Peter C., *Game Theory and Political Theory: an introduction*, Cambridge: Cambridge University Press, 1986.

Organski, A. F. K., *World Politics*, New York: Alfred A. Konpf, Inc. 1968.

Parsons, Talcott, *Working papers in the Theory of Action*, New York: The Free Press, 1953.

Parsons, Talcott, *Sociological Theory and Modern Society*, New York: The Free Press, 1976.

Parsons, Talcott, *The Social System*, London: Routledge, 1991.

Parsons, Talcott, *The Evolution of Societies*, N. J.: Prentice Hall, 1977.

Peebles, Dave, *Pacific Regional Order*, Asia Pacific Press, 2005.

Pemberton, Jo-Anne, *Sovereignty: Interpretations*, Palgrave Macmillan, 2009.

Pemple, T. J., ed., *Remapping East Asia: The Construction of a Region*, Ithaca and London: Cornell University Press, 2005.

Puchala, Donald J. and Raymond F. Hopkins, "International Regimes: Lessons from Inductive Analysis", in Stephen D. Krasner, ed., *International Regimes*, Ithaca: Cornell University Press, 1983, pp. 61 – 92.

Qin, Yaqing: "International Society as Process: Institutions, Identities, and China's Peaceful Rise", *The Chinese Journal of International Politics*, Vol. 3, No. 2, 2010.

Rajagopal, Arvind, "Violence, publicity, and sovereignty: lawlessness in Mumbai", *Social Identities*, Vol. 15, No. 3, 2009, pp. 411 – 416.

Rawls, John, "Two Concepts of Rules", *The philosophical Review*, Vol. 64, No. 1, Jan., 1955, pp. 3 – 32.

Reinhard, Wolfgang, ed., *Power Elites and State Building*, Oxford: Clarendon Press, 1996.

Reus-Smit Christian, "Struggles for Individual Rights and The expansion of International System", *International Organization*, Vol. 65, 2011, pp. 207 – 242.

Risse, Thomas, Stephen C. Ropp, and Kathryn Sikkink, *The Power of Human Rights: International Norms and Domestic Change*, Cambridge University Press, 1999.

Risse-Kappen, Thomas, ed., *Bringing Transnational Relations Back In: Non-state Actors, Domestic Structures and International Institutions*, Cambridge University Press, 1995.

Rosamond, Ben, *Theories of European Integration*, Palgrave, 2000.

Rosenau, James N., *Turbulence in World Politics*, Princeton: Princeton University Press, 1990.

Rossabi, Morris, ed. , *China among Equals: The Middle Kingdom and Its Neighbors*, 10th – 14th *Centuries*, University of California Press, 1983.

Roy, Denny, "Southeast Asia and China: Balancing or Bandwagoning?" *Contemporary Southeast Asia*, Vol. 27, No. 2, 2005, pp. 305 – 322.

Ruggie, John G. , "International Regimes, Transactions, and Change: Embedded Liberalism in the Post-war Economic Order", in Stephen D. Krasner, ed. , *International Regimes*, Ithaca: Cornell University Press, 1983, pp. 195 – 232.

Sandholtz, Wayne, *Membership Matters: The European Community and State Preferences*, paper presented at the meeting of American Political Science Association, Washington, D. C. , Semtember, 1993.

Sarfaty, Galit A. , "International Norm Diffusion in pimicikamak Cree Nation: A Model of Legal Mediation", *Harvard International Law Journal*, Vol. 48, No. 2, Summer, 2007, pp. 441 – 482.

Schelling, Thomas C. , *Strategy of Conflict*, rev. ed. , Cambridge: Harvard University Press, 1980.

Schwarz, Rolf, "The Paradox of Sovereignty, Regime Type and Human rights Compliance", *International Journal of Human Rights*, Vol. 8, No. 2, 2004, pp. 199 – 215.

See Seng Tan and Amitav Acharya, eds. , *Asia-Pacific Security Cooperation: National Interests and Regional Order*, M. E. Sharp, 2004.

See Seng Tan, ed. , *Regionalism in Asia: Critical Issues in Modern Politics* (I , II , III , IV), London: Routledge Taylor and Francis Group.

Severino, Rodolfo C. , *ASEAN*, Singapore: Institute of Southeast Asian Studies, 2008.

Simon, Herbert A. , *Administrative behavior: A Study of Decision Making Processes in Administrative Organization*, New York: Macmillan

Publishing Company, 1971.

Simons, Beth, Frank Dobbin, and Geoffrey Garrett, "Introduction: The International Diffusion of Liberalism", *International Organization*, Vol. 60, No. 4, 2006, pp. 781 - 810.

Smith, Gary J., *Multilateralism and regional security in Asia: the ASEAN Regional Forum (ARF) and APEC's geopolitical value*, Center for International Affairs, Harvard University, 1997.

Spruyt, Hendrik, *The Sovereign States and Its Competitors: An Analysis of Systems Change*, Princeton, N. J.: Princeton University Press, 1994.

Stein, Arthur A., "Coordination and Collaboration: Regimes in an Anarchic World," in Stephen D. Krasner, ed., *International Regimes*, Ithaca: Cornell University Press, 1983. pp. 115 - 140.

Stein, Arthur A., *Why Nations Cooperate: Circumstance and Choice in International Relations*, Ithaca and London: Cornell University Press, 1990.

Stein, Arthur, "Cooperation and Collaboration: Regimes in an anarchic World", in David Baldwin, ed., *Neorealism and Neoliberalism: The Contemporary Debate*, New York: Columbia University Press, 1993, pp. 43 - 49.

Sterba, James P., *Three Challenges to Ethics: Environmentalism, Feminism, and Multiculturalism*, Oxford: Oxford University, 2001.

Suh, J. J., Peter J. Katzenstein, and Allen Carlson, eds., *Rethinking Security in East Asia: Identity, Power, and Efficiency*, National University of Singapore Press, 2004.

Susan, Park, "Norm Diffusion within International Organization: A Case Study of The World Bank", *Journal of International Relations and Development*, Vol. 8, No. 2, 2005, pp. 111 - 143.

Sutherland, Claire, "Reconciling Nation and Region: Vietnamese Nation Building and ASEAN Regionalism", *Political Studies: Vol. 57,*

2009, pp. 316 – 336.

Tang, Shiping, "Foundational Paradigms of Social Sciences", *Philosophy of the Social Sciences*, Vol. 41, No. 2, 2011, pp. 217 – 220.

Thomas, George M. , John W. Meyer Francisco O. Ramirez and John Boli, *Institutional Structure: Constituting State, Society, and the Individual*, SAGE publication, 1987.

Thucydides, *History of the Peloponnesian War*, translated by Rex Warner, New York: Penguin Books, 1970.

Tilly, Charles, *Coercion, Capital, and European States, A. D. 990 – 1992*, Oxford: Blackwell, rev. ed, 1992.

Valls, Andrew, *Ethics in International Affairs: Theories and Cases*, New York: Rowman and Littlefield Publisher, 2000.

Vera, Achvarina, "Life Cycle of the Global Norm against the Use of Child Soldiers", http://allacademic. com/meta/p100863_ index. html.

Waltz, Kenneth N. , *Theory of International Politics*, Waveland Press, 2010.

Waltz, Kenneth N. , *Man, the State and War: A Theoretical Analysis*, New York: Columbia University Press, 1959.

Wang, Gungwu and John Wong, eds. , *China's Political Economy*, Singapore University Press, 1998.

Wang Gung-wu, *China and Southeast Asia: Myths, Threats and Culture*, Singapore: Singapore University of Singapore, 1999.

Wannamethee, Phan, "The Institutional Foundation of ASEAN", in Hans Indorf, ed. , *The Association of Southeast Asian Nations After 20 Years*, Washington, DC: Woodrow Wilson Institutional Center for scholars, 1988.

Wendt, Alexander, "Anarchy is What States Make of It: The Social Construction of Power Politics", *International Organization*, Vol. 46, No. 2, pp. 391 – 425.

Wendt, Alexander, *Social Theory of International Politics*, Cambridge: Cambridge University Press, 1999.

Wiarda Howard J. , *No-Western Theories of Development: Regional Norms Versus Global Trends*, Harcourt Brace College Publishers, 1999.

Wight, Martin, "Why Is There No International Theory?", in Martin Wight and Herbert Butterfield eds. , *Diplomatic Investigations: Essays in Theory of International Politics*, London: George Allen & Unwin, 1966.

Wigh, Martint, "Western Values in International Relations", in Martin Wight and Herbert Butterfield eds. , *Diplomatic Investigations: Essays in The Theory of International Politics*, 1966, pp. 96 – 102.

Wight, Martin, *Systems of States*, Leicester University Press, 1977.

Williams, Bernard, "Liberalism and Loss", in Mark Lilla, Ronald Dworkin, and Robert Silvers, eds. , *The Legacy of Isaiah Berlin*, New York: The New York Review of Books, 2001.

Williams, Huw Lloyd, *On Rawls, Development and Global Justice: The Freedom of Peoples*, Palgrave Macmillan, 2011.

Wilson, Peter, "The English School of International Relations: A Reply to Sheila Grader", *Review of International Studies*, Vol. 15, No. 1, 1989, pp. 49 – 58.

Wu, Chengqiu, "Sovereignty, Human Rights, and Responsibility: Changes in China's Response to International Humanitarian Crises", *Journal of Chinese Political Science*, Vol. 15, December, 2010, pp. 71 – 97.

Wu guoguang, and Helen Lansdowne, eds. , *China Turns to Multilateralism: Foreign Policy and Regional Security*, Routledge, 2008.

Yang Mu and Heng Siam-Heng, "Chian-ASEAN Relations after CAFTA", in Mingjiang Li and Chong Guan KWA eds. , *China-ASEAN Sub-Regional Cooperation: Progress, Problems and Prospect*, Singapore: World Scientific Publishing Co. Pte. Ltd. , pp. 125 – 142.

Young, Oran R. , "Regime Dynamics: The Rise and Fall of

International Regimes ", in Stephen D. Krasner, ed. , *International Regimes*, Ithaca: Cornell University Press, 1983, pp. 93 – 114.

Zehfuss, Maja, *Constructivism in International Relations: the Politics of Reality*, Cambridge University Press, 2002.

图书在版编目（CIP）数据

东亚主权观念：生成方式与秩序意涵/林永亮著
.—北京：社会科学文献出版社，2016.1
（"瞻前顾后"看世界书系）
ISBN 978 - 7 - 5097 - 8039 - 8

Ⅰ.①东…　Ⅱ.①林…　Ⅲ.①政治文化 - 研究 - 东亚
Ⅳ.①D731.0

中国版本图书馆 CIP 数据核字（2015）第 208778 号

"瞻前顾后"看世界书系

东亚主权观念：生成方式与秩序意涵

著　　者 / 林永亮

出 版 人 / 谢寿光
项目统筹 / 祝得彬
责任编辑 / 赵怀英

出　　版 / 社会科学文献出版社·全球与地区问题出版中心（010）59367004
　　　　　地址：北京市北三环中路甲 29 号院华龙大厦　邮编：100029
　　　　　网址：www.ssap.com.cn
发　　行 / 市场营销中心（010）59367081　59367090
　　　　　读者服务中心（010）59367028
印　　装 / 三河市尚艺印装有限公司

规　　格 / 开本：787mm × 1092mm　1/16
　　　　　印张：22　字数：315 千字
版　　次 / 2016 年 1 月第 1 版　2016 年 1 月第 1 次印刷
书　　号 / ISBN 978 - 7 - 5097 - 8039 - 8
定　　价 / 89.00 元